CHIAVENATO

CB136582

Empreendedorismo

Grupo Editorial Nacional

O GEN | Grupo Editorial Nacional – maior plataforma editorial brasileira no segmento científico, técnico e profissional – publica conteúdos nas áreas de ciências sociais aplicadas, exatas, humanas, jurídicas e da saúde, além de prover serviços direcionados à educação continuada e à preparação para concursos.

As editoras que integram o GEN, das mais respeitadas no mercado editorial, construíram catálogos inigualáveis, com obras decisivas para a formação acadêmica e o aperfeiçoamento de várias gerações de profissionais e estudantes, tendo se tornado sinônimo de qualidade e seriedade.

A missão do GEN e dos núcleos de conteúdo que o compõem é prover a melhor informação científica e distribuí-la de maneira flexível e conveniente, a preços justos, gerando benefícios e servindo a autores, docentes, livreiros, funcionários, colaboradores e acionistas.

Nosso comportamento ético incondicional e nossa responsabilidade social e ambiental são reforçados pela natureza educacional de nossa atividade e dão sustentabilidade ao crescimento contínuo e à rentabilidade do grupo.

CHIAVENATO

CHIAVENATO DIGITAL

Idalberto
Chiavenato

Empreendedorismo

Dando asas ao espírito empreendedor

5ª ed.

gen | atlas

- O autor deste livro e a editora empenharam seus melhores esforços para assegurar que as informações e os procedimentos apresentados no texto estejam em acordo com os padrões aceitos à época da publicação, e todos os dados foram atualizados pelo autor até a data de fechamento do livro. Entretanto, tendo em conta a evolução das ciências, as atualizações legislativas, as mudanças regulamentares governamentais e o constante fluxo de novas informações sobre os temas que constam do livro, recomendamos enfaticamente que os leitores consultem sempre outras fontes fidedignas, de modo a se certificarem de que as informações contidas no texto estão corretas e de que não houve alterações nas recomendações ou na legislação regulamentadora.
- Data do fechamento do livro: 24/02/2021
- O autor e a editora se empenharam para citar adequadamente e dar o devido crédito a todos os detentores de direitos autorais de qualquer material utilizado neste livro, dispondo-se a possíveis acertos posteriores caso, inadvertida e involuntariamente, a identificação de algum deles tenha sido omitida.
- **Atendimento ao cliente: (11) 5080-0751 | faleconosco@grupogen.com.br**

- Capa: Bruno Sales
- Editoração eletrônica: LWO Produção Editorial
- Ficha catalográfica

CIP-BRASIL. CATALOGAÇÃO NA PUBLICAÇÃO
SINDICATO NACIONAL DOS EDITORES DE LIVROS, RJ

C458e
5. ed.

Chiavenato, Idalberto, 1936-
Empreendedorismo : dando asas ao espírito empreendedor / Idalberto Chiavenato. – 5. ed. – São Paulo : Atlas, 2021.

Inclui índice

ISBN 978-85-97-02680-1

1. Criatividade nos negócios. 2. Empreendedorismo. 3. Administração por objetivos. I. Título.

21-68476 CDD: 658.4036
CDU: 005.336

Meri Gleice Rodrigues de Souza - Bibliotecária - CRB-7/6439

À Rita

A capacidade de empreender é alavancada quando há alguém por perto que inspira, estimula e incentiva.

Mais do que isso, você energiza e impulsiona, como se fosse uma verdadeira locomotiva: quando não está à frente puxando, você está atrás empurrando.

Minha profunda gratidão à musa impulsionadora de minha vida.

Parabéns!

Além da edição mais completa e atualizada do livro *Empreendedorismo*, agora você tem acesso à Sala de Aula Virtual do Prof. Idalberto Chiavenato.

Chiavenato Digital é a solução que você precisa para complementar seus estudos.

São diversos objetos educacionais, como vídeos do autor, mapas mentais, estudos de caso e muito mais!

Para acessar, basta seguir o passo a passo descrito na orelha deste livro.

Bons estudos!

Confira o vídeo de apresentação da plataforma pelo autor.

uqr.to/hs6d

Sempre que o ícone CHIAVENATO DIGITAL aparece, há um conteúdo disponível na Sala de Aula Virtual.

VÍDEOS
Vídeos esclarecedores e complementares aos conteúdos da obra são apresentados pelo autor.

MAPAS MENTAIS
Esquemas sintetizam de forma gráfica os conteúdos desenvolvidos em cada capítulo.

MODELOS PARA *DOWNLOAD*
Modelos de formulários disponíveis para *download* auxiliam na rotina de profissionais e estudantes.

CHIAVENATO DIGITAL

TENDÊNCIAS EM EMP
Atualidades e novos paradigmas do Empreendedorismo são apresentados.

PARA REFLEXÃO
Situações e temas controversos são apresentados para promover a reflexão.

SAIBA MAIS
Conteúdos complementares colaboram para aprofundar o conhecimento.

MINICASOS
Simulações de situações reais ajudam na aplicação prática dos conceitos.

SOBRE O AUTOR

Idalberto Chiavenato é Doutor e Mestre em Administração pela City University Los Angeles (Califórnia, EUA), especialista em Administração de Empresas pela Escola de Administração de Empresas de São Paulo da Fundação Getulio Vargas (FGV EAESP), graduado em Filosofia e Pedagogia, com especialização em Psicologia Educacional, pela Universidade de São Paulo (USP), e em Direito pela Universidade Presbiteriana Mackenzie.

Professor honorário de várias universidades do exterior e renomado palestrante ao redor do mundo, foi professor da FGV EAESP. Fundador e presidente do Instituto Chiavenato e membro vitalício da Academia Brasileira de Ciências da Administração. Conselheiro e vice-presidente de Assuntos Acadêmicos do Conselho Regional de Administração de São Paulo (CRA-SP).

Autor de 48 livros nas áreas de Administração, Recursos Humanos, Estratégia Organizacional e Comportamento Organizacional publicados no Brasil e no exterior. Recebeu três títulos de *Doutor Honoris Causa* por universidades latino-americanas e a Comenda de Recursos Humanos pela ABRH-Nacional.

PREFÁCIO

Bem-vindo ao mundo dos empreendedores. Aqueles que aprendem a transformar sonhos em realidade, oportunidades em ações decisivas, metas e objetivos em resultados concretos e boas ideias em ofertas de produtos e serviços inovadores que agregam valor às pessoas e à sociedade. Todavia, a pergunta que paira no ar é: são os empreendedores pessoas diferentes dos simples mortais?

Absolutamente, não. São, sim, pessoas de carne e osso como qualquer outro ser humano, mas com uma mentalidade especial, arrojada, inquieta, desejosa de autonomia e independência e de fazer acontecer as coisas. São lutadores que se engajam na conquista de um lugar no mundo dos negócios, um mundo repleto de desafios que não metem medo a nenhum deles. São pessoas que enfrentam a realidade com férrea determinação e coragem, elevada resiliência e que não esmorecem. Mesmo quando passam por algum eventual revés, sabem que é uma questão de aprendizado e que o sucesso vai chegar logo adiante devido à sua visão proativa e determinada.

Para ser bem-sucedido, o empreendedor não deve apenas saber criar o seu próprio empreendimento. Não basta criar ou inovar apenas no começo e uma vez somente. Deve também saber gerir o seu empreendimento para mantê-lo e sustentá-lo em um ciclo de vida prolongado e obter retornos significativos de seus investimentos. Isso significa administrar. Em outras palavras, planejar, organizar, dirigir e controlar as atividades ligadas direta ou indiretamente com o negócio.

O espírito empreendedor começa com visão de futuro. E envolve emoção, paixão, impulso, inovação, risco e muita intuição. Mas deve também reservar um amplo espaço para a racionalidade. O exato balanceamento entre aspectos racionais e emocionais do negócio é indispensável. Saber fixar metas e objetivos globais e localizar os meios adequados para "chegar lá" da melhor maneira possível. Isso significa estratégia. Contudo, os meios adequados para isso são muito diversos. O empreendedor precisa saber definir o seu negócio, conhecer profundamente o produto ou serviço a oferecer, perceber e encantar o cliente, o mercado e suas necessidades, definir a missão e a visão do futuro, formular objetivos e estabelecer estratégias para alcançá-los, criar e consolidar sua equipe, lidar com assuntos de produção, marketing e finanças, inovar e competir em um contexto repleto de mudanças, ameaças e de oportunidades. Puxa! Um leque amplo e extenso. E uma corrida sem fim, mas extremamente gratificante quando se alcança sucesso no empreendimento. Uma enorme realização pessoal.

Este livro foi projetado e elaborado para ser um breviário informativo e compreensivo para avaliar e discutir todas as condições favoráveis para um proveitoso negócio, quaisquer que sejam suas características ou tamanho. Para tanto, nossa principal preocupação foi utilizar uma linguagem clara, simples e pouco técnica, disposta em pequenos capítulos, cada qual voltado para um assunto específico. Procuramos apresentar os principais itens necessários ao pequeno e médio empreendedor, tais como:

- Quais as decisões iniciais e básicas para começar seu próprio negócio ou desenvolver mais intensamente as suas atividades atuais.
- Como planejar, organizar, conseguir financiamentos, obter pessoal e, finalmente, lançar um novo empreendimento ou alavancar o empreendimento atual.
- Como assegurar a viabilidade, competitividade e sustentabilidade do negócio em um mundo em contínua mudança e transformação.
- Como sustentar tanto a lucratividade a curto prazo como o crescimento a longo prazo.

Se a decisão for abrir seu próprio negócio, instalar a sua própria empresa, empreender uma firma, ganhar autonomia e independência financeira ou ampliar e expandir seus negócios atuais, nós lhe desejamos muito boa sorte. Mas a sorte – embora oportuna e necessária – não é suficiente para você se sair bem nessa longa empreitada. É preciso ter conhecimento seguro e confiável para ser bem-sucedido. A sua principal arma e vantagem competitiva preliminar é saber exatamente o que fazer, quando, quanto, como e onde. O conhecimento, nesse caso, é o seu principal recurso inicial e a garantia do seu sucesso pela frente.

Boa parte das empresas jovens não deu certo por causa da desinformação e do pouco conhecimento de gestão. A mortalidade prematura de nossas pequenas empresas é elevadíssima. Muita gente de talento e competência técnica soçobrou pela insuficiência de conhecimento e informações sobre o negócio no qual tinha se dedicado com tanto afinco e perseverança. Essa é a razão deste livro: evitar que isso aconteça e oferecer os meios adequados para o seu sucesso. O fato é que não basta iniciar um novo negócio: é preciso também saber administrá-lo.

Fazemos votos de que este livro seja proveitoso e lhe forneça o conhecimento básico e fundamental para o sucesso de seu negócio e para a criação de uma vantagem competitiva sustentável e duradoura. E novamente, muito boa sorte.

Idalberto Chiavenato

PARTE I	**Tomando as primeiras decisões**	1. Espírito empreendedor 2. Entendendo o mundo dos negócios 3. Focalizando o novo negócio
PARTE II	**Providências iniciais**	4. O que fazer? Por onde começar? 5. Quem serão os meus aliados? 6. Quais serão os passos iniciais?
PARTE III	**Planejando o voo**	7. Plano de negócio
PARTE IV	**Gerenciando recursos e competências**	8. Gestão da equipe 9. Gestão da produção 10. Gestão do marketing 11. Gestão das finanças
PARTE V	**Questões estratégicas**	12. Novas abordagens ao empreendedorismo

Figura 1 Estrutura do livro.

SUMÁRIO

PARTE I
TOMANDO AS PRIMEIRAS DECISÕES

O espírito empreendedor está na veia de muitas pessoas dotadas de uma vontade de construir algo que faça valer a pena de viver as suas vidas. A palavra *entrepreneur* (do francês *entre* = entre ou intermediário e *prende* = fazer, tomar ou assumir algo) foi originalmente usada para descrever as pessoas que assumem o risco de lidar com compradores e vendedores ou que assumem uma tarefa ou se aventuram começando um novo negócio.[1] Enquanto um inventor cria algo novo, o empreendedor idealiza, monta e então integra todos os recursos necessários – o modelo de negócio, a estratégia, as pessoas, o produto/serviço e a habilidade de correr riscos – para transformar a sua invenção em um negócio factível e viável no mercado.[2]

O espírito empreendedor sempre surge quando:

- A pessoa quer ser dona do próprio nariz e conquistar autonomia na vida.
- Pretende melhorar e incrementar a sua qualidade de vida.
- Percebe uma oportunidade e cria uma ideia para aproveitá-la.
- Quer ser excelente no seu próprio empreendimento.
- Enfrenta obstáculos e assume o risco calculado de empreender algo.

Empreendedorismo é o processo pelo qual indivíduos com ideias inovadoras perseguem oportunidades mesmo sem ter a totalidade dos recursos de que necessitam para aproveitá-las. A essência do comportamento empreendedor é a identificação de oportunidades e a criação de ideias úteis e inovadoras para transformá-las em realidade.[3] As tarefas adequadas para esse comportamento empreendedor podem ser realizadas por um só indivíduo ou por um grupo ou equipe, mas sempre requerem criatividade, impulso, iniciativa própria e uma sólida vontade de assumir riscos e imprevistos em um mundo em constante mudança e transformação pela frente.

Contudo, improvisar um novo negócio ou depender apenas da sorte tornou-se arriscado demais. São muitas as mudanças inesperadas e rápidas transformações e disrupturas que ocorrem no mundo dos negócios. Todo negócio exige um planejamento prévio para absorver todas as variáveis envolvidas e poder articulá-las e aproveitá-las de maneira inteligente, enriquecedora e inovadora, sobretudo de maneira flexível e ágil. É preciso saber com razoável antecipação onde botar a mão na massa para assim poder caminhar com relativa segurança por uma rota acidentada, desconhecida e repleta de desafios, enfrentando possíveis dificuldades ou decepções. Empreender representa basicamente uma ação social, e não apenas individual, pois envolve no mínimo uma profusão de fornecedores, uma variedade de agentes intermediários e clientes e consumidores, em uma cadeia de valor que precisa ser adequadamente integrada e consolidada ao longo do tempo.

Empreender significa basicamente a reunião de forma inteligente, inovadora e integrada os seguintes elementos indispensáveis:

- Um produto ou serviço (oferta),
- que satisfaça uma necessidade ou aspiração do mercado (uma dor),
- para um cliente ou consumidor que precisa satisfazer tal necessidade (o remédio),
- e um meio de disponibilizar ou entregar o produto/serviço por meio próprio (*on-line*) ou de intermediário (a farmácia),
- por um preço que o cliente possa se dispor a pagar (valor),
- e que permita um razoável retorno do empreendedor (lucro).

Se você consegue juntar e integrar todos esses elementos, com tais características, então você está com a bola toda.

I.1 VANTAGENS DO EMPREENDEDORISMO

Certamente, existem vantagens e desvantagens em trabalhar para outras empresas ou empregadores, assim como também existem vantagens e desvantagens se a decisão é empreender um negócio próprio e trabalhar para si mesmo. Ter um patrão ou ser dono do próprio nariz: eis a decisão principal. Existem muitas razões pelas quais muitas pessoas constituem seus próprios negócios e assumem todos os riscos inerentes a ele. E – o mais importante – a pessoa que consegue seguir cuidadosamente as instruções poderá ter a sua independência laboral e financeira, ser o dono do próprio negócio e construir algo totalmente seu. Para tanto, a sorte é necessária. Mas insuficiente, pois todo negócio depende de muitos fatores internos e externos, complicados e mutáveis e que escapam totalmente do seu controle ou do seu conhecimento ou até de sua compreensão. O ideal é contar com a sua própria competência e o seu preparo técnico e profissional para o novo desafio. Prever os riscos e os possíveis tropeços aumenta substancialmente as chances de sucesso na medida em que você consegue neutralizá-los e ultrapassá-los. Agir com cautela, sem pressa e com muito bom senso: esses são os ingredientes principais para você começar a pensar em seu próprio negócio e dotá-lo de flexibilidade, agilidade e inovação. E sucesso pela frente. Pense grande e não deixe por menos.

SAIBA MAIS

Vantagens do espírito empreendedor

Todo empreendedor deseja alcançar benefícios para si próprio, como também para os clientes e para toda a sociedade. Os benefícios mais importantes do empreendedorismo são:

- Ganho econômico pessoal em função das próprias competências e conhecimentos.
- Autorrealização ao construir algo por meio de sua própria iniciativa pessoal.
- Autoemprego capaz de oferecer satisfação, autonomia e flexibilidade no trabalho.
- Emprego para outras pessoas em um trabalho melhor e mais integrado.
- Desenvolvimento futuro de novos mercados e de novos negócios.
- Participação na geração de empregos e no crescimento econômico do país.
- Competição salutar e inovadora em seu nicho de mercado escolhido.
- Promoção de modernas tecnologias capazes de aumentar a produtividade.
- Participação na redução da economia informal no país.
- Encorajamento de pesquisas e estudos sobre novos negócios.
- Liberdade, autonomia e não dependência do emprego oferecido por outros.
- Habilidade de desenvolver novas ideias e projetos criativos e inovadores.

Quadro I.1 Vantagens de ser funcionário de uma empresa ou de ser empreendedor

Vantagens de ser empregado de alguma empresa	Vantagem de ser dono do próprio negócio
▪ Você não corre risco financeiro. ▪ Você tem o seu salário mensal. ▪ Você goza de relativa proteção e segurança do seu empregador. ▪ As decisões estratégicas são tomadas pelos dirigentes da empresa. ▪ Você não precisa se preocupar com os negócios da empresa. ▪ Você tem férias garantidas. ▪ Você tem benefícios sociais pagos pela empresa. ▪ Você pode aspirar a uma carreira dentro da organização. ▪ Você pode aspirar a uma participação nos resultados. ▪ Você não precisa quebrar a cabeça com soluções de problemas.	▪ Você é o empreendedor da própria atividade, o dono da bola. ▪ Você não precisa seguir ordens alheias. ▪ Você faz o que acha que deve ser feito, ou seja, escolhe os caminhos a seguir. ▪ Você toma as decisões estratégicas. ▪ Você pode ter um progresso financeiro muito maior (ou muito menor). ▪ Você constrói algo totalmente seu. ▪ Você satisfaz sua autorrealização pessoal. ▪ Você satisfaz seu espírito empreendedor. ▪ Você é a "cabeça" do negócio. ▪ Você imagina, cria e inova.

SAIBA MAIS

Poder da mentalidade[4]

O sucesso na escola, no trabalho, nos esportes, nas artes e em quase todas as áreas do empreendimento humano pode ser dramaticamente influenciado pela forma como pensamos sobre as nossas competências, talentos e habilidades. Pessoas com uma mentalidade fixa – aquelas que acreditam que suas habilidades são fixas, já determinadas e, portanto inflexíveis – são acomodadas e menos propensas a florescer e a se expandir do que aquelas com mentalidade de crescimento – aquelas que acreditam que as suas competências e habilidades podem e devem ser desenvolvidas cada vez mais e sempre. Assim tendem a crescer e a tentar exponenciar suas habilidades. A realização excepcional de cada pessoa depende do seu *mindset*: fazendo uma autoavaliação constante, conhecendo todo o seu potencial e suas limitações, sabendo o significado da inovação, dos sucessos e das falhas, de seus relacionamentos e suas condições de empatia e de liderança e, principalmente, de como aprender e desenvolver continuamente a sua mentalidade.

A mentalidade de crescimento é mais profunda e se expande muito além do indivíduo, pois pode ser aplicada também a pessoas, equipes e organizações que as cercam. Com essa mentalidade construtiva, é perfeitamente possível motivar aqueles que se conduzem a aprender, crescer ensinar e amar – ou seja, transformar também suas vidas e alavancar as suas potencialidades. Parece até que a mentalidade de crescimento do empreendedor faz com que os outros ao seu redor também cresçam e se desenvolvam, em um fenômeno social de irradiação.

O fato é que as pessoas mais bem-sucedidas no mundo não são necessariamente as mais inteligentes ou com os maiores quocientes intelectuais. Elas simplesmente desenvolveram e souberam aplicar melhores modelos mentais e utilizam esses princípios tanto para crescer profissionalmente, como para filtrar seus pensamentos, decisões, estratégias e execução mediante uma mentalidade de crescimento. Essa é a psicologia do sucesso.

Como uma preparação às primeiras decisões – aquelas que serão fundamentais para a introdução de um novo negócio –, abordaremos nesta primeira parte algumas das principais características do espírito empreendedor, a compreensão do dinâmico mundo dos negócios e como focalizar o modelo de empreendimento que se pretende iniciar ou desenvolver. Pensar bem antes de começar a fazer. É preciso construir os alicerces bem firmes da futura edificação. Todo o futuro desenvolvimento do negócio dependerá da maneira como ele será pensado, projetado e articulado antes da sua implementação e lançamento no mercado. O modelo inicial do empreendimento e os objetivos a serem alcançados serão fundamentais para o seu sucesso. Pense nisso.

Quadro I.2 Estrutura do livro

PARTE I	PARTE II	PARTE III	PARTE IV	PARTE V
Tomando as primeiras decisões	**Providências iniciais**	**Planejando o voo**	**Gerenciando recursos e competências**	**Questões estratégicas**
1. Espírito empreendedor **2. Entendendo o mundo dos negócios** **3. Focalizando o novo negócio**	4. O que fazer? Por onde começar? 5. Quem serão os meus aliados? 6. Quais serão os passos iniciais?	7. Plano de negócio	8. Gestão da equipe 9. Gestão da produção 10. Gestão do marketing 11. Gestão das finanças	12. Novas abordagens ao empreen-dedorismo

REFERÊNCIAS

1. BOLTON, Bill; THOMPSON, John. *Entrepreneurs*. Oxford: Butterworth-Heinemann, 2002.
2. SHARMA, Pramodita; CHRISMAN, James. Toward a reconciliation of the definitional issues in the field of corporate entrepreneurship. *Entrepreneurship Theory and Practice*, v. 23, n. 3, p. 11-27, 1999.
3. IRELAND, R. Duane; HITT, Michael A.; SIRMON, David G. A model of strategic entrepreneurship. *Journal of Management*, v. 29, p. 963-989, 2003.
4. DWECK, Carol S. *Mindset:* the new psychology of success: how we can learn to fulfill our potential. New York: Randon House, 2007.

1 ESPÍRITO EMPREENDEDOR

O QUE VEREMOS ADIANTE

- Características do espírito empreendedor.
- Você vai tocar seu próprio negócio?
- O que torna um negócio bem-sucedido?

O empreendedor está no epicentro deste livro. Ele não é somente o criador ou fundador de novas empresas, o construtor de novos negócios ou o consolidador e impulsionador de negócios atuais e já desenvolvidos. Ele vê oportunidades onde os demais veem somente problemas ou dificuldades. É um inconformado com o *status quo* e com a realidade que vê à sua volta e, por isso, sempre está pensando em outro jeito melhor de fazer as coisas. Ele é um hábil catalisador de conhecimento, capaz de reunir pessoas que possam ajudá-lo a chegar aonde quer chegar. E costuma ter uma forte característica: é extremamente perseverante e resiliente, ao mesmo tempo em que é flexível para rapidamente corrigir a rota de trabalho quando percebe algum erro ou desvio ou alguma mudança no entorno. Além disso, é uma pessoa positiva. Não se trata de adotar uma postura ingênua ou um otimismo eufórico, mas de encarar a realidade, trabalhar com concentração e fazer o melhor possível.[1] Mas ele é muito mais do que isso, pois proporciona a energia que move toda a economia, alavanca as mudanças e transformações, produz a dinâmica de novas ideias, cria empregos e impulsiona talentos e competências. Mais ainda: ele é quem fareja, localiza e rapidamente aproveita as oportunidades fortuitas que aparecem ao acaso e sem pré-aviso, antes que outros aventureiros o façam.

O empreendedor é a pessoa que inicia e/ou dinamiza um negócio para realizar uma ideia ou projeto pessoal assumindo riscos e responsabilidades e inovando continuamente, trazendo ao mundo uma nova solução. Essa definição envolve não apenas os fundadores de empresas e criadores de novos negócios, mas também os membros da segunda ou terceira geração de empresas familiares e os gerentes-proprietários que compram empresas já existentes de seus fundadores para transformá-las em sucesso no mercado. O espírito empreendedor está também presente em todas as pessoas que – mesmo sem fundar uma empresa ou iniciar seus próprios

CHIAVENATO DIGITAL

Aumente seus conhecimentos sobre **Resiliência** na seção *Saiba mais* EMP 1.1

negócios – estão preocupadas e focadas em assumir riscos e inovar continuamente mesmo que não estejam em seus próprios negócios.[2]

Além do conceito de empreendedorismo, existe o de intraempreendedorismo, que a maioria das grandes organizações está pretendendo desenvolver em todos os seus quadros funcionais. Afinal, qual é a empresa que não gostaria de ter pessoas trabalhando como se fossem sócias ou parceiras de seu negócio e plenamente engajadas e comprometidas em alcançar os objetivos organizacionais de uma nova maneira e apresentar resultados maravilhosos? A diferença é que os intraempreendedores não são donos do negócio. Mas o seu espírito empreendedor é o mesmo: dedicar-se de corpo e alma ao negócio da empresa, seja ela própria ou alheia. Veja o caso de Steve Jobs: como empreendedor criou a Apple, ergueu-a, foi afastado quando as vendas caíram e quando retornou a ela como presidente e intraempreendedor a levantou novamente, revolucionou a indústria de *smartphones* e a levantou como a empresa mais valiosa do mundo. A empresa teve a imensa sorte de ter um empreendedor que a criou e retornou como intraempreendedor como presidente.

Os empreendedores são heróis populares do mundo dos negócios. Fornecem empregos, introduzem inovações e incentivam o crescimento econômico da região ou do país. Não são simplesmente provedores de mercadorias, serviços, informação, entretenimento, saúde ou educação, mas poderosas fontes de energia que assumem riscos inerentes em uma economia em avassaladora mudança, transformação e inovação.[3] Continuamente, milhares de pessoas com esse perfil – desde jovens adolescentes a cidadãos de todas as idades e classes sociais – inauguram novos negócios por conta própria e asseguram a liderança dinâmica que conduz ao desenvolvimento econômico e ao progresso das nações.[4] É essa força vital que faz pulsar o coração da economia de uma região ou de um país.

O empreendedorismo reflete a iniciativa de criar novos negócios ou revitalizar negócios maduros e já existentes em resposta a oportunidades identificadas. E envolve atividades substancialmente diferentes dependendo do tipo de negócio que se pretende criar. E pode ser realizado individualmente ou em associação com outras pessoas, pode ser tocado mediante iniciativa própria ou iniciado com o apoio de incubadoras, agências governamentais ou de investidores que se interessam pelo seu projeto.

1.1 BREVE HISTÓRIA DO EMPREENDEDORISMO

O termo *empreendedor* (derivado da palavra francesa *entrepreneur)* foi usado usada pela primeira vez em 1725 pelo economista francês Richard Cantillon (1680-1734)[5] para salientar que o *entrepreneur* é um indivíduo que assume riscos. Em 1814, o economista francês Jean-Baptiste Say (1767-1832)[6] usou a palavra para identificar o indivíduo que transfere recursos econômicos de um setor de produtividade baixa para um setor de produtividade mais elevado. Say enfatizou a importância do empreendedor no bom funcionamento do sistema econômico. Em 1871, Carl Menger (1840-1921),[7] economista austríaco, definiu o empreendedor como "aquele que se antecipa às necessidades futuras".

Em 1921, o norte-americano Frank Knight afirmou que "o que distingue o empreendedor é a capacidade de lidar com a incerteza".[8] E Knight classificou três tipos de incerteza:

- **Risco:** que pode ser estatisticamente mensurável, como a probabilidade de sortear uma bola vermelha em uma jarra contendo cinco bolas vermelhas e cinco bolas brancas.

- **Ambiguidade:** quando é difícil de medir estatisticamente, como a probabilidade de sortear uma bola vermelha em uma jarra contendo cinco bolas vermelhas com um número desconhecido de bolas brancas.
- **Incerteza:** quando é impossível de estimar ou predizer estatisticamente, como a probabilidade de sortear uma bola vermelha em uma jarra cujo número de bolas vermelhas é desconhecido, bem como o número de outras bolas coloridas.

Em 1949, o economista austríaco Ludwig von Mises (1881-1973) afirmava que o "empreendedor é um tomador de decisões".[9] Logo depois, Friedrich von Hayek (1899-1992),[10] também economista austríaco, afirmava que o empreendedorismo envolve não apenas risco, mas, sobretudo, conduz a um processo de descoberta das condições produtivas e das oportunidades de mercado por parte dos próprios atores sociais.

CHIAVENATO DIGITAL

Aumente seus conhecimentos sobre **Risco, ambiguidade e incerteza** na seção *Saiba mais* EMP 1.2

Pouco depois, mais outro economista austríaco, Joseph Schumpeter (1883-1950),[11] voltou a abordar o espírito empreendedor e teorizou seu forte impacto sobre a economia. Para ele, o empreendedor é uma pessoa que deseja e é capaz de converter uma nova ideia ou invenção em uma inovação bem-sucedida. A sua principal influência é o que Schumpeter denominou "destruição criativa", a qual se dá por meio da mudança, ou seja, com a introdução de novos produtos ou serviços em substituição aos que estão no mercado. Na visão dele, a destruição criativa pode ser sintetizada pela prática de criar novas organizações ou de revitalizar organizações maduras, particularmente criando novos negócios em resposta a oportunidades identificadas. Ou seja, o empreendedorismo destrói o velho para construir o novo.

As discussões a respeito do empreendedorismo vêm se perpetuando ao longo do tempo depois de muitas contribuições sobre o assunto.[12]

Quadro 1.1 Contribuições para o entendimento do empreendedorismo

Ano	Autor	Contribuição
1961	McClelland	Identifica três necessidades do empreendedor: poder, afiliação e sucesso (sentir que se é reconhecido), e afirma que: "o empreendedor manifesta necessidade de sucesso".
1966	Rotter	Identifica o *locus* de controle interno e externo: "o empreendedor manifesta *locus* de controle interno".
1970	Drucker	O comportamento do empreendedor reflete uma espécie de desejo de uma pessoa em colocar sua carreira e sua segurança financeira na linha de frente e correr riscos em nome de uma ideia, investindo muito tempo e capital em algo incerto.
1973	Kirsner	"Empresário é alguém que identifica e explora desequilíbrios existentes na Economia e está atento ao aparecimento de oportunidades."
1982	Casson	"O empreendedor toma decisões criteriosas e coordena recursos escassos."
1985	Sexton e Bowman	"O empreendedor consegue ter uma grande tolerância à ambiguidade."

(continua)

(continuação)

Ano	Autor	Contribuição
1986	Bandura	"O empreendedor procura a autoeficácia: controle da ação humana através de convicções que cada indivíduo tem, para prosseguir autonomamente na procura de influenciar a sua envolvente para produzir os resultados desejados."
2002	William Baumol	"O empreendedor é a máquina de inovação do livre mercado."

Na verdade, as grandes organizações bem-sucedidas – a maioria delas criadas por empreendedores no passado – quase sempre buscam prioritariamente a eficiência para garantir a permanência de seus produtos e serviços atualmente oferecidos ao mercado. Assim, deixam de mudar o seu negócio, pois seu objetivo é manter o sucesso atual ou fazer crescer a sua participação no mercado. Mas o empreendedorismo provoca a destruição criativa por meio dos mercados e indústrias ao criar novos produtos e modelos inovadores de negócios. Assim, a destruição criativa é responsável pelo dinamismo das indústrias, pelo crescimento econômico e pela inovação na maneira de fazer as coisas. Contudo, a destruição criativa não é uma tarefa fácil. Toda vez que alguém traz uma inovação que permita vantagem competitiva no mercado, a nova ideia é rapidamente aprendida, copiada e imitada por outros, o que faz com que a vantagem competitiva conquistada nunca seja permanente e duradoura. A concorrência aprende cada vez mais com os empreendedores.

Frank H. Knight[13] e Peter Drucker[14] apregoam que o empreendedorismo se refere basicamente a assumir riscos. O comportamento do empreendedor reflete um tipo de pessoa que pretende colocar sua carreira e segurança pessoal na linha e assumir riscos calculados em nome de uma ideia, despendendo muito tempo, esforço e capital em um investimento futuro e incerto. Com ambição, impulso e talento, aproveita oportunidades que identifica e localiza – quando outros as veem como ameaças – com responsabilidade, buscando um lugar no mercado e enfrentando obstáculos e desafios pela frente.

1.2 CARACTERÍSTICAS DO ESPÍRITO EMPREENDEDOR

Na verdade, o empreendedor consegue fazer as coisas acontecerem, pois é dotado de forte sensibilidade para os negócios, tino financeiro e capacidade de identificar e aproveitar oportunidades ambíguas, nem sempre claras e definidas. Com todo esse arsenal, transforma ideias em realidade para benefício próprio e para o benefício da sociedade e da comunidade. Por ter criatividade e um alto nível de energia, o empreendedor demonstra imaginação e perseverança, aspectos que, combinados adequadamente, o habilitam a transformar uma ideia simples em algo que produz resultados concretos e bem-sucedidos no mercado.

Muitos empreendedores apresentam muitas das mesmas características como traços de liderança, embora as teorias baseadas em traços de personalidade estejam sendo criticadas por falta de validade. O que não deixa dúvida é que os empreendedores sabem trabalhar com ideias próprias e com equipes, e não apenas com indivíduos.

CHIAVENATO DIGITAL

Aumente seus conhecimentos sobre **Características do empreendedor** na seção *Saiba mais* EMP 1.3

Várias pesquisas incluem outras características do empreendedor, tais como:

- A visão do empreendedor geralmente é apoiada por um conjunto interligado de ideias próprias e específicas não encontradas no mercado.
- Sua abordagem geral para realizar a visão é clara, embora os detalhes sejam incompletos, flexíveis e que emergem gradativamente com a realização da prática.
- O empreendedor promove sua visão de futuro com paixão e entusiasmo.
- O empreendedor tem uma visão entusiástica e constitui a força impulsionadora do negócio.
- O empreendedor desenvolve estratégias com persistência e determinação para transformar sua visão em realidade.
- O empreendedor assume a responsabilidade inicial que torna possível que a visão venha a ser um sucesso real.
- O empreendedor assume riscos com prudência. Avalia custos, necessidades de mercado/clientes e persuade os outros a juntar-se a ele no empreendimento.
- O empreendedor é um pensador positivo e um tomador de decisões.
- O empreendedor tem inspiração, motivação e sensibilidade para o negócio.
- O empreendedor reúne uma visão externa (mercado e consumidores) e uma visão interna (adequação do negócio, produto e oferta) no sentido de viabilizá-las.
- O empreendedor deve ser um excelente gestor do seu negócio. Não basta ter uma ideia genial, mas transformá-la em um negócio rentável e saber administrá-lo com sucesso.

1.2.1 Inovação

Schumpeter amplia o conceito dizendo que "o empreendedor é a pessoa que destrói a ordem econômica existente graças à introdução no mercado de novos produtos/serviços, pela criação de novas formas de gestão ou pela exploração de novos recursos, materiais e tecnologias".[15] Para ele, o empreendedor é a essência da inovação no mundo e que torna obsoletas as antigas maneiras de fazer negócios. Daí a chamada inovação disruptiva.

O empreendedorismo tem muito a ver com a inovação. E a inovação consiste em fazer algo criativo, inteiramente novo e diferente daquilo que existe atualmente. Existem vários tipos de inovação, a saber:

- **Inovação evolucionária:** melhora e aperfeiçoa gradativamente a tecnologia ou produtos/serviços de maneira incremental e contínua.
- **Inovação revolucionária:** traz rápidas e profundas mudanças nas tecnologias ou produtos/serviços atuais, rompe o *status quo* e torna rapidamente velho aquilo que é novo, abre novas fronteiras, traz novas soluções e novos negócios. É a inovação que rompe paradigmas e cria novas e diferentes expectativas.
- **Inovação disruptiva:** começa com uma tecnologia ou produto/serviço mais barato e com desempenho inferior para preencher um espaço de mercado que as organizações líderes atuais não estão dispostas a ocupar ou que não atendem, para então gradativamente melhorar e aperfeiçoar e deslocar aquelas líderes. Em geral, as líderes de mercado não têm interesse em baixar seus atuais níveis de qualidade (e suas atuais margens de lucro)

para produzir tecnologias ou produtos/serviços mais baratos. Essas organizações perdem a liderança porque não conseguem entender as tendências do mercado. Isso abre espaço para novos e iniciantes concorrentes, que depois passarão a ameaçá-las.

Em um mundo de negócios carregado de mudanças e transformações, não basta a inovação evolucionária e gradativa nem mesmo a inovação revolucionária. É preciso avançar mais e se antecipar a essas mudanças e transformações e partir para a inovação disruptiva. Foi o que aconteceu no final do século passado com a indústria automobilística japonesa, quando lançou no mercado carros de excelente qualidade, baratos e econômicos deixando a indústria americana no vermelho. Antes disso, a Honda japonesa lançou motocicletas de pequeno porte no mercado americano com uma nova concepção de transporte econômico e barato para fazer frente à Harley & Davidson, que oferecia potência e esportividade a preços altíssimos.

SAIBA MAIS

O brilho da ousadia[16]

Casos de sucesso – como Natura, Gol, TAM, Berlitz, Boticário etc. – deveriam ser mais comentados e discutidos. São lições de empreendedorismo que vale a pena conhecer.

Quando João Hansen Júnior resolveu optar pelo PVC em tubos e conexões para sistemas hidráulicos no final da década de 1950, sua atitude foi considerada coisa de maluco. Sua empresa, a Tigre, localizada em Joinville, em Santa Catarina, estava apenas começando. Hansen precisou vencer forte resistência, pois não se acreditava nem se aceitava que o PVC pudesse substituir o ferro usado nas tubulações em uma época em que se iniciava o processo de urbanização no país. Hansen foi para Hannover, na Alemanha, para participar de uma feira de plástico na qual adquiriu os equipamentos necessários para sua fábrica.

Acreditou em sua visão e partiu decisivamente para o empreendimento. Hoje, a Tigre é uma empresa de grande porte, responsável pelo saneamento básico, principalmente em residências, presente em 90% dos municípios do país.

O que caracteriza o impetuoso espírito empreendedor? Trata-se de um tema complexo, mas três características básicas permitem identificar o espírito empreendedor, a saber:[17]

1. **Necessidade de realização:** as pessoas apresentam diferenças individuais quanto à necessidade de realização. Existem aquelas com pouca necessidade de realização e que se contentam com o *status* atual e não pretendem sair dele. Contudo, as pessoas com alta necessidade de realização gostam de competir com certo padrão de excelência e preferem ser pessoalmente responsáveis por tarefas mais complexas e objetivos mais elevados que atribuem a si próprias. McClelland descobriu em suas pesquisas uma correlação positiva entre a necessidade de realização e a atividade empreendedora. A necessidade de se autorrealizar foi encontrada em executivos que alcançam sucesso em organizações e corporações.[18] O impulso para a realização reflete-se nas pessoas ambiciosas que iniciam novas empresas e lideram o seu crescimento.[19] Há casos em que o impulso empreendedor torna-se evidente desde cedo e até mesmo na infância.

2. **Disposição para assumir riscos:** o empreendedor assume variados riscos para iniciar ou tocar seu próprio negócio: riscos financeiros decorrentes do investimento do próprio dinheiro e do abandono de empregos seguros e de carreiras definidas; riscos familiares ao envolver a família no negócio; riscos psicológicos pela possibilidade de fracassar em negócios arriscados. Contudo, McClelland[20] verificou que pessoas com alta necessidade de realização também têm propensões para assumir riscos. Isso significa que elas preferem situações arriscadas até o ponto em que podem exercer determinado controle pessoal sobre o resultado, em contraste com situações de jogo em que o resultado depende apenas de sorte ou do acaso. A preferência pelo risco moderado reflete a autoconfiança do empreendedor que se comporta com o pé no chão.
3. **Autoconfiança:** quem possui autoconfiança sente que pode enfrentar galhardamente os desafios que existem ao seu redor e tem domínio sobre os problemas que enfrenta. As pesquisas mostram que os empreendedores de sucesso são pessoas independentes que percebem os problemas inerentes a um novo negócio, mas acreditam em suas habilidades pessoais para superar tais desafios. Rotter[21] salienta que existem dois tipos de crença no sucesso pessoal. Para ele, as pessoas que sentem que seu sucesso depende de seus próprios esforços e competências têm um foco interno de controle. Em contrapartida, as pessoas que sentem que suas vidas são controladas muito mais pela sorte ou pelo acaso têm um foco externo de controle. As pesquisas revelam que os empreendedores têm um foco interno de controle mais elevado do que aquele que se verifica na população geral.

Figura 1.1 As três características do espírito empreendedor para McClelland.

Begley e Boyd identificam cinco dimensões do espírito empreendedor:[22]

1. **Necessidade de autorrealização:** os empreendedores apresentam alto nível de necessidade de autorrealização, que os leva a atingir o máximo de suas potencialidades individuais. O empreendedor nunca está satisfeito com o que alcançou. Quer sempre realizar mais.
2. **Autocontrole:** os empreendedores – e não os eventos ou a sorte – é que controlam suas próprias vidas, pulam em suas próprias cordas, com total independência das outras pessoas.
3. **Tolerância para riscos:** os empreendedores toleram riscos moderados, desde que eles tragam retornos para os seus esforços. Coragem e enfrentamento são suas características.
4. **Tolerância para a ambiguidade:** muitas decisões precisam ser tomadas a partir de informação incompleta, duvidosa ou obscura. Os empreendedores se defrontam com

a ambiguidade com maior facilidade, desde que consigam fazer as coisas certas na primeira vez.

5. **Comportamento do tipo A:** refere-se ao impulso pessoal de fazer mais em menor tempo e, se necessário, apesar das objeções das outras pessoas. Fundadores de empresas e administradores de pequenos negócios tendem a possuir maiores graus de comportamento do tipo A do que os executivos vinculados a outros tipos de negócios. O empreendedor busca maneiras diferentes de fazer a mesma coisa, mesmo enfrentando a oposição e crítica dos outros.

Em geral, o que leva um empreendedor à atividade criativa e inovadora é quase sempre a sua necessidade de realização, sua disposição de assumir riscos e sua autoconfiança. Todavia, existem pessoas que assumem negócios para escapar ou fugir de algum fator ambiental limitativo ou negativo. Knight identificou vários fatores ambientais que encorajam ou impulsionam as pessoas a iniciar novos negócios, como fugir de uma situação externa em que a pessoa sofre restrições políticas, religiosas ou econômicas, ou quando se sente cansada do ambiente burocrático de grandes empresas, busca afirmação social ou profissional, ou simplesmente deseja ser independente ou autônoma.[23]

Por outro lado, Smith[24] considera que os empreendedores apresentam enorme variação em seus estilos de fazer negócios e sugere enganosamente um *continuum* em que dois padrões básicos estão nas extremidades: de um lado, empreendedores executores e de outro, empreendedores administradores.

1. **Empreendedor executor:** em um extremo do *continuum*, uma pessoa que inicia um negócio basicamente a partir de suas habilidades técnicas e um pequeno conhecimento da gestão de negócios. Sua formação educacional privilegia o conhecimento profissional do ponto de vista técnico e, com isso, tem experiência técnica na sua atividade, mas não dispõe de conhecimento de gestão nem preparo para se comunicar bem, avaliar o mercado, tomar decisões e gerir o próprio negócio. Seu processo decisório se caracteriza por:

- É eminentemente técnico e focado no produto/serviço.
- Orientação de tempo de curto prazo, com pouco planejamento para o futuro crescimento ou mudança.
- Paternalismo, ou seja, dirige o negócio da forma como dirigiria sua própria família.
- Centralizador e relutante em delegar autoridade e responsabilidade.
- Usa apenas uma ou duas fontes de capital para abrir sua empresa.
- Define a estratégia de marketing apenas em termos de preço, qualidade do produto e reputação da empresa.
- Esforça-se nas vendas por meio de ações pessoais.
- Tem uma visão intraorientada para dentro de sua empresa.

Em geral, o empreendedor executor é o médico ou dentista que inicia sua clínica particular, o engenheiro ou advogado que abre um pequeno negócio de construção ou de consultoria legal ou ainda um profissional mecânico que começa uma oficina independente ou em outro local para aproveitar sua experiência profissional e ampliar horizontes. Quase sempre o empreendedor executor é um excelente profissional em sua especialidade. Se não puder se desenvolver profissional e culturalmente, será sempre um fornecedor de atividade especializada ou de mão de obra. Quando se está nessa condição, o segredo está em aprender o máximo possível sobre a gestão do negócio e ampliar sua visão de negócio e de empresa.

2. **Empreendedor administrador:** no outro extremo do *continuum* está o profissional que tem educação técnica suplementada pelo estudo de assuntos mais amplos, como administração e comportamento organizacional. Procura sempre estudar e aprender como administrar uma empresa. As características do empreendedor oportunista são:

- É eminentemente um líder de negócios.
- Evita o paternalismo na condução da equipe.
- Delega autoridade e responsabilidade às pessoas e avalia os resultados de seu desempenho.
- Utiliza estratégias de marketing e variadas técnicas de vendas.
- Obtém capitalização inicial de mais de duas fontes de dinheiro.
- Planeja e constrói o crescimento futuro do negócio.
- Utiliza sistemas de registro e controle, orçamento adequado, oferta precisa do produto e pesquisa sistemática de mercado.
- Tem um olho dentro da empresa e outro olho no mercado. Sua orientação é simultaneamente internalizada e externalizada.

Aparentemente, ambos os estilos de empreendedorismo parecem constituir dois extremos de abordagem gerencial. Em um polo, está o executor que dá asas à imaginação e que conhece profundamente o produto/serviço e a técnica para produzi-lo. No outro polo, está o administrador experiente, que utiliza procedimentos gerenciais sistemáticos aproximando-se de uma abordagem científica, lógica e racional na gestão do negócio. Na verdade, o empreendedor precisa cultivar ambas as competências. Os dois polos precisam ser combinados, pois ser apenas um empreendedor executor funciona enquanto o empreendimento está sendo iniciado e lançado, mas o seu sucesso dependerá obrigatoriamente do empreendedor administrador. Sem esse polo, o negócio dificilmente prosperará. Lembre-se de que as maiores causas de fracasso de novos empreendimentos estão na ausência de gestão. Contudo, um terceiro fator passou a ter uma crescente importância. É que, quando o negócio crescer, você terá de aumentar o volume de talentos em sua equipe de trabalho. E verá que coisas e recursos devem ser administrados, mas os talentos não. Eles precisam ser liderados respeitando suas diferenças individuais e suas competências exclusivas. Aí, você precisará liderar.

Quadro 1.2 As três faces do executivo moderno

Empreendedor	Gestor	Líder
Assume riscos Iniciativa Cria e inova Espírito empreendedor Faz	Planeja Organiza Dirige Desenvolve Controla	Motiva Junta as pessoas Apoia Cria equipes Impulsiona
Mudança e inovação	Ordem e eficácia	Dinamismo e produtividade

Inicialmente, o empreendedor deve fazer a seguinte pergunta: em qual ponto eu me situo? Quais são as minhas características pessoais? Que tipo de empreendedor eu sou? Qual é a minha necessidade de realização? Qual é a minha disposição para assumir riscos? Qual é o meu grau de autoconfiança? Qual é o meu grau de resiliência? E como poderei ser um bom gestor?

O autoconhecimento é fundamental para se ter um referencial próprio. E deve ser o ponto de partida antes da escolha do novo empreendimento. Um bom negócio é aquele que tem o seu feitio pessoal, a sua cara, o seu jeito. O negócio deve ajustar-se a você como se fosse feito sob medida. Mas você tem de conhecer suas medidas para saber qual o negócio que lhe cabe. Caso contrário, você se colocará em um papel totalmente inadequado que em nada combina com as suas características pessoais ou com o seu feitio. O novo negócio tem de ter o seu DNA. Contudo, nunca se esqueça que também o negócio deve casar com o cliente e com o mercado. No fundo, trata-se de buscar algo que combine com tudo ao redor.

CHIAVENATO DIGITAL

Aumente seus conhecimentos sobre **Pesquisa do Global Entrepreneurship Monitor (GEM)** na seção *Saiba mais* EMP 1.4

1.3 VOCÊ VAI CONSTRUIR O SEU PRÓPRIO NEGÓCIO?

A decisão de levar adiante o próprio negócio deve ser muito clara e objetiva. De início, é a decisão principal da qual dependerá todas as demais decisões a seguir. O empreendedor deve estar profundamente comprometido com essa decisão para ir em frente, enfrentar todos os desafios que normalmente aparecem e derrubar os obstáculos que certamente não faltarão. Se o negócio falhar – e esse é um risco que pode eventualmente existir, pois depende de muitos fatores externos e internos –, isso não deve derrubar o orgulho pessoal nem sacrificar os bens pessoais. Nem prejudicar a autoconfiança e a vontade de recomeçar de novo. Tudo deve ser bem pensado e ponderado para garantir o máximo de sucesso e o mínimo de dificuldades e dissabores.

É sempre bom antever as pedras que podem surgir pelo caminho. Vejamos o que pode acontecer pelo lado negativo. Fazendo uma engenharia reversa, o primeiro passo é saber quais são as possíveis causas de insucesso nos novos negócios, para que você possa evitá-las ou neutralizá-las e impedir que venham a prejudicá-lo no futuro. Nos novos negócios, a mortalidade prematura é elevadíssima, pois os riscos são inúmeros e os imprevistos e perigos não faltam. Assim, cautela e jogo de cintura são imprescindíveis.

Quadro 1.3 As causas mais comuns de insucesso nos negócios[25]

Fatores econômicos – 72%	▪ Lucros insuficientes ▪ Juros elevados no mercado ▪ Perda progressiva de mercado ▪ Mercado consumidor restrito ▪ Nenhuma viabilidade financeira futura
Inexperiência – 20%	▪ Incompetência do empreendedor em negócios ▪ Falta de experiência no setor ▪ Falta de experiência gerencial ▪ Experiência prévia desequilibrada

(continua)

(continuação)

Vendas insuficientes – 11%	■ Mercado parado e estático no setor escolhido ■ Recessão ou depressão econômica ■ Vendas insuficientes ■ Dificuldades de estoque ■ Localização inadequada ■ Retornos insuficientes
Despesas excessivas – 8%	■ Dívidas e cargas demasiadas ■ Impostos e tarifas elevados ■ Despesas operacionais fixas elevadas ■ Recursos financeiros insuficientes
Outras causas – 3%	■ Negligência ■ Capital ou capital de giro insuficiente ■ Clientes insatisfeitos ■ Fraudes ■ Ativos insuficientes ■ Concorrência elevada e competitiva ■ Falta de talento humano

1.3.1 Qual será o seu negócio?

Essa é uma boa pergunta. Afinal, o que você pretende fazer? Algo comum e já existente no mercado? Ou algo inteiramente novo e diferente? Ou seja, buscar um oceano vermelho ou um oceano azul para navegar, como veremos adiante? Na verdade, é preciso localizar uma arena sob medida para fazer acontecer as coisas à sua maneira. Podemos oferecer algumas dicas sobre como definir o seu negócio:

- **Quem será o seu cliente?** Não basta saber quem é o cliente, o consumidor ou usuário, mas como ele é, quais são seus desejos e expectativas. Afinal, o que ele quer comprar e como, quando e onde quer comprar. É preciso definir bem para quem você está trabalhando e produzindo para fazê-lo bem-feito e adequado ao perfil do cliente que se pretende.
- **O que é de valor para o seu cliente?** Em outras palavras, o que é importante para o cliente que se pretende conquistar: marca, preço, qualidade, facilidade de uso, tamanho, potência, beleza, inovação? O importante é ajustar seu produto/serviço a essas expectativas do seu cliente no sentido de agregar valor à sua compra e fazê-lo sentir-se satisfeito com sua decisão de comprar. Isso permite fidelizar o cliente. Visualize o seu negócio de fora para dentro, isto é, a partir daquilo que o cliente valoriza e procura para que você compreenda o que o cliente procura. Se você não sabe, pergunte a ele. Melhor do que ele ninguém poderá responder.
- **Mude as regras e introduza inovação.** Isso pode exigir um trabalho árduo, mas procure criar e inovar sempre e sempre. Não siga as regras dos concorrentes, saia da caixa e visualize a mudança como uma oportunidade de se antecipar ao futuro e sair na frente.

PARA REFLEXÃO

Afinal, qual o caminho a tomar?

Quem leu *Alice no país das maravilhas*[26] lembra que, estando perdida e querendo sair dali, ela perguntou ao gato de Cheshire:

"Gato, que direção devo tomar?". "Isso depende de aonde queira ir", respondeu o gato. E ela confessou: "Não sei bem aonde queira ir". "Então qualquer direção você pode tomar", foi a sábia resposta final.

E como lembra diz Kofman: "o primeiro passo para se escalar uma montanha é se comprometer a chegar ao topo. Todo mapa do território exige que antes se determine o ponto de chegada. Essa aspiração de chegar ao topo é que dá importância e sentido ao mapa".[27]

1.4 FUGINDO DAS ARMADILHAS

O espírito empreendedor aprende a perceber e localizar as oportunidades no mundo dos negócios e aproveitá-las rápida e adequadamente. Para tanto, deve ter visão panorâmica e fortalecer a flexibilidade, adaptabilidade e manobrabilidade em um mundo dinâmico, mutável e complexo. Mas deve também fugir dos perigos e percalços que rondam toda atividade criativa e inovadora. Os perigos mais comuns nos novos negócios podem e devem ser neutralizados e evitados, tais como:

- Não identificar adequadamente qual será o novo negócio.
- Não reconhecer apropriadamente qual será o tipo de cliente ou mercado a ser atendido.
- Não saber escolher a forma legal de sociedade mais adequada.
- Não planejar suficientemente bem as necessidades financeiras do novo negócio.
- Errar na escolha do local adequado para o novo negócio.
- Não saber administrar o andamento das operações do novo negócio.
- Não ter conhecimento sobre a produção de bens ou serviços com padrão de qualidade, produtividade e de custo.
- Desconhecer o mercado e, principalmente, a concorrência.
- Ter pouco domínio sobre o mercado fornecedor.
- Não saber vender e promover os produtos/serviços.
- Não saber tratar adequadamente e conquistar o cliente.

Contudo, citando o ditado popular, devemos transformar cada limão em uma boa limonada. Os perigos anteriormente aventados constituem os fatores críticos de sucesso do novo negócio. Um fator crítico de sucesso (FCS) é aquele que – se não for muito bem cuidado – poderá colocar em risco o seu negócio. Assim, cada FCS deve ser visualizado de maneira correta para evitar o lado reverso da moeda. Preste muita atenção neles.

Dentro uma perspectiva positiva, os FCS de um negócio envolvem as seguintes questões:

- Qual será o novo negócio: produto/serviço/mercado.
- Qual será o perfil do cliente a ser atendido.
- Qual será a forma legal de sociedade mais adequada.
- Quais serão as necessidades financeiras do novo negócio.
- Qual será o local adequado para instalação do novo negócio.
- Como administrar as operações cotidianas do novo negócio.
- Como produzir os bens ou serviços dentro de um padrão de qualidade, produtividade e de custo.
- Como obter conhecimentos profundos sobre mercado e, principalmente, sobre a clientela, de um lado, e a concorrência, de outro.
- Como utilizar adequadamente o mercado fornecedor.
- Como vender e promover os produtos/serviços.
- Como encantar e fidelizar os clientes.
- Como garantir o retorno do investimento e a lucratividade do negócio.

CHIAVENATO DIGITAL

Acesse um Minicaso sobre **A Federal Express – FedEx** na seção *Minicaso* EMP 1.1

1.5 O QUE TORNA UM EMPREENDIMENTO BEM-SUCEDIDO?

Ainda não chegamos a responder à pergunta acima. Uma parte da resposta está em saber evitar ou neutralizar as ameaças e saber navegar pelas oportunidades que aparecem eventualmente nesse ambiente de negócios. Em outras palavras, saber avaliar o mercado e escolher o negócio mais oportuno e mais suscetível de êxito. Isso envolve forte dose de análise e de intuição. A outra parte da resposta está em você mesmo. A lista a seguir apresenta algumas razões pelas quais as pessoas se engajam em negócios:

- Forte desejo de ser seu próprio patrão, de ter independência e não receber ordens de outros, fundamentando-se apenas em seu talento pessoal. A isso se dá o nome de espírito empreendedor.
- Oportunidade de trabalhar naquilo que gosta em vez de trabalhar como subalterno apenas para ter segurança de um salário mensal e férias garantidas a cada ano.
- Sentimento de que pode desenvolver a sua própria iniciativa sem o guarda-chuva do patrão.
- Desejo pessoal de reconhecimento e de prestígio profissional.
- Poderoso impulso para acumular riqueza e oportunidade de ganhar mais do que quando era simples empregado.
- Descoberta de uma oportunidade que outros ignoraram ou subestimaram.
- Desafio de aplicar recursos próprios e competências pessoais em um ambiente desconhecido.

- Iniciativa própria e busca intensa de oportunidades.
- Perseverança e determinação.
- Comprometimento.
- Busca de qualidade e de eficiência.
- Coragem para assumir riscos, mas calculados.
- Definição de metas objetivas.
- Busca de informações e de conhecimento.
- Planejamento e monitoração sistemáticos, isto é, detalhamento de planos e controles.
- Capacidade de persuasão e de estabelecer redes de contatos pessoais.
- Independência, autonomia e autocontrole.

Tais características devem ser equilibradas, aplicadas com bom senso e, se possível, distribuídas também entre os parceiros ou colaboradores do empreendedor, para assim constituir uma equipe harmoniosa. Não basta buscar oportunidades se o empreendedor não se aprofundar na tomada de informações. Também não adianta estabelecer metas objetivas se o empreendedor não for perseverante na sua conquista. De nada vale ser independente e autoconfiante se o empreendedor não tiver um profundo comprometimento emocional com seu negócio. O segredo está em desenvolver todas essas características no seu conjunto, pois elas constituem a matéria-prima básica do homem de negócios, a essência do espírito empreendedor. Uma constante e profunda autoavaliação para verificar se você e sua equipe de trabalho estão utilizando tais características pode ajudar muito.

O primeiro aspecto é o que pode tornar você bem-sucedido em um negócio é a conjunção de duas coisas: o espírito empreendedor bem-dotado que o leva para frente e o negócio oportuno e apropriado. Trata-se de um casamento entre a oportunidade e o oportunista que pretende aproveitá-la. Saiba engatar o seu vagão em uma boa locomotiva. Se a locomotiva for pesada demais e não conseguir vencer a rampa, o seu vagão permanecerá parado ou descerá ladeira abaixo na contramão. Em suma, saiba escolher a oportunidade adequada.

Quadro 1.4 Pequeno instrumento de autoavaliação de suas habilidades

Característica desejável	Muito baixa	Baixa	Regular	Alta	Muito alta	Elevadíssima
Iniciativa pessoal Conhecimento do negócio Busca de oportunidades Perseverança e resiliência Comprometimento Qualidade do trabalho Eficiência Coragem de assumir riscos Fixação de metas objetivas Busca de informações Planejamento e monitoração Capacidade de fazer contatos Capacidade de persuasão Independência e autonomia Autocontrole emocional						

O segundo aspecto é que, além de possuir as características de um empreendedor para ser bem-sucedido, o empreendedor precisa:

- Ter vontade de trabalhar duro.
- Esquecer o salário mensal, o descanso semanal remunerado e as férias pagas por terceiros.
- Assumir responsabilidades e desafios prolongados.
- Definir metas e objetivos certeiros.
- Tomar decisões.
- Conhecer maneiras de organizar o trabalho.
- Ter orgulho daquilo que faz.
- Ter habilidade de comunicação e interação social.
- Manter boas relações interpessoais.
- Ser um *self-starter*, um autopropulsionador.

Procure refletir sobre essas características, melhorando cada uma delas. O segredo não é ser forte em uma ou outra característica, mas saber dosá-las, misturá-las e integrá-las em um conjunto harmonioso de comportamento empreendedor.

O terceiro aspecto que torna um negócio bem-sucedido é o planejamento sólido e detalhado daquilo que se pretende fazer, sem desprezar todo aspecto importante ou imprescindível. O plano de negócio é fundamental e será analisado nos próximos capítulos.

O quarto aspecto é o capital financeiro adequado para tocar o negócio. Dinheiro ou crédito são fundamentais. Também esse aspecto será tratado mais adiante.

O quinto se refere à administração do negócio. Não basta abri-lo. É preciso saber dirigi-lo, alinhá-lo, desenvolvê-lo e fazê-lo sustentável e lucrativo.

O sexto aspecto é a sorte. Como isso não depende de você, desejamos-lhe muito boa sorte nas suas atividades.

Quadro 1.5 Os seis ingredientes de um negócio bem-sucedido

1. Oportunidade de negócios potenciais.
2. Espírito empreendedor adequadamente qualificado e motivado.
3. Planejamento sólido e bem detalhado do negócio.
4. Capital suficiente para bancar o negócio.
5. Gerenciar o negócio para prosperar e lucrar.
6. Muita sorte pela frente.

CHIAVENATO DIGITAL

Reflita sobre **Ponderando as exigências de um novo empreendimento** na seção *Para reflexão* EMP 1.1

CHIAVENATO DIGITAL

Aumente seus conhecimentos sobre **O processo empreendedor** na seção *Saiba mais* EMP 1.5

Nosso país e o mundo todo precisam de pessoas como você. Pessoas com iniciativa, garra, dedicação e autonomia. Pessoas capazes de se engajar em novos negócios, produzir riqueza, oferecer valor ao cliente, participar do crescimento econômico, oferecer novos empregos e gerar valor para a sociedade. Esse é o espírito empreendedor que incentiva novos empreendimentos, impulsiona a prosperidade e aumenta as oportunidades de novos negócios e iniciativas bem-sucedidas. O desenvolvimento econômico e social depende de tudo isso. E você será um de seus atores mais importantes. Acredite sempre que sua iniciativa valerá a pena. E muito!

É preciso fomentar a qualificação e a profissionalização de micro e pequenos empresários para que sejam simultaneamente empreendedores, gestores e líderes de seus próprios negócios, já que é impossível falar de empreendedorismo dissociado da gestão e da liderança. Essa é a razão pela qual escrevemos este livro. Em muitos países, a cadeira de Empreendedorismo já existe em muitas universidades. Para lidar com o seu negócio, o empreendedor precisa desenvolver o seu lado de gestor e o de líder, já que terá em algum momento de lidar com uma equipe de colaboradores para dar conta do recado. Essa tríade o tornará um verdadeiro executivo de um novo empreendimento.

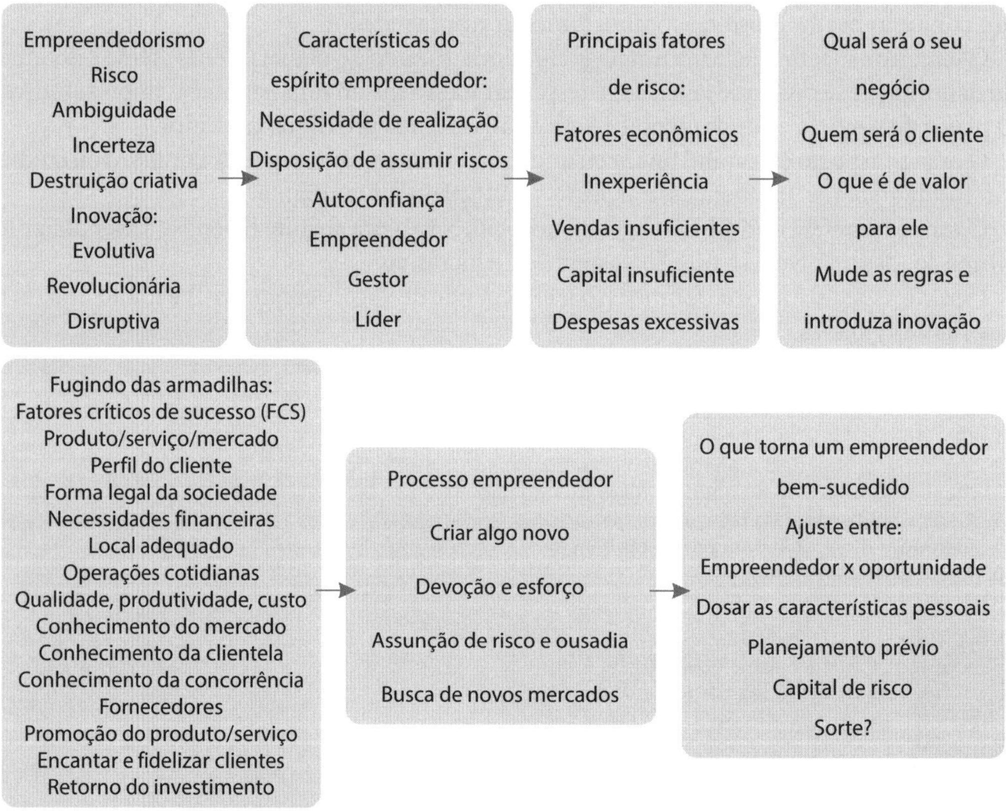

Figura 1.2 Mapa mental do Capítulo 1 – Espírito empreendedor.

REFERÊNCIAS

1. COSTA, José Eduardo. Espírito empreendedor. *Você S/A*, São Paulo, p. 6, abr./jan. 2015.
2. LONGENECKER, Justin G.; MOORE, Carlos W.; PETTY; J. William. *Administração de pequenas empresas*. São Paulo: Makron Books, 1998. p. 3.
3. GARTNER; William B. What are we talking when we talk about entrepreneurship? *Journal of Business Venturing*, v. 5, n. 1, p. 15-28, Jan. 1990.
4. LONGENECKER, Justin G.; SCHOEN, John E. The essence of entrepreneuring. *Journal of Small Business Management*, v. 13, p. 26-32, July 1975.
5. CANTILLON, Richard. *Essai sur la nature du commerce en général*: edited by Henry Higgs. London: Macmillan, 1931. *Vide*: https://mises.org/library/how-entrepreneurship-theory-created-economics. Acesso em: 8 dez. 2020. *Vide* também: https://en.wikipedia.org/wiki/Richard_Cantillon. Acesso em: 8 dez. 2020.
6. DOROBÂT, Carmen. Review of Jean-Baptiste Say, Revolutionary Entrepreneur, Economist, by Evert Schoorl. *The Quarterly Journal of Austrian Economics*, v. 17, n. 1, p. 112-116, Spring 2014.
7. MENGER, Carl. *Investigations into the methods of the social sciences*. New York: New York University Press, 1985.
8. KNIGHT, Frank H. *Risk, uncertainty and profit*. New York: Houghton Mifflin, 1921.
9. MISES, Ludwig von. *Planning for freedom*. New York: Libertarian Press, 1959. *Vide*: https://mises.org/sites/default/files/Human%20Action_3.pdf. Acesso em: 8 dez. 2020.
10. HAYEK, Friedrich von. *Individualism and economic order*. Chicago: University of Chicago Press, 1958. *Vide*: https://mises.org/library/individualism-and-economic-order. Acesso em: 8 dez. 2020.
11. SCHUMPETER, Joseph. *Capitalism, socialism, and democracy*. New York: Harper and Row, 1950.
12. DANTAS, Edmundo Brandão. *Empreendedorismo e intraempreendedorismo*: é preciso aprender a voar com os pés no chão. *Vide*: www.bocc.ubi.pt. Acesso em: 8 dez. 2020.
13. KNIGHT, Frank H. *Risk, uncertainty, and profit*. New York: Houghton Mifflin, 1967.
14. DRUCKER, Peter F. *Managing oneself*: the key to success. Boston: Harvard Business Press, 1970. *Vide*: https://hbr.org/product/managing-oneself-harvard-business-review-classics/2312-PBK-ENG.
15. SCHUMPETER, Joseph. *Capitalism, socialism, and democracy, op. cit.*
16. LAMBRUNHO, Lúcio. O brilho da ousadia, *Empreendedor*, n. 93, jul. 2002.
17. LONGENECKER, Justin G.; SCHOEN, John E. The essence of entrepreneuring, *op. cit.*, p. 10.
18. McCLELLAND, David C. *The achieving society*. New York: The Free Press, 1961.
19. BROCKHAUSS, Robert H.; HORWITZ, Pámela S. The psychology of the entrepreneur. *In:* SEXTON, Donald L.; SMILOR, Raymond W. (eds.). *The art and science of entrepreneurship*. Cambridge: Ballinger, 1986. p. 27.
20. McCLELLAND, David. *The achieving society*. Princeton: D. Van Nostrand, 1962.
21. ROTTER, Julian B. Generalized expectancies for internal versus external control of reinforcement. *Psychological Monographs*, 1966.
22. BEGLEY, Thomas; BOYD, David P. Relationship of the Jenkins activity survey to type a behavior among business executives. *Journal of Vocational Behavior*, n. 27, p. 316-328, 1987.
23. KNIGHT, Russell M. Entrepreneurship in Canada. *In:* Annual Conference of the International Councilfor Small Business, Anais, CA, Asilomar, June 22, 1980.

24. SMITH, Norman R. *The entrepreneur and his firm*: the relationship between type of man and type of company. East Lansing: Bureau of Business and Economic Research, Michigan State University, 1967.

25. Adaptado de DUN & BRADSTREET CORPORATION. *Business faillure record, preliminary.* New York: The Dun & Bradstreet Corp., 2007.

26. CARROLL, Lewis. *Alice no país das maravilhas.* São Paulo: Ática, 1997.

27. KOFMAN, Fredy. *Metamanagement:* o sucesso além do sucesso. Rio de Janeiro: Campus, 2004. p. 75.

2 ENTENDENDO O MUNDO DOS NEGÓCIOS

O QUE VEREMOS ADIANTE

- O que é um negócio?
- O dinâmico ambiente de negócios.
- As oportunidades das pequenas empresas.

Desde tempos imemoriais existem negócios, isto é, transações entre pessoas para trocar alguma coisa por outra. Em geral, uma pessoa oferecia o que tinha em excesso para trocar por aquilo que precisava com outra pessoa. Era o escambo. Quando surgiu a moeda, as transações ficaram mais fáceis, pois as trocas não precisavam ser feitas apenas por meio de mercadorias previamente escolhidas. Na medida em que tais transações cresceram em volume e em intensidade, começaram a surgir empresas especializadas para promovê-las e incrementá-las. E os negócios se expandiram rapidamente em todas as empresas do planeta. Hoje, vivemos em um mundo de intercâmbios e interações entre organizações, empresas, empreendimentos conjuntos, negócios virtuais, organizações exponenciais, plataformas virtuais, *startups* etc. E os negócios se tornaram simplesmente globalizados, virtuais e até mesmo distanciados.

CHIAVENATO DIGITAL

Aumente seus conhecimentos sobre **A grande convergência** na seção *Saiba mais* EMP 2.1

2.1 O QUE É UM NEGÓCIO?

Sem dúvida, o mundo dos negócios mudou e está mudando cada vez mais. Mudaram produtos, serviços, processos, métodos de trabalho, modelos de negócios, mercados e até a própria demografia das nações. Hábitos, costumes, necessidades, aspirações, tudo isso mudou radicalmente. E a tendência é mudar mais e mais rápida e profundamente. O empreendedor precisa estar atento a todas essas mudanças e transformações. Em um mundo em constante e progressiva mudança, todo novo negócio precisa pelo menos se antecipar a elas ou correr no mesmo ritmo delas.

SAIBA MAIS **O que é um negócio?**

Em primeiro lugar, é necessário saber qual é o negócio que você pretende criar. Afinal, esse é o foco que determinará o sucesso de qualquer empreendimento. Negócio é uma atividade baseada no esforço organizado de determinadas pessoas para produzir bens e serviços a fim de oferecê-los a determinado mercado e alcançar recompensa financeira pelo seu esforço. Obviamente, a realização pessoal está por trás disso. Assim, produto/serviço, clientela, mercado, concorrência, entrega de valor, satisfação de necessidades, precificação, custos, orçamento, capital de giro, produção, venda, intermediários como atacadistas e varejistas, plataformas virtuais, bem como sócios, planos, criatividade e inovação, costumam ser hoje os pontos focais de preocupação dos novos empreendedores. Um negócio é, no fundo, uma conjugada e flexível reunião feliz desses aspectos básicos.

Você conhece a Teoria do Negócio de Peter Drucker (1909-2005)? Para ele, toda organização formula e faz funcionar uma espécie de "teoria de negócio" que resume as seguintes premissas:[1]

- Um ambiente que envolve externamente a organização.
- A missão que a organização pretende cumprir.
- As competências essenciais que ela dispõe ou necessita para cumprir sua missão.

Ainda segundo Drucker, no entanto, essa teoria somente é válida quando estão satisfeitas quatro especificações básicas:

- As premissas a respeito do ambiente, como missão e competências essenciais, devem estar adequadas à realidade. Se a realidade muda, as premissas devem mudar.
- Essas premissas devem se ajustar umas às outras para obter um efeito multiplicador. O negócio precisa ser sistemicamente imaginado.
- A teoria do negócio deve ser perfeitamente conhecida e entendida por todos na organização.
- A teoria do negócio deve ser constantemente testada e alterada sempre que necessário para se manter bem-sucedida.

Para ter validade, a teoria – e ela é apenas uma hipótese – exige que todas essas quatro especificações anteriores sejam verdadeiras e integradas entre si. Se alguma delas não ocorrer, a teoria irá falhar. Para evitar que isso aconteça, Drucker propõe que toda organização deve constantemente questionar essas condições e identificar onde está a falha principal para corrigi-la em tempo real. E isso vale para o negócio do empreendedor. Dessa maneira, para saber qual é o negócio de uma organização, é preciso explicitar três aspectos básicos:

1. **O que a organização faz?** Qual é o seu produto ou serviço? Por que razão ela existe? Quais são os seus valores?
2. **Quem é o cliente?** Quem é o seu consumidor, cliente ou usuário? E, de lambuja, quem são os seus *shareholders* (aqueles que investem no capital financeiro do negócio) e *stakeholders* (todos aqueles que participam direta ou indiretamente no negócio)?
3. **O que a organização oferece ao seu cliente e aos *stakeholders*?** Qual é a proposta de valor da organização? Ou, em outras palavras, o que ela realmente oferece? Não é apenas produzir e entregar um produto ou serviço ao cliente. Isso qualquer organização pode fazer com um pé nas costas, e a competição está aí para atrapalhar. É preciso muito mais do que isso. É preciso saber satisfazer o cliente, encantá-lo, fidelizá-lo. E fazer o mesmo com todos os *stakeholders*. É preciso entregar efetivamente o que foi prometido.

Assim, o negócio é qualquer atividade econômica capaz de oferecer algo ao mercado ou satisfazer necessidades ou aspirações do cliente, e por meio disso, produzir lucro como retorno do investimento e garantir a continuidade do negócio. A palavra *negócio* (do latim *negotium* = *nec* (negação) + *otium* (ócio)) significava negação do ócio e passou a envolver qualquer atividade humana com efeito jurídico no sentido de obter lucro. Modernamente, negócio passou a significar três aspectos conjuntos: quais produtos ou serviços a oferecer para quais mercados e para quais clientes.

SAIBA MAIS

Qual o propósito do negócio?

Em primeiro lugar, é necessário saber qual é exatamente o negócio da organização. Afinal, esse é o foco que determinará o sucesso de qualquer empreendimento. Olhando mais detidamente, todo negócio envolve necessariamente algum produto/serviço e, consequentemente, fornecedores (de um lado) e clientes (de outro lado) envolvendo uma complexa cadeia de valor com entradas, processos e saídas. Em outras palavras, um verdadeiro sistema de importação, processamento e exportação em relação ao mercado. Trata-se de uma forma de satisfazer alguma necessidade do cliente ou responder a alguma oportunidade de mercado. É preciso satisfazer todas essas pontas.

Negociar significa basicamente comprar algo de alguém ou vender algo a alguém. E sem dúvida, produzir esse algo e agregar valor no meio dessas duas pontas. Todo negócio envolve necessariamente o ato de produzir ou vender um produto ou de prestar um serviço especializado e definido. Um produto é um bem concreto ou uma mercadoria: algo que se pode pegar, ver e apalpar. Pode ser destinado ao consumo (bens de consumo) ou à produção de outros bens (bens de produção). No primeiro caso, quem o compra é o consumidor final, enquanto no segundo o produto é destinado a quem vai utilizá-lo, como uma empresa para produzir com ele bens de consumo ou bens de produção. Assim, um bem ou produto é um complexo de atributos tangíveis e intangíveis, incluindo embalagem, cor, preço, prestígio da marca ou do produtor, prestígio do varejista, serviços adicionais proporcionados pelo produtor ou varejista, que o comprador aceita como satisfatórios para atender às suas necessidades e desejos. Um serviço é uma atividade especializada oferecida a algum ou alguns clientes ou ao mercado e deve ser capaz de suprir alguma necessidade percebida, seja latente ou manifesta. Assim, as empresas se especializam na produção ou comercialização de determinados bens ou serviços. Na área de bens (produtos), elas podem se direcionar para o mercado de consumo ou para o mercado de produção. É lá que está sua clientela.

2.1.1 Negócio como um conjunto de processos integrados

Para Kaufman, um negócio é um processo cíclico e repetitivo e que gera dinheiro. Em seu mais importante livro, ele salienta que uma empresa é um processo cíclico e repetitivo que envolve necessariamente:[2]

1. **Criação de valor:** a empresa descobre aquilo que as pessoas precisam e cria algo de valor para elas...
2. **Marketing:** ... ela chama a atenção e desenvolve a oferta para o que as pessoas querem, aspiram ou de que precisam...
3. **Vendas:** ... ela transforma clientes potenciais em clientes pagantes a um preço que eles estejam dispostos a pagar...
4. **Entrega de valor:** ... ela dá aos seus clientes o que prometeu e se assegura que estejam satisfeitos, de maneira que satisfaça as suas necessidades e expectativas.
5. **Finanças:** ... ela gera dinheiro suficiente de maneira que gere lucro suficiente para valer a pena para que os proprietários mantenham e prossigam com as operações.

Para Kaufman, esses são os cinco processos sequenciais e interdependentes, em que cada um deles leva ou conduz ao próximo (Figura 2.1). Trata-se de um processo de identificar um problema e encontrar uma maneira de solucioná-lo para que beneficie os dois lados: a empresa e o cliente. A simplicidade é evidente e quem tenta fazê-lo mais complicado está tentando impressionar ou está tentando vender algo que o mercado não necessita e pelo qual nem se interessa. Para ele, são esses cinco processos que constituem a base de qualquer ideia ou plano de negócios. Desde que você encontre uma maneira de utilizá-los para criar e oferecer valor, certamente terá um modo de ser pago por isso. Portanto, qualquer habilidade ou conhecimento que o ajudar a criar valor, promover, vender, entregar valor e administrar as finanças será economicamente valiosa.

Figura 2.1 A empresa como um conjunto integrado de processos.[3]

A integração dos cinco processos mencionados anteriormente pode ser mais bem explicada no Quadro 2.1.[4]

Quadro 2.1 A empresa como um conjunto integrado de processos que cria e entrega valor[5]

A empresa é um conjunto de processos		
...que cria algo de valor...	Valor é algo que: ■ tem utilidade; ■ dá retorno; ■ proporciona satisfação; ■ melhora a autoimagem; ■ melhora a saúde; ■ aumenta o patrimônio.	Um empreendimento que não cria valor para os outros é puro *hobby*.
...que produz e entrega...	Produz produto ou presta serviços: ■ Produtos de consumo e produtos industriais. ■ Serviços em geral: serviço, entretenimento, educação, saúde, transporte, alimentação etc.	Um empreendimento que não consegue produzir o que cria é um fracasso.

(continua)

(continuação)

A empresa é um conjunto de processos		
...o que as pessoas querem ou precisam...	Necessidades: ■ Individuais. ■ Coletivas. ■ Sociais.	Um empreendimento que não chama a atenção é um fracasso.
...a um preço que elas estejam dispostas a pagar...	Preço: ■ Relação custo-benefício. ■ Acessibilidade. ■ Condições de pagamento. ■ Valor percebido.	Um empreendimento que não vende o valor que cria é uma organização sem fins lucrativos.
...para satisfazer necessidades e expectativas dos clientes...	Necessidades/expectativas: ■ Transformar clientes potenciais em clientes reais. ■ Fidelização do cliente. ■ Responsabilidade social da empresa.	Um empreendimento que não cumpre o que promete é uma fraude.
...de forma que a empresa gere lucro suficiente para valer a pena manter suas operações.	Resultado final: ■ Retorno do investimento. ■ Lucratividade. ■ *Shareholders*. ■ *Stakeholders*. ■ Responsabilidade econômico-financeira. ■ Imagem e reputação.	Um empreendimento que não gera dinheiro suficiente para manter as operações logo fechará as portas.

CHIAVENATO DIGITAL

Aumente seus conhecimentos sobre ***Stakeholders*** na seção *Saiba mais* EMP 2.2

Em todo negócio focado nos *stakeholders* (partes interessadas e especificamente nos clientes ou consumidores) – que são os beneficiários finais do negócio –, o essencial é sempre criar, agregar, entregar, capturar e distribuir valor. Em outras palavras, incrementar valor, entregá-lo aos consumidores finais, capturar parte desse valor como lucro e distribuí-lo a todos os *stakeholders* de maneira proporcional aos seus investimentos no negócio (Figura 2.2).

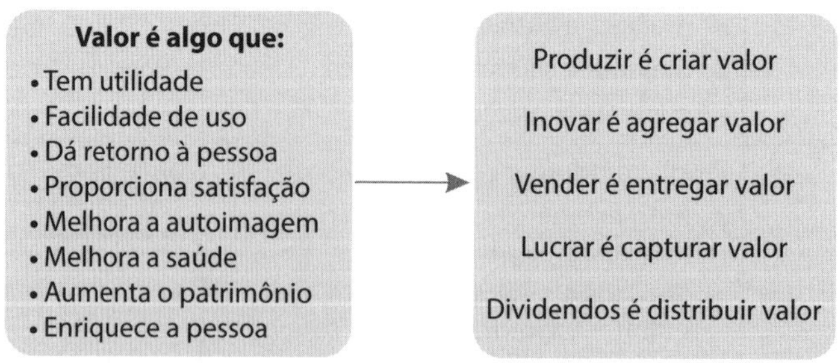

Figura 2.2 Todo negócio deve criar, agregar, entregar, capturar e distribuir valor.

O objetivo de um negócio é produzir e vender produtos ou serviços que satisfaçam necessidades e desejos da sociedade e, com isso, obter lucro como retorno. Necessidades e desejos que podem envolver o mercado em geral, ou mais especificamente apenas um nicho específico de clientes. Os bens ou serviços são produzidos para estarem disponíveis em um mercado, que é o local físico ou virtual em que os compradores e os vendedores se localizam ou se conectam para efetuar suas transações. Contudo, em seu negócio, o empreendedor nunca está sozinho. A concorrência estará sempre ao seu lado para tentar ultrapassá-lo ou vencê-lo.

Do ponto de vista de função de mercado, toda transação representa um intercâmbio ou uma transferência da propriedade de bens. E o mercado pode estar em situação de oferta (refletindo a disponibilidade de bens e vendedores que os oferecem para venda) ou de procura ou demanda (refletindo o desejo e o poder de compra dos compradores) que se combinam em uma transação de compra-venda a determinado preço. Um mercado está em oferta quando os vendedores estão dispostos a vender seus produtos ou serviços: assim, a oferta ou disponibilidade de bens ou serviços é maior do que a necessidade deles. Ou está em procura quando os compradores estão dispostos a comprar os produtos: assim, a procura de bens ou serviços é maior do que a sua oferta no mercado. As duas situações estão descritas na Figura 2.3.

Oferta ◄- - -	- - -► **Procura**
Muitos produtos ou serviços em oferta	Poucos produtos ou serviços em oferta
Excesso de vendedores	Escassez de vendedores
Escassez de compradores	Excesso de compradores
Concorrência entre vendedores	Concorrência entre compradores
Tendência à redução de preços	Tendência ao aumento de preços
Oferta maior do que a procura	Procura maior do que a oferta

Figura 2.3 Situações do mercado do ponto de vista de quem produz.

2.1.2 O empreendimento como uma empresa

Todo empreendimento deve funcionar como uma empresa. Ao trabalhar para satisfazer os seus *stakeholders*, as empresas produzem bens ou serviços, empregam pessoas, utilizam recursos, competências e tecnologias e, sobretudo, necessitam de gestão para serem bem-sucedidas. O que faz as empresas diferentes das demais organizações sociais são as seguintes características:[6]

- **Empresas são orientadas para o lucro:** embora o propósito final das empresas seja atender a uma necessidade do mercado mediante a produção de bens ou serviços, seu propósito mediato é o lucro, isto é, o retorno financeiro que excede o volume de insumos. O lucro é a recompensa financeira que permite a viabilidade e a sustentabilidade do negócio no longo prazo. Da mesma forma que respiramos para sobreviver, embora não vivamos apenas para respirar, fazer também dinheiro é importante para o negócio se oxigenar e sobreviver. Mas o dinheiro em si e tão somente ele não é a razão para o negócio existir. Lucro também não é objetivo, mas uma necessidade para sustentar e manter o negócio, mesmo que o negócio seja público ou não lucrativo. Todo negócio precisa ser rentável para se autossustentar e ganhar autonomia e não depender de terceiros ou do erário.

- **Empresas assumem riscos:** as empresas não trabalham em condições de certeza e total previsibilidade. Elas assumem riscos que envolvem tempo, dinheiro, esforços e investimentos. E ponha sonhos, esperanças e expectativas nisso. O risco ocorre mesmo quando a empresa possui algum conhecimento a respeito das consequências futuras de seus negócios, conhecimento que pode ser usado para prognosticar a possibilidade daquilo que venha a ocorrer no futuro. O risco das operações empresariais é aceito como um ingrediente inerente aos negócios e pode até incluir a possibilidade de perda total dos investimentos feitos.
- **Empresas são dirigidas por uma filosofia de negócios:** os gestores de cúpula tomam decisões e ações que se relacionam com mercados, clientes, custos, preços, concorrência, regulamentos do governo, legislação, conjuntura econômica, relações com a comunidade, além de assuntos internos relativos à estrutura, processos, atividades e ao comportamento da empresa. Todas essas decisões e ações estão subordinadas a uma filosofia de negócios que define princípios e valores que são fundamentais para as empresas. Elas assumem uma dupla responsabilidade econômica e social com relação aos clientes e consumidores, fornecedores, gestores e colaboradores, acionistas e à sociedade como um todo.
- **Empresas são geralmente avaliadas do ponto de vista contábil ou financeiro:** a abordagem contábil e financeira é importante, pois os investimentos e retornos devem ser registrados, processados, sumariados e analisados de forma simplificada e medidos em termos de dinheiro. Nesse sentido, as empresas prestam contas aos seus proprietários, acionistas e investidores (*shareholders*). Todavia, a avaliação física ou patrimonial está sendo cada vez mais orientada para uma avaliação cada vez mais focada em aspectos intangíveis e mesmo virtuais, a partir do sucesso na inovação, impacto nos negócios, patrimônio intelectual, valor de mercado etc. *Startups* estão sendo avaliadas como unicórnios em valores exponenciais pelo seu forte impacto no mercado em curto prazo de existência.
- **Empresas são geralmente avaliadas do ponto de vista social:** os ativos intangíveis (como conhecimentos, habilidades, talentos, relacionamento com clientes e consumidores, com a comunidade e sociedade etc.) estão agora modificando a avaliação da empresa por parte dos vários grupos de interesses. Cada vez mais, o valor de mercado das empresas está mais relacionado com seus ativos intangíveis (capital intelectual) do que com seus ativos tangíveis (patrimônio físico e contábil). Além disso, as empresas prestam contas altamente satisfatórias aos diversos grupos de interesses responsáveis pelo seu sucesso (*stakeholders*).
- **Empresas devem ser reconhecidas como negócios:** empresas são consideradas produtoras de bens ou serviços, e como tal passam a ser solicitadas por outras empresas que lhes fornecem entradas, consomem suas saídas ou ainda concorrem com elas ou lhes aplicam taxas e impostos, seja outras organizações, empresas, agências governamentais e o mercado. O importante é saber realmente qual é o negócio da empresa para que se possa concentrar nele.
- **Empresas constituem propriedade privada:** que deve ser controlada e administrada pelos seus proprietários ou acionistas (*shareholders*) ou por gestores profissionais escolhidos para isso.

SAIBA MAIS

É preciso fazer com que o empreendimento seja muito mais do que um simples local físico de trabalho. Ou de uma rotina diária. O trabalho do empreendedor transcende o local e o imediato e se estende para fora, para o cliente, para a sociedade e para o futuro. Para tanto, o empreendedor deve entender do negócio e conseguir a colaboração de fornecedores de um lado e de intermediários do outro.

Nenhum empreendedor faz o seu trabalho isoladamente, e sim com a colaboração de muitos parceiros internos e externos que o ajudam a construir o seu negócio. Em outras palavras, todo negócio de um empreendedor faz parte de um amplo ecossistema que permite que ele obtenha recursos de fora e coloque os seus produtos e serviços para fora. Assim, o empreendedor depende de fornecedores de insumos, de um lado e de tomadores de saídas (produtos ou serviços). Em suma, obtém entradas para oferecer saídas de seu sistema produtivo. O que envolve externamente o seu sistema produtivo tem tanta importância quanto o que está dentro dele.

2.2 O DINÂMICO AMBIENTE DE NEGÓCIOS

O mar está para peixe? É a pergunta que todo pescador faz, diariamente, antes de partir para a pesca em alto-mar levando as suas iscas. A mesma pergunta fazem os empreendedores quando analisam o investimento em algum novo negócio. Há muitas razões para esse questionamento. É preciso ter um olho dentro do negócio e outro para fora dele. Aliás, é preciso peneirar o ambiente de negócios para descobrir uma oportunidade. E quando encontrá-la, é preciso continuar com um dos olhos lá fora. É o que chamamos de visão periférica: saber ver o que está acontecendo no mercado, na sociedade, no mundo todo. O comandante de um navio precisa estar sempre atento ao que ocorre dentro dele, e também precisa de uma visão periférica ampla e abrangente para saber com segurança onde o navio está navegando e para que porto está se destinando.

CHIAVENATO DIGITAL — Aumente seus conhecimentos sobre **Mercado** na seção *Saiba mais* EMP 2.3

Em virtude desse ambiente dinâmico e mutável, o empreendedor precisa estar constantemente aberto e atento ao que acontece ao seu redor, para poder perceber e interpretar as mudanças que ocorrem em seu ambiente, particularmente no seu ambiente de tarefa. Como essas mudanças são intensas, rápidas, dinâmicas e complexas, o empreendedor experimenta uma sensação de incerteza e ambiguidade com relação a elas. Lidar com essa complexidade e volatilidade parece ser hoje o grande desafio da gestão dos negócios. E esse é o mundo onde o empreendedor busca alcançar os seus objetivos.

Os empreendimentos não são entidades absolutas nem vivem isolados do mundo. Eles operam em um dinâmico e mutável ambiente de negócios que envolve tudo aquilo que existe fora de suas fronteiras. Em outras palavras, o ambiente é tudo o que envolve externamente uma empresa. Também representa a sociedade, a região, o país, o cenário mundial e global.

Como o ambiente é muito vasto e complexo, costumamos separá-lo em dois estratos diferentes. O estrato maior é o ambiente geral ou macroambiente. O estrato mais imediato é o ambiente de tarefa ou microambiente.[7]

Assim, antes de olhar para dentro do novo negócio, é preciso olhar para fora dele e mirar o mundo dos negócios que o envolve. Em resumo, para abrir um novo negócio, é preciso preliminarmente fazer um profundo diagnóstico estratégico externo em dois estratos ambientais: no macroambiente e no setor de negócios específico do negócio.

- **No macroambiente**, todos os negócios operam em um ambiente geral, que é composto por uma multiplicidade de variáveis que interagem dinâmica e reciprocamente entre si provocando um momento de forças que provocam mudanças e transformações rápidas e profundas. O empreendedor deve analisar as variáveis relevantes que caracterizam o ambiente econômico, sociocultural, político, legal, demográfico e tecnológico. São fatores ambientais que provocam profundas mudanças, transformações e rupturas que afetam diretamente todos os negócios e empresas. Com isso, pode identificar precocemente as mudanças e tendências significativas entre os elementos externos ao negócio e aproveitar as oportunidades, bem como evitar as ameaças que podem sobrevir. Como o macroambiente é vasto e genérico, ele influencia ao mesmo tempo todas as organizações e negócios nele contidos.

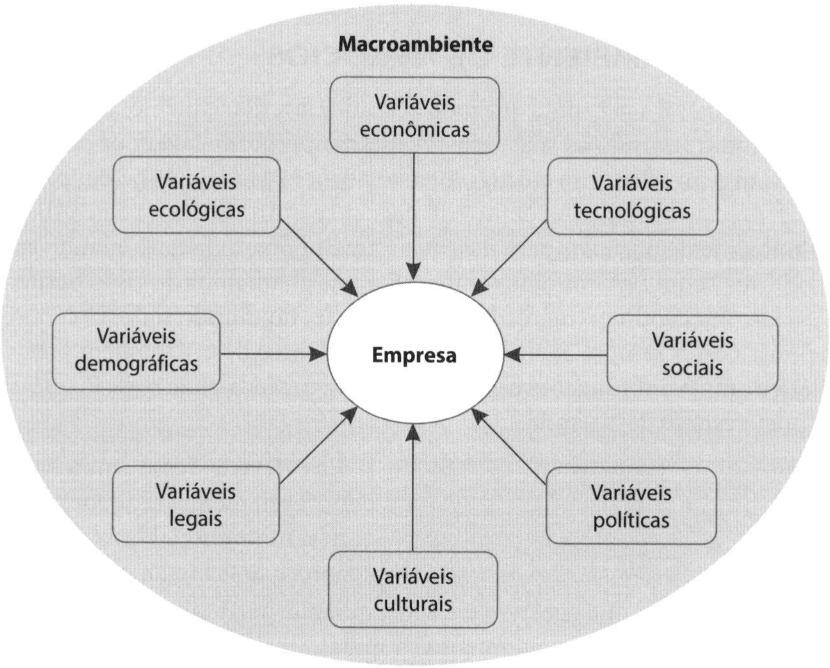

Figura 2.4 Variáveis que influenciam o ambiente geral (macroambiente).

CHIAVENATO DIGITAL

Aumente seus conhecimentos sobre **Como o macroambiente vai influenciar o seu negócio** na seção *Saiba mais* EMP 2.4

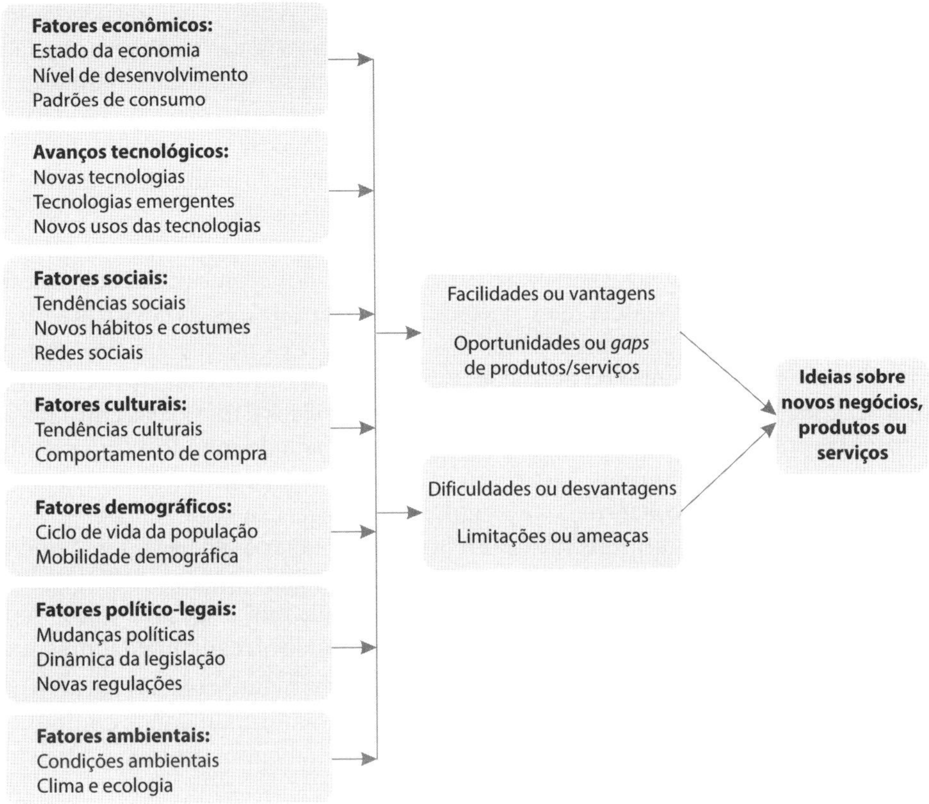

Figura 2.5 O macroambiente e suas oportunidades e ameaças.

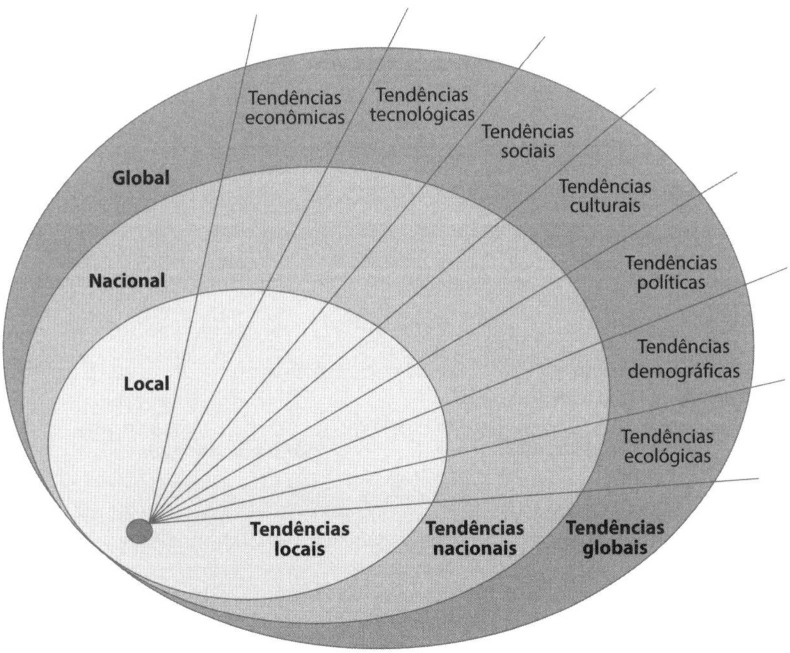

Figura 2.6 Macroambiente do ponto de vista nacional, regional e local.

- **No microambiente:** ou seja, no seu específico setor de negócios. O empreendedor precisa conhecer profundamente seus clientes, fornecedores, concorrentes e agências reguladoras. Esses são os elementos que envolvem direta ou indiretamente o negócio e o influencia poderosamente. Cada empresa opera em um microambiente específico, do qual retira seus insumos e recursos e nele coloca seus produtos/serviços. Esse microambiente constitui um segmento específico do macroambiente e pode ser denominado ambiente de tarefa ou ambiente de operações da empresa. É o nicho em que a empresa se situa e procura estabelecer o seu domínio. É preciso conhecer os grupos estratégicos, a composição das forças competitivas, identificar mercados e segmentos, características dos clientes e dos concorrentes, a fim de definir seu comportamento estratégico como resposta a essas condições externas. O microambiente afeta diretamente todas as empresas e organizações do setor específico. Assim, ele constitui o cenário de operações específico, particular e mais próximo de cada empresa. É nele que a empresa coloca seus produtos/serviços e toma suas entradas ou insumos. Mas como a empresa não está sozinha nem isolada do mundo, o microambiente oferece os recursos e os insumos, bem como os clientes que asseguram sua existência, mas lhe impõe o desafio dos concorrentes e a vigilância das agências reguladoras.
  Como o microambiente ou ambiente de tarefa vai influenciar o seu negócio? O microambiente constitui o ambiente mais próximo e imediato de cada empresa.
  Cada empresa tem o seu microambiente específico onde busca seus insumos, deposita seus produtos ou serviços e enfrenta competidores e entidades regulamentadoras, a saber:
  - **Fornecedores:** são os ofertadores de insumos, recursos e competências para o negócio, como energia, informação, tecnologia, materiais, matérias-primas, componentes, serviços (contábeis, legais, manutenção, propaganda, higiene e segurança). Constituem as entradas do sistema.
  - **Clientes:** são os compradores, clientes, consumidores, usuários, intermediários como atacadistas e varejistas etc. Constituem as saídas do sistema.
  - **Concorrentes:** são as empresas que disputam as mesmas entradas e saídas do seu negócio.
  - **Agências reguladoras:** são órgãos governamentais que fiscalizam e regulam as atividades específicas dos negócios, associações de classe, sindicatos etc.

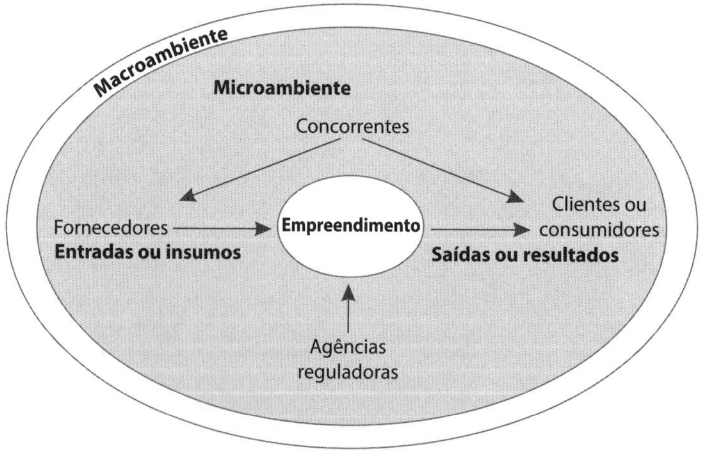

Figura 2.7 Componentes do microambiente ou ambiente de tarefa.

É nesse vasto e monumental entorno do macro e microambiente onde o empreendedor vai navegar. Esse complexo e dinâmico ambiente oferece oportunidades, recursos e facilidades, mas, ao mesmo tempo, traz consigo ameaças, contingências, restrições e dificuldades. Ele oferece fornecedores e clientes, mas também impõe concorrentes e entidades reguladoras que controlam o mercado. Tudo isso simultaneamente. O segredo é vislumbrar as oportunidades reais e potenciais, bem como evitar ou contemporizar as ameaças reais ou potenciais para o negócio que se pretende desenvolver.

Figura 2.8 Funil do macro e microambiente.[8]

2.2.1 Cadeia de valor

Nenhum negócio é totalmente autocontido e independente. Ele está sempre envolvido em um ecossistema do qual faz parte integrante. Em outras palavras: nenhum negócio funciona sozinho ou solitariamente. Todo negócio envolve uma intrincada e complexa cadeia de valor ao seu redor. E é preciso encurtar ou otimizar constantemente a cadeia de valor que você oferece ao seu cliente ou consumidor. Ela consiste no fornecedor do seu fornecedor, seu fornecedor para chegar ao seu empreendimento e depois seguir para seu cliente intermediário (atacadista ou varejista), até chegar ao cliente final do seu cliente. Envolve todo o ciclo percorrido desde a matéria-prima inicial até o produto ou serviço chegar ao cliente final. Se houver dados disponíveis a respeito de toda essa cadeia e puder simplificá-la, você pode cortar ou eliminar algumas etapas e tornar seus produtos mais ágeis, rápidos, econômicos e com mais flexibilidade, além de reduzir os custos envolvidos nessa extensa cadeia de valor.

SAIBA MAIS **Cadeia de valor**

A primeira pergunta que você pode fazer é: onde eu estou situado nessa cadeia de valor? Como posso proporcionar mais valor do que qualquer outra empresa? Para isso, você precisa ter dados na mão para saber e analisar o que você pode cortar e evitar que seus clientes cortem você. Se você tem às mãos o Skype, por que pagaria muito dinheiro para fazer um telefonema? O cliente sempre pensa: por que devo pagar a mais se posso conseguir outro negócio que me ajude a pagar menos pelo mesmo serviço? É por isso que muitos negócios simplificaram suas cadeias de valor para chegar mais rápido e barato até o seu cliente final. Daí surgiram as plataformas físicas ou virtuais para simplificar a cadeia de valor. Falaremos delas logo em seguida.

Assim, é preciso sempre estar atento a seis aspectos básicos que um negócio precisa garantir simultaneamente: objetivo, qualidade, agilidade, viabilidade, risco e retorno. No entanto, sem esquecer a reputação e a imagem que provêm dessas seis variáveis e o seu nível de satisfação como empreendedor. Tais aspectos são apresentados no Quadro 2.2.

Quadro 2.2 Os seis aspectos básicos para o sucesso de um negócio[9]

Objetivo	Criar e desenvolver um excelente negócio. Envolver novos clientes e oferecer soluções. Reter clientes atuais satisfeitos e engajados.
Qualidade	Oferecer produtos e serviços excelentes e inovadores. Criar uma jornada de experiência agradável ao cliente. Entregar de maneira rápida e eficiente.
Agilidade	Adotar uma cadeia de valor enxuta, ágil e eficaz. Desenvolver processos de trabalho ágeis. Encurtar tempos de produção, estocagem e entrega.
Viabilidade	Buscar as melhores práticas de negócio. Reduzir custos sem prejudicar a qualidade. Manter estruturas, processos e práticas enxutas.
Risco	Imaginar, criar e inovar sempre para não ficar ultrapassado. Manter o apetite para riscos. Evitar e prevenir ocorrências imprevistas.
Retorno	Tomar decisões eficazes para garantir consequências favoráveis. Buscar retornos financeiros, sociais e ambientais. Sucesso no negócio e orgulho pelo seu trabalho.

2.2.2 As cinco forças competitivas no mercado

Todo negócio influencia e é influenciado pelo seu mercado, indústria ou setor em termos de competição e concorrência, tanto para suas entradas (insumos) como principalmente por suas saídas (produtos/serviços). O desafio está em enfrentar a forte e agressiva ação concorrencial. Michael Porter propõe um modelo de cinco forças competitivas considerando a rivalidade entre concorrentes e a ameaça representada por novos entrantes no mercado, pela possibilidade de emergência de produtos substitutos e pelo poder de barganha de fornecedores ou de compradores.[10] Um mercado comprador facilita a vida das empresas, enquanto um mercado vendedor favorece o consumidor. E todo novo empreendimento pode ingressar tranquilamente no mercado ou produzir nele uma ação que provoca uma reação igual e contrária pelas empresas que já participam dele. Tudo depende da maneira como o empreendedor ingressa e se comporta nele.

O modelo de Porter amplia a base de análise setorial ao mostrar como essas forças competitivas envolvem todas as organizações do setor, como fornecedores, compradores, entrantes potenciais e concorrentes. Todos eles concorrendo entre si pela margem potencialmente a ser gerada pelo setor.

Figura 2.9 Modelo das cinco forças competitivas de Porter.[11]

CHIAVENATO DIGITAL

Aumente seus conhecimentos sobre **Situações que determinam a rivalidade** na seção *Saiba mais* EMP 2.5

2.3 ANÁLISE AMBIENTAL

Para ingressar nesse complexo mundo dos negócios, o empreendedor precisa ligar o seu radar e fazer inicialmente uma análise ambiental: conhecer o terreno onde irá pisar. Assim, o diagnóstico externo deve permitir o conhecimento estratégico adequado do ecossistema no qual o empreendedor pretende inserir o seu negócio, envolvendo o macro e microambiente, os nichos de mercados envolvidos, a concorrência existente e, sobretudo todo o contexto externo que atualmente envolve o negócio pretendido. É o passo preliminar para, conhecendo o ambiente externo e a dinâmica do mercado, empreender o negócio, criar o seu sucesso e atender satisfatoriamente às demandas dos clientes e consumidores. O pleno conhecimento da mutável realidade externa é uma condição básica para o bom trabalho do empreendedor como um estrategista.[12]

2.3.1 Análise SWOT

Uma interessante e tradicional ferramenta de análise ambiental é a Matriz SWOT, que vem do acrônimo (*strengths* = forças; *weaknesses* = fragilidades; *opportunities* = oportunidades; *threats* = ameaças). Ela funciona como um instrumento extremamente útil para fazer uma varredura das condições do ambiente externo e dos aspectos internos de um negócio. Do lado ambiental externo, existem oportunidades e facilidades como também ameaças e dificuldades. Do lado interno do negócio, a empresa possui tanto fortalezas como também fragilidades. Trata-se de uma matriz que proporciona uma análise estratégica que permite visualizar como um negócio pode lidar com tendências, oportunidades, contingências, coações e ameaças provenientes do ambiente externo utilizando suas fortalezas e neutralizando ou corrigindo suas fragilidades.

CHIAVENATO DIGITAL

Aumente seus conhecimentos sobre **A Arte da Guerra e a Estratégia do Oceano Azul** na seção *Saiba mais* EMP 2.6

Todo negócio lida ao mesmo tempo com todas as situações mapeadas pela matriz SWOT (Figura 2.10). Cabe ao empreendedor planejar as ações mais apropriadas para cada situação e utilizando os fatores-chave de sucesso adequados para utilizar seus pontos fortes, melhorar seus pontos frágeis, aproveitar melhor as oportunidades e neutralizar as ameaças e restrições. Muitas empresas utilizam sessões coletivas periódicas para discutir a matriz e avaliar suas condições e desafios. Contudo, não se trata de um processo simples e fácil e muitas vezes análises equivocadas ou omissões podem ser desastrosas.

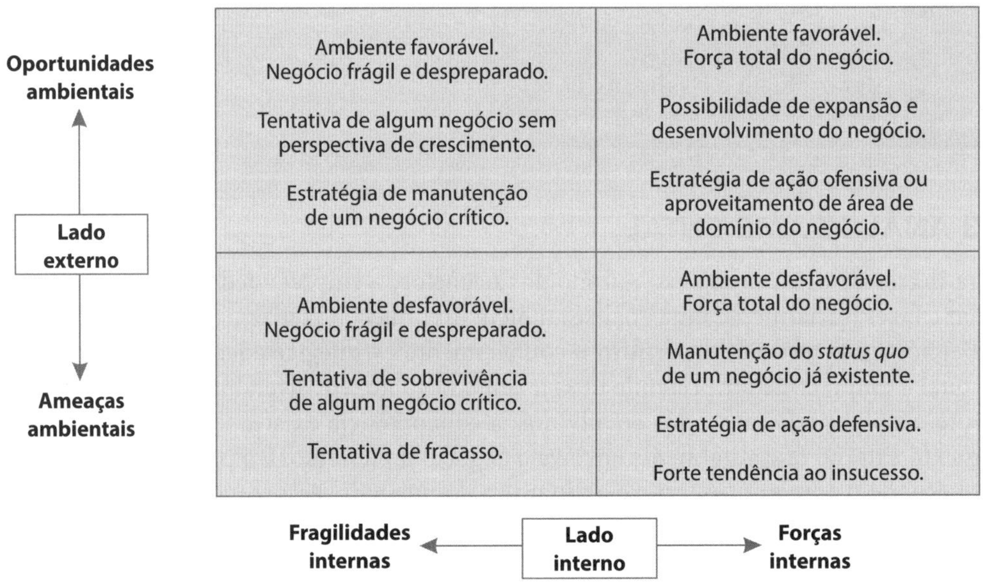

Figura 2.10 Matriz de análise SWOT.

Contudo, a análise SWOT mostra uma realidade atual que a cada dia muda e se transforma, tornando-se rapidamente ultrapassada pela incrível dinâmica do mercado. Ela funciona no curto prazo, no aqui e no agora. Essa é a sua principal limitação.

2.3.2 Estratégia do oceano azul

O conceito de um mercado inexistente não é nada novo: "faça algo que os outros ainda não estão fazendo" é uma antiga prescrição. Hamel e Prahalad[13] já haviam aconselhado a atuar em um "espaço branco", um mercado inexplorado abordado por meio da habilidade de identificar as novas oportunidades que surgem a partir de novas formas de interagir com outros atores e criar valor para o consumidor. Isso requer o desenho de um mapa que conduza a empresa à conquista de espaços em branco e ainda não descobertos pelos outros. A habilidade de identificar essas oportunidades emergentes depende, em grande parte, das competências essenciais da empresa, que são exclusivas e transcendem seu negócio atual e estão profundamente enraizadas na organização. Por isso, essas competências essenciais são difíceis de ser imitadas pelos concorrentes e são percebidas pelos clientes como fatores de criação de valor.

Mais recentemente, uma dupla de professores da Insead, conceituada escola de negócios da França, publicou um livro[14] onde utilizam a expressão *oceano azul* como sinônimo de uma oportunidade de negócios sem concorrentes ou da criação de um mercado inteiramente novo ou inexplorado. Ou melhor, fazer algo que os outros não estão fazendo ou então criar e capturar uma nova demanda em vez de brigar pelos consumidores existentes. Isso significa evitar o oceano vermelho (mercados onde as empresas se digladiam e concorrem na disputa pelos mesmos consumidores) e buscar o oceano azul (criando um novo mercado inexistente e sem concorrência).

Para Kim e Maugorgne, em função da análise ambiental, é possível avaliar dois tipos genéricos de ambiente de negócios: o oceano vermelho e o oceano azul.

O oceano vermelho assume essa cor pelo fato de ser essencialmente um aglomerado de concorrentes e rivais que se digladiam por um potencial de lucro, onde a estratégia convencional torna-se cada vez menos eficaz e gera resultados gradativamente menores devido ao aumento da forte competição do tipo ganhar-perder, em que uma parte ganha e as outras perdem. E onde todo mundo quer ganhar e ninguém quer perder.

É necessário procurar uma agulha em um enorme palheiro: buscar um oceano azul, plácido, tranquilo, longínquo, desconhecido, onde não haja concorrentes e tanta disputa pelo mercado. E onde fica esse oceano tão claro, límpido, suave, aberto, maravilhoso e tão sonhado? É claro que não é fácil localizá-lo. É preciso reinventar o setor e oferecer um valor que seja único para os clientes e um valor sustentável para o empreendedor em uma relação de ganhar-ganhar, e com isso, criar um oceano azul plácido e tranquilo na base de uma proposta de valor ao cliente que seja significativa e única para ele, a fim de criar um posicionamento único e diferenciado, para não dizer criativo e inovador e distante do agressivo e concorrencial mundo de negócios. Com certeza, quem consegue chegar lá não tem nada a reclamar. No entanto, terá um bando de imitadores que tentarão copiar e invadir o seu espaço. No Quadro 2.3, são resumidas as estratégias do oceano vermelho e do oceano azul.

Quadro 2.3 Estratégias do oceano vermelho e do oceano azul[15]

Estratégia do oceano vermelho	Estratégia do oceano azul
■ Competir nos espaços de mercado existentes.	■ Criar um espaço de mercado inexplicado.
■ Apostar em vencer os concorrentes.	■ Tomar a competição inexistente.
■ Explorar a demanda existente para ganhar maior participação no mercado.	■ Criar e capturar a nova demanda com foco em não consumidores.
■ Segmentar o mercado: focar em necessidades especificas.	■ Dessegmentar o mercado: foco em amplas necessidades.
■ Alinhar o sistema total das atividades do negócio com a escolha estratégica de diferenciação ou baixo custo.	■ Alinhar todo o sistema de atividades do negócio na busca de diferenciação e baixo custo.

No coração de cada estratégia organizacional está sempre uma proposta de valor. E no foco do cliente surge a questão: qual o valor que oferecemos a ele e se essa proposta acirra a competição com os concorrentes ou faz com que o posicionamento seja único e diferenciado (inovador) a ponto de tornar desprezível a concorrência (estratégia do oceano azul), ao criar um espaço de mercado nunca explorado ou ocupado.

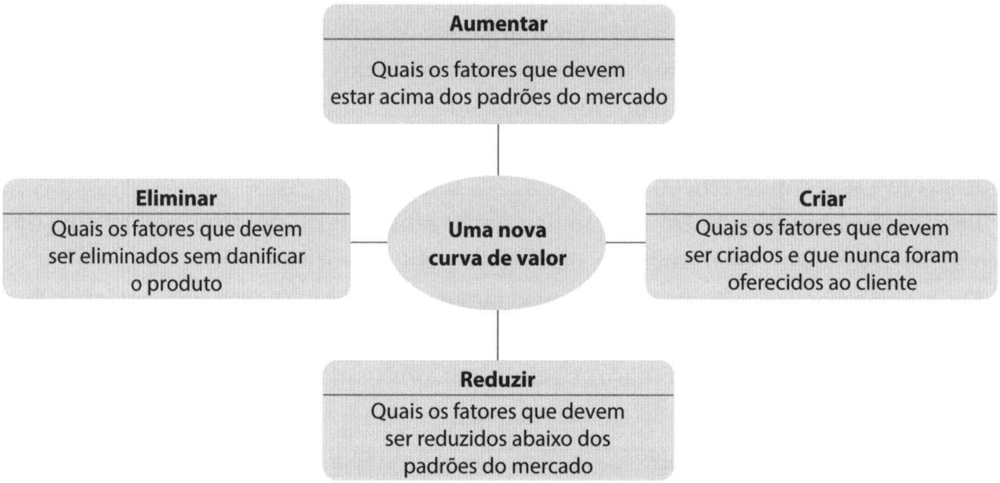

Figura 2.11 Abordagem das quatro ações.[16]

Como é preciso romper com o *status quo*, Kim e Mauborgne lançaram um segundo livro como um guia de aplicação de suas ideias, para mostrar que, não basta ser melhor do que os concorrentes, é preciso criar um mercado sem concorrentes.[17] E isso pode ser feito sem uma empreitada de alto risco buscando tanto diferenciação como baixo custo. Para isso, é preciso:[18]

1. **Criar um mapa do portfólio de produtos do empreendimento:** em categorias como:

- **Pioneiros:** são produtos inovadores que ainda não têm clientes, mas têm fãs.
- **Colonos:** são produtos que imitam outros existentes no mercado, oferecendo mudanças incrementais na qualidade ou no preço.
- **Migrantes:** são produtos que ficam no meio-termo entre os dois produtos anteriores. O ideal é a empresa ter um *mix* com pelo menos um produto pioneiro e alguns migrantes.

2. **Desenhar um mapa com as principais características do setor:** e fazer uma avaliação de como a empresa está em relação aos concorrentes. A equipe deve imaginar onde quer estar no mapa de utilidades para os clientes. Isso envolve pesquisa de campo para entender como os clientes encaram o produto com base em alguns critérios (produtividade, simplicidade, conveniência etc.). O importante é entender os principais gargalos (as "dores" do cliente) no uso da oferta da empresa. O objetivo é descobrir o universo de não consumidores. Nos últimos 25 anos, o mantra dos negócios tem sido "clientes em primeiro lugar". O mantra do estrategista de oceano azul é "os não clientes em primeiro lugar".
3. **Definir os tipos de clientes.** Os autores definem três tipos de clientes, a saber:

- **Clientes duvidosos:** que estão prestes a largar a empresa, assim que tiverem uma oferta melhor.
- **Clientes migrantes:** que tiveram contato com a oferta, mas se decidiram por outra – seja porque ela atende melhor às suas exigências, seja porque é mais barata. É o caso de uma pessoa que quer mudar as paredes de sua casa, considerou colocar papel de parede, mas acabou decidindo pela pintura. Ela deixou de ser uma cliente da indústria de papel.
- **Consumidores potenciais ou não consumidores:** que ninguém na indústria pensou que pudessem ser consumidores. É o caso de uma faculdade privada que compete com faculdades de primeira linha e com universidades públicas que inclui profissionais que precisam de reciclagem, como militares, atendentes de lojas, operários etc.

4. **Reconfigurar as fronteiras do setor em que a empresa atua:** para oferecer o que nenhum concorrente oferece. Esse é o pulo do gato. E os autores traçam três caminhos, tais como:

- Olhar o que fazem os outros setores.
- Olhar os grupos estratégicos dentro de seu setor.
- Redefinir o grupo de consumidores.

E depois quatro ações:

- Quais os fatores considerados típicos do setor que deveriam ser eliminados.
- Quais deveriam ser reduzidos.
- Quais deveriam ser aumentados.
- Quais deveriam ser criados.

Foi com esse exercício que a rede de hotéis CitizenM na Holanda verificou que seus hóspedes não dão muita bola para recepção, concierge, porteiro ou tamanho dos quartos e decidiu eliminar a recepção, diminuir o tamanho dos quartos, aumentar o conforto e criar quiosques para o *check-out.* Assim, pôde reduzir seus preços, receber avaliações fabulosas, aumentar sua taxa de ocupação para 90%, reduzir sua folha de pagamento em 40% e seus custos por quarto são 40% menores de um hotel 4 estrelas.

5. **Promover uma feira de oferta:** em que diferentes equipes da empresa apresentam e "vendem" suas ideias de inovação.
6. **E finalmente, lançar a nova oferta.**

Os autores mencionam sempre empresas já estabelecidas como exemplos e que tentam navegar em outros oceanos. E apesar de tudo, mostram que fazer uma transição para o oceano azul não é algo fácil, sem se afogar ou engolir muita água.

2.3.3 Inovação disruptiva

Por que o sucesso de um negócio é tão difícil de se sustentar?

Toda empresa utiliza um conjunto de tecnologias: são os processos mediante os quais a empresa transforma o trabalho, capital, materiais e informação em produtos e serviços de grande valor. Todas as empresas utilizam várias tecnologias, e a inovação se refere sempre a essas tecnologias. Daí o dilema do inovador segundo Christensen: compreender por que e por quais circunstâncias novas tecnologias provocam a queda de muitas grandes empresas[19] e quando uma boa gestão pode provocar o fracasso de uma empresa. Assim, é preciso distinguir estrategicamente entre as tecnologias quais são aquelas que estão sustentando o negócio e quais aquelas que são disruptivas, ou seja, qual a diferença entre uma tecnologia incremental e outra radical.

CHIAVENATO DIGITAL

Aumente seus conhecimentos sobre **A inovação disruptiva** na seção *Saiba mais* EMP 2.7

Uma pesquisa de Dyer, Gregersen e Christensen chegou a um *insight* crítico: qual a principal habilidade para gerar ideias inovadoras? Qual é o DNA do inovador? Segundo eles, não é meramente uma função da mente, mas também uma função de comportamentos. Quando se mudam comportamentos se pode criar um impacto criativo. E isso depende de cinco habilidades dos inovadores disruptivos:[20]

1. **Associando:** ideias, conceitos ou aspectos espalhados, dissociados e diferentes para gerar associações novas e *insights* novos.
2. **Questionando:** duvidando do *status quo* e buscando melhorias ou novas ideias.
3. **Observando:** cuidadosamente como as coisas estão sendo feitas.
4. **Conectando redes:** para obter sinergia em relação.
5. **Experimentando:** tentando ver como as coisas novas estão funcionando e avaliando seus resultados.

O fato é que na atualidade as inovações disruptivas estão por toda parte.

2.3.4 Fatores críticos de sucesso

Fatores críticos de sucesso (FCS) são escolhas que permitem aproveitar as oportunidades e contingências externas, apesar das possíveis ameaças, ao mesmo tempo em que possibilizam maximizar as forças do negócio apesar das suas possíveis fragilidades. O segredo do negócio é identificar quais são os seus FCS. Eles são os elementos condicionantes que, quando ausentes ou frágeis, poderão impedir o sucesso do negócio. São prioridades para o êxito do negócio, e o empreendedor precisa escolher com quais FCS irá trabalhar e atingir seus objetivos. Essa decisão deve ser tomada em relação a cada cenário externo identificado, pois, quando os FCS são definidos acertadamente, eles permitirão focar o negócio nas atividades-chave que permitirão atingir seus objetivos de maneira eficiente, eficaz e sustentável.[21] Uma lista de possíveis FCS é apresentada no Quadro 2.4.

SAIBA MAIS

Identificação dos fatores críticos de sucesso[22]

Para identificar os fatores críticos de sucesso (FCS) em qualquer negócio, deve-se fazer a seguinte pergunta: o que se deve fazer para o negócio ser bem-sucedido? Em um negócio lucrativo, sucesso significa fazer lucro, e portanto, os FCS focalizam naquilo que é fundamental para fazer lucro. Se o negócio é produzir roupas, os fatores estarão localizados em operações de baixo custo e elevado volume de vendas. Se o negócio é produzir roupas de luxo, os custos não serão tão importantes quanto a alta qualidade dos materiais, a confecção aprimorada e o desenho criativo.

Quadro 2.4 Lista de possíveis fatores críticos de sucesso (FCS)[23]

Variáveis dos ambientes contextuais e transacionais	Fatores críticos de sucesso
Variáveis demográficas	**Resiliência:** capacidade de enfrentar e superar perturbações externas provocadas mantendo seu potencial de auto-organização. Ela determina o grau de defesa ou vulnerabilidade do sistema frente às pressões ambientais externas. **Governança:** gestão ética e responsável do negócio durante todo seu ciclo, desde a criação, operação e mesmo após sua extinção. Visa minimizar riscos potenciais para os públicos envolvidos, procurando maximizar seus benefícios duradouros.
Variáveis econômicas	**Qualidade da gestão financeira:** excelência na gestão dos recursos financeiros de modo a suportar, em termos de práticas de controle, a previsão e gestão de riscos, planos, estratégias e processos do negócio. **Rentabilidade e lucratividade:** rentabilidade é o resultado da relação do retorno sobre o investimento no negócio. Lucratividade é o resultado da relação do valor do lucro com as vendas ou outro indicador de atividade. Corresponde à capacidade do negócio obter receitas a mais do que as despesas necessárias para gerar a receitas.
Fatores político-legais	**Ética nos negócios:** corresponde ao comportamento que respeita e age em conformidade às leis, princípios morais e regras de proceder aceitas pela coletividade. Valores éticos especificam a maneira como administrar o negócio e consolidará as relações com fornecedores, clientes e outros públicos de interesse. **Liderança setorial:** é a capacidade e poder de antecipar, vislumbrar, flexibilizar, orientar, padronizar as práticas de um setor, criando as condições de mudança e inovação.

(continua)

(continuação)

Variáveis dos ambientes contextuais e transacionais	Fatores críticos de sucesso
Variáveis tecnológicas	**Criatividade:** processo que, diante de problemas, deficiências ou lacunas identifica as dificuldades, busca soluções, testa e retesta possibilidades de modo original e surpreendente. **Pesquisa e desenvolvimento:** são atividades de longo prazo e/ou orientadas ao futuro, relacionadas a ciência ou tecnologia, usando método científico ou *design thinking* com expectativas de sucesso. **Produtividade:** representa a quantidade de bens ou serviços produzidos pelo negócio em relação aos recursos utilizados no processo produtivo. Negócios que usam menos recursos para produzir uma quantidade de produtos são mais produtivos que aqueles que precisam de mais recursos para produzir o mesmo.
Variáveis de recursos naturais	**Acesso a recursos naturais:** significa a quantidade potencial de recursos acessíveis, como energia, matéria-prima, água. Negócios requerem quantidades relativas de cada um desses recursos que precisam estar disponíveis. **Responsabilidade socioambiental:** envolvimento contínuo e progressivo sobre questões sociais e ambientais relacionadas aos públicos com os quais o negócio vai interagir de modo a proteger e melhorar o bem-estar da sociedade e do ambiente à medida que procura atingir seus próprios interesses.
Variáveis socioculturais	**Cultura organizacional:** conjunto complexo de ideologias, símbolos, idiossincrasias, valores e práticas compartilhadas pelo negócio e que influencia como seus processos serão conduzidos. **Reputação e imagem:** conjunto de crenças e características do negócio que se expressa por meio de sentimento ou atitude favorável promovendo a confiança nele.
Forças competitivas	**Posicionamento competitivo:** representa a posição do negócio e onde ele se encontra em relação aos seus concorrentes. Um dos objetivos do empreendedor é indicar a posição que está tentando alcançar em relação aos seus concorrentes. **Desenvolvimento organizacional:** significa a qualidade do desempenho administrativo e do desempenho do pessoal não administrativo e seus sentimentos em relação ao negócio.

2.4 OPORTUNIDADES DAS PEQUENAS EMPRESAS

Se você empreendedor já definiu o negócio que pretende levar adiante, então já tem os elementos fundamentais para avaliá-lo em relação aos seguintes aspectos fundamentais:

- **Macroambiente:** quais são as variáveis ambientais que terão prioridade em seu negócio? Identifique em que aspectos essas variáveis serão facilitadoras ou ameaçadoras?

- **Microambiente:** quais os elementos de seu ambiente de tarefa terão prioridade? Clientes, fornecedores, agências controladoras ou concorrentes? Identifique com quem você poderá contar colaborativamente e com quem você deverá enfrentar concorrencialmente?
- **Oceano plácido ou agitado:** em que aspectos você poderia criar um possível oceano azul ou simplesmente enfrentar bravamente um oceano vermelho?
- **Fatores críticos de sucesso:** quais serão os seus FCS no novo negócio e como ampliá-los?
- **Velocidade ou estabilidade:** qual o ritmo e velocidade a imprimir no seu negócio?

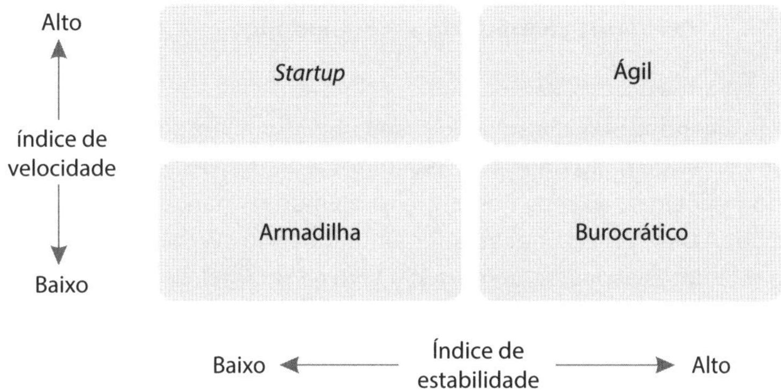

Figura 2.12 A busca de velocidade e de estabilidade.[24]

O fato é que rapidez e agilidade hoje contam mais do que a permanência e a estabilidade. Os negócios burocráticos e lentos se esgotam rapidamente com a onda de mudanças e transformações ultrarrápidas.

- **Qual é o seu estilo pessoal?** Parece lógico que todo negócio espelha e representa o estilo pessoal do empreendedor, pois leva as marcas digitais dele.
  Assim, o empreendedor precisa escolher um negócio que se encaixa em suas competências e habilidades para sentir-se plenamente confortável com ele. A Harvard apresenta um trabalho que ajuda a identificar o estilo de pensamento do empreendedor, conforme a Figura 2.13.[25]

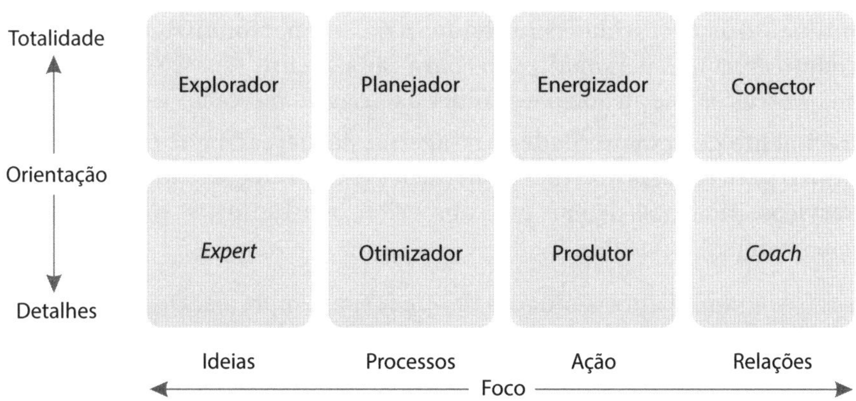

Figura 2.13 Identificando o seu estilo de pensamento: onde você se integra?[26]

CHIAVENATO DIGITAL

Acesse o Minicaso sobre **Não existe fracasso – apenas experiências que são positivas em maior ou menor grau** na seção *MInicaso* EMP 2.1

SAIBA MAIS

Os vários chapéus do empreendedor

Quando o empreendedor inicia sozinho o seu negócio, ele é simultaneamente o componente estratégico (aglutinador), tático (tomador de decisões) e operacional (executor) do negócio e, ao mesmo tempo, o elemento financeiro, gestor de marketing e da produção. Assim, precisa necessariamente atuar no complicado papel de integrar todos esses diferentes aspectos do negócio sem se desligar de alguns deles, de maneira alguma. E quando inicia o seu negócio com um ou mais sócios, o desafio é saber repartir sabiamente com eles os diferentes encargos anteriores, balanceando as responsabilidades para alcançar um adequado equilíbrio de decisões e de ações bem-sucedidas.

2.4.1 Pontos frágeis das grandes organizações

Grandes empresas não sabem tirar proveito de três pontos fundamentais que oferecem incríveis oportunidades para os pequenos negócios:

1. **Pequenos nichos de mercado que envolvem um pequeno volume de negócios.** Elas preferem grandes volumes de mercado e não conseguem enxergar oportunidades em pequenos nichos.
2. **Atendimento às necessidades individualizadas e personalizadas dos clientes, isto é, produtos/serviços personalizados para cada cliente.** Quase sempre dão ênfase em produtos/serviços que atendem a grandes parcelas do mercado.
3. **Aparecimento de oportunidades passageiras de mercado que envolvem agilidade e prontidão para rápidas decisões e alterações em estratégias e oferta de novos produtos/serviços.** São lentas demais para aproveitar oportunidades de novos negócios que surgem intempestivamente.

Essas são as grandes oportunidades das pequenas empresas. Devido ao seu tamanho reduzido, não apresentam a enorme especialização vertical nem horizontal que tornam as empresas maiores pesadas, lentas e onerosas. Ao contrário, as pequenas empresas têm agilidade, flexibilidade e adaptabilidade para mudanças rápidas e manobras ágeis que as grandes em geral não têm. Saber tirar proveito dessas vantagens é o grande desafio das pequenas empresas.

Trabalhar com menos para produzir mais; operar com ônus menores e com estruturas simples, ágeis e baratas. Fazer da simplicidade um estilo de trabalho e uma forte vantagem competitiva. Para tanto, torna-se necessário buscar o produto/serviço adequado para um nicho de mercado ou cliente específico.

As empresas mais bem-sucedidas, embora de grandes dimensões, estão se preocupando em atender a determinados aspectos específicos como preço, qualidade, rapidez e melhoria no atendimento ao cliente, desprezando aspectos que elas não têm condições de atender. Estão se concentrando e procurando ser as melhores em determinados pontos específicos. Tornam-se excelentes em alguns aspectos para continuar a ser medíocres em todos os demais e procuram incessantemente aspectos que possam diferenciá-las das demais concorrentes. E não ficam por aí: procuram melhorar mais e mais nesses aspectos, como se isso fosse uma verdadeira compulsão, fazendo com que seus colaboradores se tornem cada vez mais hábeis nesses aspectos. É isso que as tornam bem-sucedidas: o sucesso, quando alcançado e conquistado, não sobe às suas cabeças, pois ele é considerado apenas um novo patamar que leva a novas conquistas e requer um trabalho constante, incessante e duro.

Contudo, o modelo de negócio das organizações não pode perdurar indefinidamente ao largo do tempo, a menos que seja um negócio estável e permanente no longo prazo, como uma siderúrgica, plataforma de petróleo, petroquímica, hidrelétrica ou cimenteira, onde o vultoso investimento financeiro em obras físicas requer um longo e demorado retorno. As mudanças e transformações lá fora não ficam aguardando que as organizações mudem o núcleo ou o perfil de seus negócios.

Como o mundo dos negócios muda – e ele muda incessante e rapidamente –, o mesmo deve acontecer com as organizações para que elas continuem sempre competitivas e sustentáveis. Tanto assim que a longevidade das organizações tradicionais está em contínua queda em função das intensas e rápidas mudanças e transformações no ambiente de negócios. Ao redor de 1970, a idade média das 500 maiores empresas americanas da revista *Fortune* era de 60 e poucos anos; em 2014, já estava reduzida ao redor de 25 anos, e tende a diminuir gradativamente.

Poucas empresas têm condições de se adaptar rapidamente ao ambiente mutável, volátil, incerto, complexo e ambíguo que as envolve. Isso lembra Charles Darwin, o biólogo criador da teoria da evolução das espécies, quando dizia que as espécies que sobrevivem não são as mais fortes ou mais inteligentes, mas aquelas que sabem se adaptar às circunstâncias do mutável contexto em que vivem. O empreendedor precisa saber disso e preparar-se para criar todos os meios de flexibilidade e adaptabilidade do seu negócio ao novo mundo em que vai trabalhar.

CHIAVENATO DIGITAL

Aumente seus conhecimentos sobre **A ousadia é irmã da adversidade** na seção *Saiba mais* EMP 2.8

2.4.2 Impacto da Era da Informação

O empreendedor precisa reconhecer que a chegada da Era da Informação já trouxe uma série de desafios para as organizações em geral, tais como:[27]

- **Conhecimento:** a nova economia é uma economia do conhecimento. No entanto, apesar da inteligência artificial e da tecnologia da informação (TI), o conhecimento é criado por pessoas. O conteúdo de conhecimento integrado em produtos e serviços está crescendo exponencialmente na forma de edifícios e casas inteligentes, carros autônomos e inteligentes, rodovias inteligentes, cartões inteligentes (*smart cards*), *smartphones* etc.
- **Digitalização:** a nova economia é uma economia digital. E a nova mídia é a internet. A informação está em formato digital em *bits*. A TI permite trabalhar um incrível volume de informações comprimidas e transmitidas na velocidade da luz. A infoestrutura está substituindo cada vez mais a velha estrutura tradicional, trazendo *big data* e *analytics* na rasteira para obter inteligência dos dados e oferecer análises preditivas.
- **Virtualização:** na transformação da informação de analógica para digital, as coisas físicas podem tornar-se virtuais, como a empresa virtual, escritório virtual, emprego virtual, realidade virtual, inteligência artificial etc.
- **Molecularização:** a nova economia é uma economia molecular. A antiga corporação está sendo desagregada e substituída por moléculas dinâmicas e equipes de indivíduos e entidades que formam a base da atividade econômica.
- **Integração/redes interligadas:** a nova economia está interligada em rede, integrando grupos que são conectados a outros para criar valor e riqueza. As novas estruturas organizacionais em rede são horizontais e conectadas pela internet. São redes de redes, rompendo as fronteiras entre empresas, fornecedores, clientes e concorrentes.
- **Desintermediação:** as funções de intermediário entre produtor e consumidor estão sendo gradativamente eliminadas devido às redes digitais, ao comércio eletrônico e às plataformas virtuais. As informações são *on-line*, produtores e compradores se conectam entre si dispensando intermediários, como atacadistas ou varejistas.
- **Convergência:** na nova economia, o setor econômico predominante deixou de ser a indústria automobilística para ser a mídia, para a qual convergem as indústrias de computação, comunicação e conteúdo baseado em computador e em telecomunicações digitais.
- **Inovação:** a nova economia é uma economia baseada em inovações. Tornar os produtos rapidamente obsoletos é o lema das organizações. Os ciclos de vida dos produtos estão se tornando cada vez menores e mais curtos.
- **Produconsumo:** a distinção entre consumidor e produtor está ficando pouco nítida. Na internet, o consumidor torna-se produtor de mensagens, contribui para discussões, faz *test drives* em carros ou escaneia o produto no outro lado do mundo e influencia decisivamente o processo decisório da empresa. A PwC salienta que os consumidores estão se tornando mais disruptivos do que os concorrentes.[28]
- **Imediatismo:** na economia baseada em *bits*, o imediatismo é básico para o sucesso empresarial, e a nova empresa está se tornando uma empresa ágil e flexível e em tempo real. O intercâmbio eletrônico de dados (EDI = *electronic data interchange*) interliga sistemas

de computadores entre fornecedores e clientes para proporcionar concomitância de ações e decisões.[29]

- **Globalização:** a nova economia é uma economia global e planetária. Os negócios e o conhecimento não conhecem fronteiras. Eles transitam facilmente ao redor de todo o planeta.

Todos esses desafios já estão sendo realizados com relativo sucesso.

A pergunta que paira no ar é: será que as organizações de hoje estão fazendo o suficiente? Parece que não. Quando o futuro chegar – e ele chegará rapidamente trazendo mudanças rápidas, impetuosas e desafiadoras, além de novos paradigmas que ainda não conhecemos –, haverá pouco tempo para as organizações improvisarem e se engajarem nele na mesma velocidade e no mesmo ritmo que acontece lá fora delas. Isso poderá ser difícil e provavelmente elas terão de improvisar para sacar soluções rápidas que podem não funcionar.

2.4.3 Impacto da Era Digital

Por tais razões, as grandes organizações estão tentando ingressar rapidamente na Era Digital, imitar as *startups*, incrementar a automação e robotização e utilizar tecnologias disruptivas como *big data*, análises preditivas, algoritmos, inteligência artificial, aprendizagem de máquina, realidade virtual, realidade aumentada, internet das coisas, impressão em 3 dimensões e copiar as práticas e atitudes típicas dos *designers*. Já pensou quando todas essas tecnologias estiverem trabalhando juntas?

No fundo, as organizações já estabelecidas estão fazendo o que podem seguindo as trilhas da Apple, Google, Facebook, Uber, PayPal, Amazon, Airbnb e muitas outras.

A cada momento nesse mundo em que vivemos, com tantas e tamanhas mudanças e repercussões, as coisas se transformam com uma rapidez incrível e nos apontam novas direções e incursões. E novas abordagens e diferentes expectativas surgem frente a novos e inusitados paradigmas.

Na verdade, um enorme quebra-cabeças. Até parece que lidamos com um complicado caleidoscópio que gira incessantemente em suas combinações aleatórias. Cada vez que o ambiente muda – e ele muda constante e repentinamente –, as nossas competências se tornam rapidamente insuficientes, obsoletas e ultrapassadas. Aspectos como volatilidade, instabilidade, mobilidade, imprevisibilidade, ambiguidade e incerteza são as principais características desse entorno evanescente e provisório que envolve as organizações e, certamente, os novos empreendimentos. Corremos o sério risco de lidar com situações totalmente novas aplicando velhas e antiquadas soluções. Isso não vai funcionar.

2.4.4 O enorme espaço para o empreendedorismo

O espaço está aberto para o empreendedor identificar e localizar as melhores oportunidades de transformar novas ideias em negócios vencedores. Há um mundo novo sendo criado com tantas inovações. E o empreendedor pode ajudar muito nesse grande esforço coletivo.

E tudo o que o empreendedor precisa é construir um negócio capaz de funcionar como um sistema aberto e interativo em um ecossistema – macroambiente e ambiente de tarefa que vimos atrás – que envolva:

- **Capital de risco:** adequado para a dimensão do negócio e que permita que o empreendedor viva sua vida sem o auxílio do salário de uma empresa.
- **Entradas de recursos e insumos:** ou seja, negocie com fornecedores para tudo o que o negócio necessite para funcionar a contento.
- **Processos de trabalho:** para processar os recursos e insumos e com eles produzir produtos ou serviços inovadores.
- **Saídas:** para oferecer valor por meio de produtos ou serviços aos clientes, consumidores ou usuários que se interessem em comprá-los, seja diretamente ou mediante intermediários como atacadistas ou varejistas.
- **Produtos ou serviços:** que os clientes ou consumidores estejam dispostos a comprar pelo preço ofertado. Para tanto, torna-se necessário oferecer uma proposta de valor diferenciada que interesse aos clientes e consumidores.

Para tanto, é indispensável:

- Saber exatamente que é o seu cliente ou consumidor, suas necessidades e aspirações, suas dificuldades e carências para oferecer-lhe soluções apropriadas e diferenciadas do que existe atualmente. Isso significa atrair o público certo e com isso tornar o seu produto ou serviço diferenciado.
- Transmitir sua identidade e seu diferencial competitivo de maneira clara e explícita. Se possível, fortalecer sua marca junto à sua clientela e marcar sua presença na mente dos seus consumidores, estimulando a repetição da compra.
- Oferecer uma experiência de compra mais agradável e simples de modo que o cliente venha a repeti-las várias vezes. Fidelizar os clientes depende disso. O desenvolvimento do negócio terá resultados melhores.
- Ser ágil. Quanto mais tempo demorar, tanto mais seus concorrentes se adiantarão à sua frente. Troque a eficiência pela rapidez na adequação do seu produto ou serviço às expectativas do cliente. Comece pequeno e veloz para se tornar cada vez melhor e corrigir rapidamente as inadequações do seu produto ou serviço.

E muito sucesso pela frente!

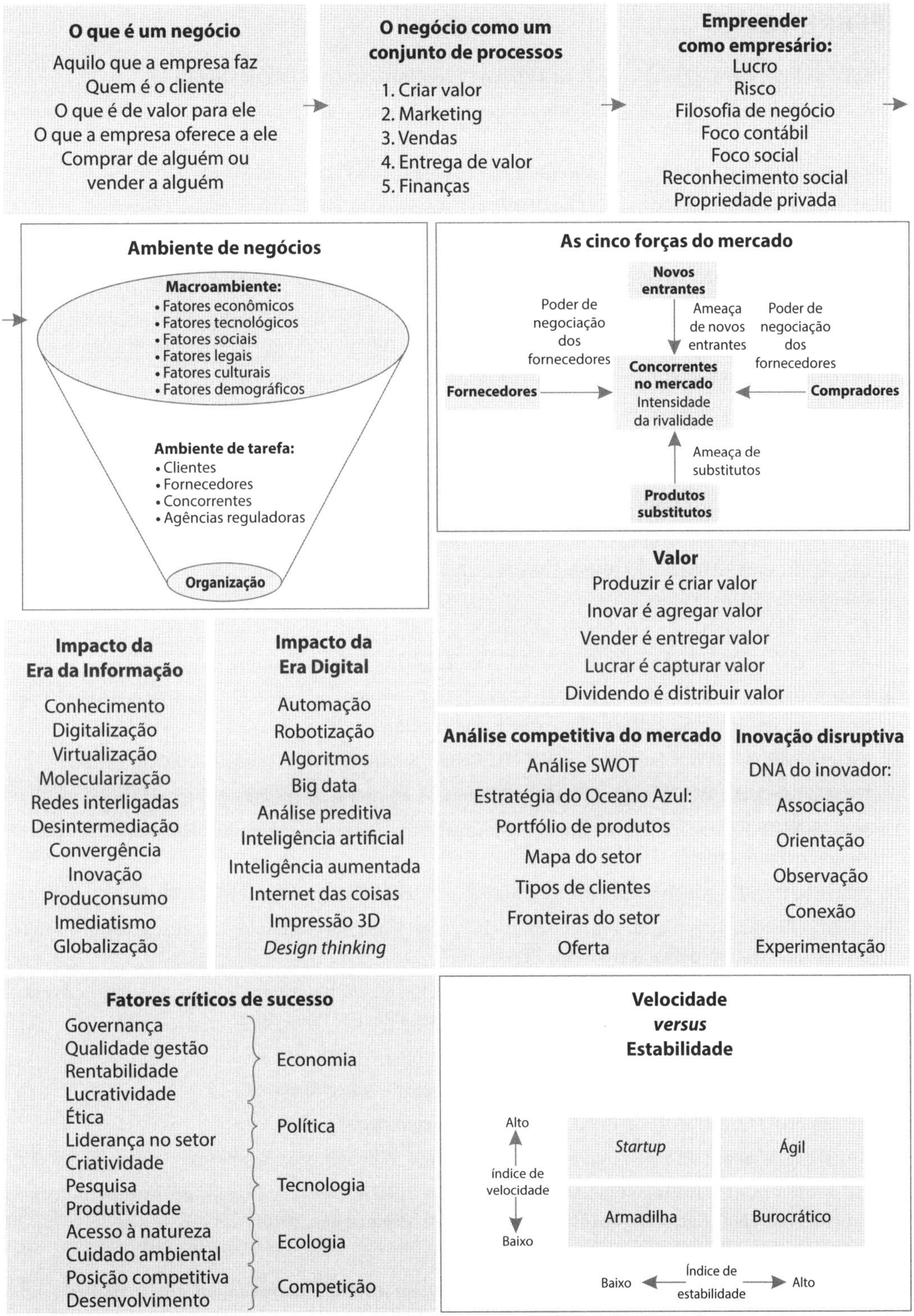

Figura 2.14 Mapa mental do Capítulo 2 – Entendendo o mundo dos negócios.

REFERÊNCIAS

1. DRUCKER, Peter F. *O melhor de Peter Drucker*: a administração. São Paulo: Nobel, 1951. p. 56.
2. KAUFMAN, Josh. *Manual do CEO*: um verdadeiro MBA para o gestor do século XXI. São Paulo: Saraiva, 2012. p. 48-50.
3. Adaptado de: KAUFMAN, Josh. *Manual do CEO, op. cit.*, p. 48-50.
4. Adaptado de: KAUFMAN, Josh. *Manual do CEO, op. cit.*, p. 48-50.
5. Adaptado de: KAUFMAN, Josh. *Manual do CEO, op. cit.*, p. 48-50.
6. Adaptado de: KOHN, Mervin. *Dynamic managing*: principles, process, practice. Menlo Park: Cummings, 1977. p. 1-3.
7. CHIAVENATO, Idalberto. *Introdução à Teoria Geral da Administração*. 10. ed. São Paulo: Atlas, 2020.
8. CHIAVENATO, Idalberto. *Introdução à Teoria Geral da Administração, op. cit.*
9. *Vide*: https://www.moskitcrm.com/blog/relacionamento-com-clientes/?utm_campaign=qual_a_importancia_de_criar_relacionamentos&utm_medium=email&utm_source=RD+Station. Acesso em: 8 dez. 2020.
10. PORTER, Michael E. *Estratégia competitiva*. Rio de Janeiro: Campus, 1996. p. 22.
11. PORTER, Michael E. *Estratégia competitiva, op. cit.*, p. 23.
12. CHIAVENATO, Idalberto; SAPIRO, Arão. *Planejamento estratégico*: da intenção aos resultados. 4. ed. São Paulo: Atlas, 2020.
13. HAMEL, Gary; PRAHALAD, C. K. *Competindo pelo futuro*: estratégias inovadoras para obter o controle do seu setor e criar os mercados de amanhã. Rio de Janeiro: Elsevier/Campus, 1995.
14. KIM, W. Chan; MAUBORGNE, Renée. *A estratégia do oceano azul*: como criar novos mercados e tornar a concorrência irrelevante. Rio de Janeiro: Elsevier/Symnetics, 2005.
15. Adaptado de: KIM, W. Chan; MAUBORGNE, Renée. *A estratégia do oceano azul, op. cit.*, p. 12.
16. Extraído de: KIM, W. Chan; MAUBORGNE, Renée. *A estratégia do oceano azul, op. cit.*, p. 29.
17. MAUBORGNE, Renée; KIM, W. Chan. *A transição para o oceano azul*: muito além da competição. São Paulo: Sextante, 2017.
18. COHEN, David. Cada empresa no seu oceano. *Exame*, ed. 1154, ano 52, n. 2, p. 70-74, 2018.
19. CHRISTENSEN, Clayton M. *The innovator's dilemma*: when new technologies cause great firms to fail. Boston, MA: Harvard Business Review Press, 1997.
20. DYER, Jeff; GREGERSEN, Hal; CHRISTENSEN, Clayton M. *The innovator's DNA*: mastering the five skills of disruptive innovators. Boston, MA: Harvard Business Review Press, 2011.
21. CHIAVENATO, Idalberto; SAPIRO, Arão. *Planejamento estratégico, op. cit.*
22. CHIAVENATO, Idalberto; SAPIRO, Arão. *Planejamento estratégico, op. cit.*
23. CHIAVENATO, Idalberto; SAPIRO, Arão. *Planejamento estratégico, op. cit.*
24. BAZIDOS, Michael; DE SMET, Aaron; GAGNON, Chris. Why agility pays, *McKinsey Quarterly*, Dec. 2015.
25. IDENTIFY your thinking style. *Harvard Business Review,* Dec. 23, 2015. *Vide*: https://hbr.org/video/4672762766001/identify-your-thinking-style. Acesso em: 8 dez. 2020.
26. IDENTIFY your thinking style, *op. cit.*
27. CHIAVENATO, Idalberto. *Introdução à Teoria Geral da Administração, op. cit.*, p. 580-581, *apud* TAPSCOTT, Don. *Economia digital*: promessa e perigo na era da inteligência em rede. São Paulo: Makron Books, 1997. p. 50-81.

Vide também: CHIAVENATO, Idalberto. *Os novos paradigmas*: como as mudanças estão mexendo com as empresas. Barueri: Manole, 2009.

CHIAVENATO, Idalberto. *Administração nos novos tempos*. 4. ed. São Paulo: Atlas, 2020. Capítulo 3: Administração em um contexto globalizado, dinâmico e competitivo.

28. *Vide*: CHIAVENATO, Idalberto. *Introdução à Teoria Geral da Administração, op. cit.*, Capítulo 18: Para onde vai a administração: em busca da competitividade e da sustentabilidade, p. 579-644.

    Vide também: CHIAVENATO, Idalberto. *Os novos paradigmas, op. cit.*, 2009. CHIAVENATO, Idalberto. *Administração nos novos tempos, op. cit.*, Capítulo 3: Administração em um contexto globalizado, dinâmico e competitivo.

29. CHIAVENATO, Idalberto. *Introdução à Teoria Geral da Administração, op. cit.*, p. 580-581, citando: TAPSCOTT, Don. *Economia digital*: promessa e perigo na era da inteligência em rede. São Paulo: Makron Books, 1997. p. 50-81.

3 FOCALIZANDO O NOVO NEGÓCIO

O QUE VEREMOS ADIANTE

- O que é uma empresa.
- Microempresas e suas vantagens.
- Como escolher o negócio adequado.
- As oportunidades de negócio.

Abrir um novo empreendimento não significa somente criar um novo negócio, gerar empregos ou fazer girar o enorme círculo da economia nacional. É fazer parte de uma avassaladora onda que está envolvendo empreendedores no esteio oferecido pelas dificuldades das grandes empresas, entre elas o gigantismo e a burocracia que entravam flexibilidade, agilidade, inovação e, consequentemente, reduzem a sua competitividade e sustentabilidade em pequenos nichos de mercado. As grandes corporações e conglomerados estão se desdobrando e se subdividindo em pequenas unidades de negócios para poderem sobreviver em um mundo de intensa mudança e competitividade, bem como para se esquivar das amarras burocráticas do gigantismo empresarial. Todavia, a lentidão nesse processo adaptativo abre espaço para os pequenos e médios negócios. A pequena e a média empresa conseguem com maior facilidade e agilidade atender à crescente necessidade de especialização por meio da fragmentação de atividades capazes de integrar tecnologia, qualidade e competitividade. "*Small is beautifull*" é o modo de dizer para conotar que as pequenas empresas constituem o cerne da dinâmica da economia da nação, as entidades impulsionadoras do mercado, as geradoras de oportunidades, aquelas que proporcionam empregos mesmo em situações difíceis de crise e de recessão. As pequenas e médias empresas estão irradiando vitalidade por todas as partes do mundo. Boa parte da oferta de empregos nos países desenvolvidos e emergentes provém de empresas de pequeno porte, enquanto as grandes empresas não mostram interesse em lidar com pequenos nichos de mercado. Elas estão preocupadas em manter o retorno de seu investimento em seus produtos e serviços, e muitas delas desaparecem do mapa devido à rápida obsolescência de seus negócios.

3.1 O QUE É UMA ORGANIZAÇÃO?

Uma organização é um conjunto de pessoas que atuam juntas para alcançar um propósito comum. As organizações são empreendimentos sociais mediante os quais muitas pessoas combinam seus esforços e trabalham juntas para atingir propósitos que isoladamente jamais poderiam fazê-lo. Na clássica definição de Talcott Parsons, as organizações são unidades sociais (ou agrupamentos humanos) intencionalmente construídas e reconstruídas, a fim de atingir objetivos específicos. Estão incluídos nesse conceito corporações, empresas, exércitos, escolas, hospitais, igrejas e prisões; excluem-se tribos, classes, grupos genéticos, grupos de amigos e famílias.[1] No fundo, as organizações são um sistema cooperativo racional, pois as pessoas se dispõem a cooperar entre si de maneira racional e intencional para alcançar objetivos e proporcionar resultados. Essa lógica permite que os esforços individuais e grupais sejam conjugados e integrados para produzir resultados ampliados e expandidos.[2]

Vivemos em um mundo de organizações de todos os tipos, características e tamanhos. No mundo moderno, quase todas as necessidades humanas são satisfeitas por intermédio de organizações. Elas invadem e permeiam tanto a sociedade como a vida particular de cada pessoa. A cada momento, estamos em contato com organizações, sejam físicas ou virtuais. Se não participamos delas como membros – seja no trabalho, na escola, na vida social e cívica, no esporte ou na igreja –, somos afetados como clientes, pacientes, consumidores, usuários, contribuintes, torcedores ou cidadãos. Dependemos delas para comprar, pagar, vender, alugar, comer, viajar, divertir, cuidar da saúde, descansar, trafegar, hospedar, comunicar, educar, aprender, trabalhar etc. Todas as necessidades humanas são atendidas ou satisfeitas por organizações que produzem, vendem, informam e prestam os mais variados serviços, informações e facilidades. Nos dias de hoje, vivemos uma grande parte de nossas vidas dentro de organizações, seja para trabalhar, seja para interagir com elas, ou para obter seus benefícios.

Além disso, as organizações não são estáticas. Nem são inertes. Elas têm vida própria. Nascem, crescem, vivem e até morrem. Na verdade, as organizações não são simplesmente prédios ou conjuntos de salas e de maquinários. Sua infraestrutura física – como edifícios, máquinas, equipamentos, instalações – serve apenas para que tenha uma plataforma física para funcionar, ou seja, para transformar insumos – como recursos, materiais, energia e informação – em resultados – como produtos ou serviços. Contudo, essa atividade operacional e cotidiana não constitui a essência das organizações. Elas são muito mais do que isso. Na realidade, as organizações são organismos vivos e inteligentes que se ajustam e se adaptam contínua e incessantemente ao contexto ambiental em que vivem. No entanto, não são as organizações que são inteligentes e criativas, mas as pessoas que nelas trabalham e cooperam.

Empresa é um tipo de organização – lucrativa ou não – que, por meio de um conjunto de pessoas que trabalham juntas, busca o alcance de objetivos por meio da gestão adequada de recursos (humanos, materiais, financeiros e tecnológicos) e competências que lhe dão vantagens competitivas. Geralmente, as empresas são compostas por um conjunto de pessoas, embora existam empresas individuais formadas por um só indivíduo. Nelas as pessoas juntam-se para atingir objetivos comuns, que isoladamente jamais conseguiriam alcançar, graças a colaboração, cooperação mútua, solidariedade e engajamento: esses são aspectos fundamentais para o sucesso do negócio. Dirigir uma empresa é basicamente construir redes de colaboração, cooperação, solidariedade e engajamento entre as pessoas que as constituem. E isso requer liderança de lideranças. Esses aspectos constituem os fundamentos da gestão moderna.

Figura 3.1 Missão da organização e seus desdobramentos.[3]

3.2 PARA QUE SERVEM AS EMPRESAS?

Toda empresa existe para atender a uma específica necessidade ou aspiração do cliente. Sem clientela, qualquer empresa deixa de existir. Assim, o cliente – consumidor ou usuário – é quem determina o sucesso de todo negócio, na medida em que compra ou adquire o produto ou serviço que lhe é oferecido. Tanto que as três primeiras perguntas que se faz para quem pretende iniciar um novo negócio são:

1. **Quem é o seu cliente:** quais são as suas características e necessidades.
2. **O que é de valor para ele:** o que pode realizar o seu desejo ou a sua necessidade.
3. **Qual é a sua proposta de valor para o cliente?** Qual o produto ou serviço útil que satisfaça o seu desejo ou necessidade.

Nenhuma empresa dura a eternidade, e como já vimos, a longevidade das empresas está se reduzindo gradativamente em função das mudanças e transformações rápidas no ambiente dos negócios e nas necessidades e aspirações dos consumidores. Assim, a vida e a sustentabilidade de uma empresa dependem de um único aspecto: a sua utilidade para a sociedade. Quando uma empresa deixa de ser útil, ela simplesmente deixa de existir.

Para atender ao cliente, torna-se necessário produzir um serviço, um produto ou algo que ele esteja disposto a comprar ou pagar, ou tudo isso conjuntamente, o que seria ainda mais desejável, pois, quando juntos, o produto e o serviço agregado criam forte sinergia quando bem sintonizados e, portanto, oferecem um valor mais elevado e vantajoso ao cliente. Para produzir serviços ou produtos, todo empreendimento requer uma sintonia entre recursos humanos (pessoas e competências), recursos materiais (máquinas e equipamentos, móveis e utensílios), recursos financeiros (capital, investimentos, créditos ou dinheiro) e recursos tecnológicos (*hardware* e *software* adequados).

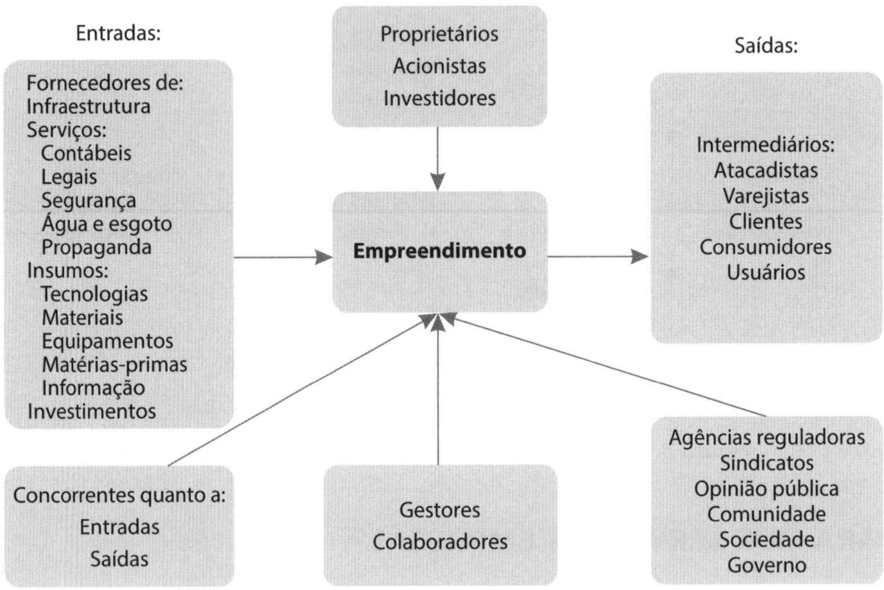

Figura 3.2 Empresa como um sistema aberto.

Quando a empresa consegue ganhar mais do que gasta para produzir ou vender seus produtos ou prestar seus serviços, o excedente a maior do ganho representa a sinergia, emergente sistêmico ou lucro. Embora seja uma consequência salutar, o lucro significa a remuneração do empreendedor que assume um risco e a incerteza de sua aposta no futuro. Assim, o lucro é o retorno do seu investimento de risco. A recompensa pelo seu bom trabalho e o combustível para reinvestir no negócio e fazê-lo crescer. O lucro nunca deve ser o objetivo principal do empreendimento, pois isso eliminaria todo o seu encanto, mas a recompensa pelo risco assumido e incerteza pelo seu resultado, já que o negócio depende muito da ação e da reação de terceiros, sobre as quais o empreendedor não tem controle algum.

3.3 ECOSSISTEMA DO NEGÓCIO

Assim, na medida em que cresce, todo empreendimento estende e amplia as suas obrigações e responsabilidades: o atendimento das necessidades e aspirações de uma ampla e enorme comunidade externa de pessoas e organizações que atuam ao seu redor – como fornecedores de insumos e recursos –, além dos intermediários (atacadistas e varejistas), clientes e consumidores, e de uma comunidade interna (gestores e colaboradores) que nele trabalham. E ainda as agências reguladoras (órgãos governamentais, sindicatos, associações de classe), a opinião pública, a comunidade e a sociedade, além dos concorrentes quanto às entradas (insumos e recursos oferecidos pelos fornecedores) e às saídas (competição quanto a clientes e consumidores). Todos esses públicos estratégicos – que recebem o nome de *stakeholders* – fazem investimentos no empreendimento (fornecem, compram, vendem, administram, trabalham) e esperam retornos significativos de seus investimentos.

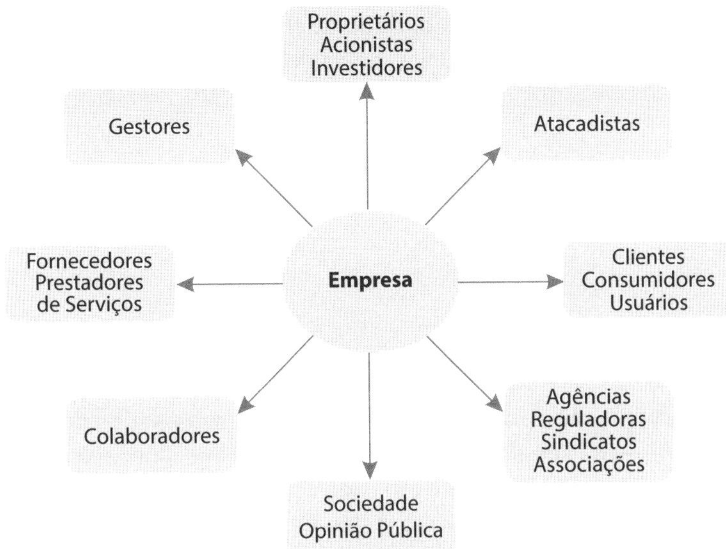

Figura 3.3 Alguns *stakeholders* de uma empresa.

Ao produzir ou vender mercadorias ou prestar serviços, a empresa busca suprir necessidades ou aspirações da sociedade e individualmente de cada cliente. Além disso, indiretamente, a empresa assume várias finalidades sociais: criação de oportunidades de emprego, disseminação da atividade econômica, distribuição dos ganhos e retornos dos *stakeholders*, pagamento a fornecedores de serviços, pagamento de impostos, salários e benefícios aos colaboradores, preservação do meio ambiente, responsabilidade social e ajuda comunitária, qualidade de vida das pessoas envolvidas etc. Assim, todo negócio envolve uma multiplicidade de atores nele envolvidos de maneira direta ou indireta: os *stakeholders*.

CHIAVENATO DIGITAL

Aumente seus conhecimentos sobre **Quem são os parceiros do negócio: os *stakeholders*** na seção *Saiba mais* EMP 3.1

O sucesso do negócio depende da maneira como se trata essa diversidade de atores nele envolvidos direta ou indiretamente, interna ou externamente. Não basta pensar apenas no dono ou no cliente ou consumidor. São peças importantíssimas, mas não exclusivas desse complicado jogo que é o negócio. É preciso saber proporcionar retornos a todos os *stakeholders* e saber conquistar apoios e boa vontade para o negócio. Todos eles são importantes para a manutenção do negócio em uma escala de importância relativa que deve haver na oferta de seus retornos. Saber distribuir satisfações a todos os envolvidos no negócio é salutar e promissor. É a garantia da preservação do negócio.

3.4 CADEIA DE VALOR

Todo negócio está integrado em uma extensa cadeia de valor da qual faz parte integrante em uma sequência de elementos intermediários. De um lado do sistema, estão os fornecedores de insumos e entradas e, do outro lado, estão os clientes e consumidores intermediados por atacadistas e varejistas, em uma longa cadeia de valor onde todos ganham (Figura 3.4).

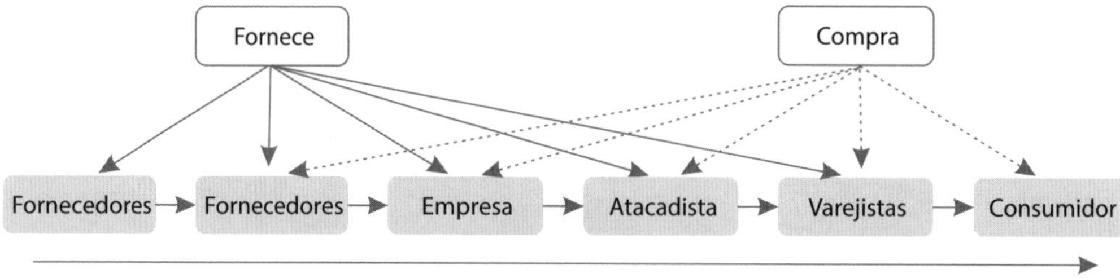

Figura 3.4 Cadeia de valor de um negócio.

Os produtos/serviços são continuamente passados e repassados dos vendedores para os compradores, em uma sequência interminável de transações. Nessa extensa cadeia, sempre há um fornecedor e um cliente em cada etapa: o cliente do fornecedor anterior é o fornecedor para um cliente da próxima etapa. Essa cadeia vai terminar no consumidor final, que acaba comprando um produto ou serviço que incorpora todo esse sucessivo ciclo produtivo, em uma extensa cadeia de valor. Isso acontece com sabonetes, remédios, roupas, automóveis, imóveis, os quais constituem o arranjo final dessa enorme cadeia de valor agregado.

Em função dessa cadeia de transações, existem os intermediários no processo de produção e comercialização. A empresa pode obter insumos diretamente de fornecedores ou indiretamente por meio de atacadistas ou varejistas, bem como pode comercializar seus produtos ou serviços diretamente com o consumidor final ou indiretamente mediante intermediários, como atacadistas ou varejistas.

SAIBA MAIS **Plataformas**

Modernamente, estão surgindo plataformas físicas ou virtuais que ligam diretamente compradores com vendedores, como Uber, Amazon etc., dispensando intermediários e, assim, reduzindo tempo e custos, como veremos no final deste capítulo.

3.5 TIPOS DE EMPRESA

Toda empresa existe para produzir algo ou prestar algum serviço à sociedade. Na realidade, as empresas são organizações destinadas à produção de alguma coisa: bens ou atividades específicas. Essa é a sua principal atividade. Elas podem ser produtoras de bens ou prestadoras de serviços (Figura 3.5).

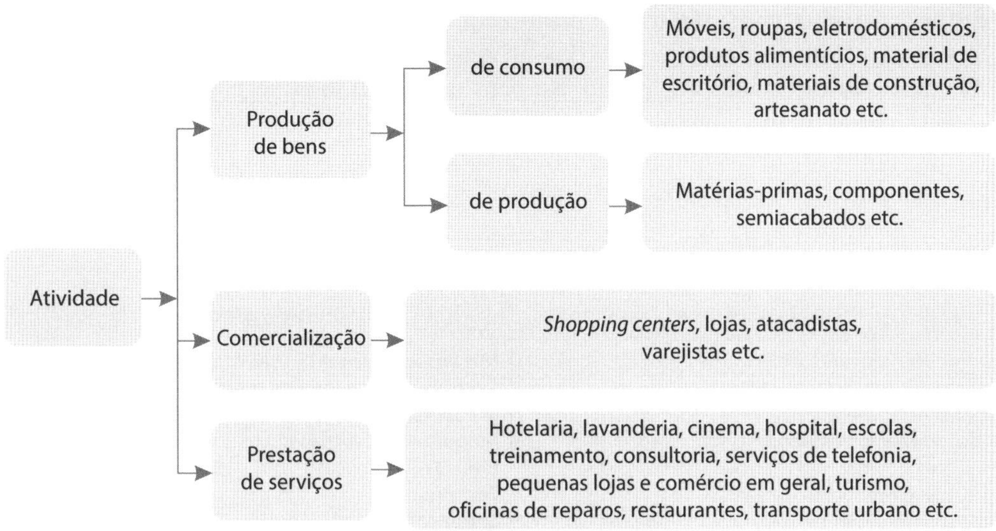

Figura 3.5 Produção de bens, comercialização e serviços.

3.5.1 Os oito principais setores das pequenas empresas

O U.S. Department of Commerce (Departamento de Comércio dos Estados Unidos) identificou oito setores mais importantes das pequenas empresas, a saber:

1. **Comércio atacadista:** empresas atacadistas de medicamentos, comércio atacadista de alimentos, materiais de escritório, materiais de construção etc.
2. **Comércio varejista:** lojas em geral, supermercados, restaurantes, pizzarias, postos de gasolina etc.
3. **Construção:** contratantes de edificações, engenharia de construção, manutenção de edifícios etc.
4. **Serviços:** agências de viagem, salões de beleza, barbearias, entregas rápidas, pequenos negócios de consultoria (legal, financeira, contábil) etc.
5. **Finanças, seguros e imobiliárias:** agências de seguros, empresas corretoras de imóveis etc.
6. **Mineração:** pequenas mineradoras, empresas de areia e cascalho, minas etc.
7. **Transporte e utilidades públicas:** empresas de táxi, transporte urbano, estações locais de rádio e TV etc.
8. **Manufatura:** pequenas fábricas, padarias, oficinas de automóveis, oficinas de bicicletas e motos, reparos de roupa, pequenas alfaiatarias etc.

Em função do seu ramo de atividade, as empresas podem ser classificadas em: empresas industriais, comerciais e prestadoras de serviços.

CHIAVENATO DIGITAL

Acesse um Minicaso sobre **Qual será o negócio de sua empresa?** na seção *Minicaso* EMP 3.1

1. **Empresas industriais:** são as que produzem bens de consumo ou bens de produção mediante a transformação de matérias-primas em mercadorias ou produtos acabados. As empresas industriais que produzem bens de consumo oferecem seus produtos aos consumidores finais, enquanto aquelas que produzem bens de produção são geralmente fornecedoras de outras empresas industriais ou comerciais. As empresas industriais abrangem desde os pequenos artesanatos até as grandes fábricas.

Quadro 3.1 Exemplos de bens produzidos por empresas industriais

Bens de consumo	Bens de produção
Automóveis, caminhões, motos. Produtos farmacêuticos. Bebidas e refrigerantes. Moda, roupas e vestuário. Calçados, couros, mobiliário. Produtos alimentícios. Produtos de higiene. Material escolar, livros, revistas.	Matérias-primas químicas e plásticas. Componentes elétricos e eletrônicos. Maquinas e equipamentos industriais. Máquinas operatrizes. Prensas hidráulicas. Ferramentas. Semiacabados em geral. Material de construção.

2. **Empresas comerciais:** são as que vendem mercadorias ou produtos acabados diretamente ao consumidor (comércio varejista) ou aquelas que compram do produtor para vender ao varejista (comércio atacadista).
3. **Empresas prestadoras de serviços:** são as que oferecem trabalhos especializados, como transporte, educação, saúde, comunicação, lazer, serviços de manutenção etc. Não produzem mercadorias, mas oferecem atividades profissionalizadas. Alguns exemplos de empresas prestadoras de serviços são:
   - Bancos e financeiras.
   - Escolas e universidades.
   - Hospitais e clínicas médicas.
   - Laboratórios médicos.
   - Advocacia e consultoria legal.
   - Agências de propaganda.
   - Comunicações (rádio e televisão).
   - Transporte rodoviário, marítimo, aéreo e ferroviário.
   - Consultoria tributária.
   - Corretagem e imóveis.
   - Lojas e comércio em geral.
   - Contabilidade e auditoria.
   - Hotéis e *resorts*.
   - Serviços de mecânica, eletricidade.
   - Estilo e decoração.
   - Promoção e propaganda.

- Seguradoras em geral.
- Postos de gasolina e lubrificação.
- Consultoria organizacional.
- Consultoria em recrutamento e seleção.
- Treinamento e desenvolvimento profissional.

CHIAVENATO DIGITAL

Acesse conteúdo sobre **As tendências do século atual** na seção *Tendências em EMP* 3.1

Na Era da Informação, o tamanho empresarial não é mais um documento essencial. Empresas menores podem ter um valor de mercado muito maior do que empresas com maiores ativos contábeis. As empresas virtuais alcançam valores incríveis de mercados na medida em que conseguem apaixonar seus usuários. Além disso, empresas menores podem trazer lucros muito maiores do que empresas mais grandes.

SAIBA MAIS

Inovação

A inovação tem sua origem nas organizações. Em geral, as grandes multinacionais têm seus próprios laboratórios de pesquisa e desenvolvimento (P&D), em que são aplicados bilhões de dólares em investimentos para a criação de novos produtos e tecnologias.

Assim, pode até parecer que a inovação surja do trabalho das grandes empresas. Errado! Muitos avanços científicos são decorrentes de inventores independentes e pequenos empreendimentos. Um estudo mostra os seguintes produtos criados por pequenos empreendimentos no século 20:[4]

- Fotocópia.
- Insulina.
- Aspirador de pó.
- Penicilina.
- Colheitadeira de algodão.
- Motor a jato.
- Caneta esferográfica.
- Zíper.
- Direção eletrônica.
- Fotografia digital.
- Transmissão automática.
- Helicóptero.

As evidências têm mostrado que a atividade inovadora tende a diminuir na medida em que o nível de concentração em um setor de negócios aumenta e intensifica a competição, o que confirma a importância da inovação a partir das pequenas empresas.

3.6 O QUE É UMA OPORTUNIDADE DE NEGÓCIO?

Há um ditado que diz que, se você não realiza as oportunidades que encontra, certamente você trabalhará para quem está realizando as oportunidades que você perdeu. O empreendedor precisa desenvolver o seu faro por oportunidades. Construir o seu radar de oportunidades em 360 graus para perceber e identificar a possibilidades de um novo negócio ou de um novo produto ou serviço. Isso faz parte do processo de empreender que pode ser descrito como uma sequência de etapas:

1. Decisão de empreender e criar um negócio próprio.
2. Desenvolver ideias criativas e inovadoras ou localizar e encontrar uma oportunidade.
3. Transformar a ideia ou oportunidade em um novo empreendimento.
4. Iniciar o novo empreendimento e fazê-lo desenvolver e crescer.

Oportunidade é um conjunto favorável de circunstâncias que cria a necessidade para um novo produto, serviço ou negócio. Uma oportunidade é sempre mais do que uma simples ideia. Ideia é um pensamento, uma impressão ou noção de algo. E a oportunidade precisa ter, pelo menos, quatro características para se tornar realmente interessante:[5]

1. Ser uma oportunidade atrativa e potencialmente decisiva.
2. Ser oportuna e estar disponível.
3. Ser durável no sentido de proporcionar meios para um empreendimento bem-sucedido ao longo do tempo.
4. Ser ancorado em um produto, serviço, negócio ou algo que agregue valor ao usuário final.

E ela pode estar brilhando na sua janela de oportunidade quando ela se abre para o empreendedor. Na verdade, há pelo menos quatro maneiras de se visualizar uma oportunidade:

1. Observando as tendências que ocorrem no mercado, na sociedade ou no país.
2. Buscando *gaps* ou deficiências no mercado, seja em produtos ou serviços que não conseguem entregar tudo o que prometeram.
3. Resolvendo um problema ou situação sem solução adequada até o momento.
4. Juntando duas ou três coisas distintas ou conceitos estranhos entre si e buscar meios para que eles se conectem entre si, criando plataformas físicas ou virtuais.

Contudo, a oportunidade realmente só chega aos sentidos do empreendedor quando ele descobre algo que não percebe como os outros como um perigo, ameaça, risco ou problema: mas como uma oportunidade. Algo que lhe cai do céu.

As grandes empresas se concentram naquilo que são capazes de fazer melhor, como manufatura, vendas e serviços, e terceirizam a maior parte de suas atividades para pequenas empresas.

3.7 COMO ESCOLHER O NEGÓCIO ADEQUADO

Há uma enorme variedade de negócios à disposição da escolha dos empreendedores. Mas é preciso ficar com as antenas ligadas. Os ramos de atividade de negócios são extremamente variados. Alguns são explorados intensamente, enquanto outros surgem aleatoriamente como áreas inexploradas, verdadeiras oportunidades em um mundo carregado de competição. Antes de dar uma espiada nas oportunidades que existem nesse mundo tão grande, é interessante atentar para algumas questões prévias:

- Qual é o volume de capital que você pretende investir?
- Em quanto tempo?
- Qual é o retorno que você pensa ou precisa obter?
- Qual é a natureza das atividades de trabalho envolvidas?
- Quais são as suas experiências profissionais?
- Quais são os seus objetivos?
- Quais são as suas atitudes e opiniões a respeito de negócios?
- Quais são as suas características de personalidade?
- Quais são os seus conhecimentos e as habilidades?
- Quanto tempo você pode ficar sem receber um salário mensal?

O primeiro passo é refletir a respeito de todas essas questões. Elas certamente influenciarão suas escolhas futuras e impactarão as suas decisões a respeito da natureza e dimensão do negócio pretendido.

3.7.1 Mapeando as oportunidades

Criar um negócio novo a partir do nada costuma ser o caminho mais utilizado quando se discute um novo empreendimento. Uma nova empresa representa uma oportunidade significativa para muitos empreendedores. Mas é preciso criar algo novo.

As oportunidades para iniciar um novo negócio podem ser resumidas em quatro vertentes principais:

1. **Oferta de um novo produto/serviço:** que requer um novo tipo de negócio, como foi o caso dos computadores e telefones celulares. Trata-se de fornecer aos clientes um produto/serviço que ainda não existe no mercado.
2. **Desenvolvimento de uma nova tecnologia:** como é o caso da Internet e da maioria dos negócios virtuais e *startups*. Trata-se de um processo tecnicamente novo que pode mudar as regras do jogo.
3. **Desenvolvimento de um novo mercado:** como é o caso da inclusão social de novas faixas e níveis de consumidores. Trata-se de fornecer aos novos clientes um produto/serviço que não existe em seu mercado, mas que já existe em outros níveis socioeconômicos mais elevados. A maior parte dos empreendimentos de inovação disruptiva começaram por mercados de nível mais baixo com produtos/serviços mais baratos, melhorando sua qualidade ao longo do tempo e invadindo mercados de nível mais elevado a seguir.

4. **Desenvolvimento de novos benefícios:** que são conceitos para desempenhar antigas funções de uma nova maneira mais aprimorada ou inovadora e com execução superior. Trata-se de realizar o que já se faz no mercado, mas de maneira mais sofisticada ou com elevada qualidade acrescentando assistência técnica, instalação doméstica, marca e estilo ou luxo. É o caso da rede Starbucks, que não lançou nenhum produto ou serviço novo, mas oferece uma experiência inovadora do cliente.

As pequenas empresas possuem características adequadas para aproveitar uma oportunidade de negócio com mais flexibilidade e agilidade, o que facilita sua entrada no mercado, a saber:

- Propriedade e operação independentes.
- Escopo de operações localizado e definido.
- Não são dominantes no seu campo de atuação.
- Tamanho pequeno em seu nicho de mercado.
- Pequeno investimento de capital financeiro.

É preciso saber aproveitar essas características peculiares aos pequenos negócios. A oportunidade sempre está lá fora, mas essas características constituem oportunidades intrínsecas aos pequenos empreendimentos que precisam ser levadas em conta.

CHIAVENATO DIGITAL

Acesse um Minicaso sobre **Vislumbrando oportunidades onde os outros veem problemas** na seção *Minicaso* EMP 3.2

3.7.2 Construir um novo negócio ou comprar um negócio já existente?

O empreendedor pode optar por comprar um pequeno negócio já existente como uma alternativa, em vez de iniciar seu próprio negócio ou ingressar em uma franquia. Também pode juntar-se aos negócios da família já existentes. Tudo tem os seus prós e seus contras. Essa decisão deve levar em consideração alguns aspectos importantes ressaltados no Quadro 3.2.

Quadro 3.2 Os prós e os contras de comprar um negócio já existente[6]

Prós	Contras
Um negócio estabelecido melhora a chance de sucesso. O local já está escolhido e utilizado. Se o negócio já é lucrativo, dará lucro mais cedo. O plano já foi feito e facilita o futuro. A clientela já existe. Os fornecedores também. O estoque já está disponível. O equipamento necessário já está pronto. O financiamento só será para a aquisição do negócio. Você adquire a experiência do dono anterior. Os funcionários já têm experiência do negócio. Os registros podem orientar na direção do negócio.	Você pode herdar deficiências do dono anterior. A imagem do negócio já está estabelecida e, se for uma imagem negativa, será difícil mudar. A modernização poderá ser necessária. A clientela pode não ser boa. Os fornecedores podem não ser bons. O estoque pode não ser adequado. O equipamento pode estar deteriorado. O preço da compra pode sobrecarregar o fluxo de caixa e prejudicar a lucratividade. A experiência do dono anterior pode ser negativa. Os funcionários podem não ser bons. Pode ser necessária uma mudança estratégica.

Na prática, a lista de prós e contras pode ser condensada em quatro aspectos básicos para a tomada de decisão sobre a compra de um negócio já existente:[7]

1. Redução da incerteza quanto à viabilidade do negócio. Para isso, existe o planejamento. Veremos adiante como se monta um plano de negócio.
2. Execução das operações em andamento. É o que denominamos direção ou gestão. Saber gerir o negócio.
3. Relacionamentos comerciais já consolidados. Aqui entra a comercialização.
4. Preço razoável na negociação de compra do negócio quando se trata de comprar um empreendimento já existente.

3.8 CICLO DE VIDA DAS EMPRESAS

Todas as grandes empresas e grupos multinacionais começaram como pequenas empresas na sua origem. E foram fundados por empreendedores que souberam arriscar e vencer. O êxito fez com que crescessem e se tornassem gigantescos negócios. Para chegar ao seu tamanho descomunal, as grandes corporações passaram por várias fases no seu ciclo de vida, como o que se descreve a seguir.[8]

- **Fase pioneira:** fase inicial da empresa, quando os fundadores ou empreendedores iniciam o negócio. Por ser ainda pequena, os seus processos internos de funcionamento são facilmente supervisionados e controlados. Há poucas tarefas de rotina e um enorme volume de improvisações. Como são poucos os procedimentos preestabelecidos, a capacidade da empresa para realizar rápidas mudanças e inovações é bastante elevada. Se a fase pioneira de iniciação é bem-sucedida, a empresa entra na fase de expansão.
- **Fase de expansão:** fase em que o novo negócio cresce e expande as suas atividades, intensificando as suas operações de produção e vendas e aumentando o número de seus funcionários para dar conta do recado. A preocupação básica é o aproveitamento das oportunidades que surgem no mercado, a melhoria rápida e constante do produto ou serviço frente à retroalimentação dada pela clientela e o nivelamento entre a produção e as previsões de vendas para atender às necessidades do mercado.
- **Fase de regulamentação:** com o gradativo crescimento das atividades do empreendimento, ele é obrigado a estabelecer normas de coordenação entre as diversas atividades ou funções que vão surgindo, bem como definir rotinas e processos de trabalho. A expansão leva à necessidade de pôr ordem na casa e garantir a coordenação dos processos de produção, vendas e faturamento.
- **Fase de burocratização:** com o desenvolvimento das operações internas e com as suas novas dimensões, o empreendimento passa a necessitar de um conjunto de regras, procedimentos e controles burocráticos para preestabelecer todo o comportamento organizacional dentro de padrões definidos para lidar com todas as contingências possíveis relacionadas às atividades de trabalho. Desenvolve-se uma hierarquia com cadeia de comando e uma divisão do trabalho que se baseia na especialização e impessoalidade das relações entre os funcionários. A organização se torna piramidal e monocrática, e sua rigidez apresenta pouquíssima flexibilidade para mudanças e inovações. A empresa cria mecanismos de controle que engessam seu desenvolvimento, levando à necessidade

de revitalização. O perigo que o empreendedor deve evitar é a duração e o impacto dessa fase, que não deve ser exagerada.

- **Fase de reflexibilização:** fase de readaptação à flexibilidade e de reencontro com a capacidade inovadora perdida com a introdução consciente de sistemas organizacionais flexíveis, dinâmicos e inovadores. É o que está acontecendo atualmente com as grandes organizações, que estão se fragmentando em unidades estratégicas de negócios para buscar o retorno às características peculiares às pequenas empresas a fim de fazer frente a um ambiente dinâmico, mutável e competitivo.

Quadro 3.3 Ciclo de vida das empresas[9]

Aspectos	Fase 1 Pioneira	Fase 2 Expansão	Fase 3 Regulamentação	Fase 4 Burocratização	Fase 5 Reflexibilização
Meta principal	Produção e vendas	Eficiência das operações	Expansão do mercado	Consolidação da empresa	Resolução de problemas e inovação
Estrutura da organização	Informal	Centralizada e funcional	Descentralizada e geográfica	Forma impessoal e rígida	Rede de equipes
Estilo da alta administração	Individualista e empresarial	Diretivo	Delegativo	Observador e monitorador	Participativo
Sistemas de controle	Resultados do mercado	Modelos e centros de preço	Centro de lucro	Planos e centros de investimento	Metas múltiplas e dirigidas
Remuneração da gerencia	Posse e propriedade	Salários e gratificações	Bônus individuais	Participação nos lucros e opção de ações	Bônus de equipes

Esse ciclo vital dá uma ideia de como um negócio pode nascer, crescer, prosperar e revitalizar-se constantemente.[10] E sustentar-se ao longo do tempo ultrapassando gerações e gerações. Esse é o *roadmap* do futuro de cada empreendimento. E o negócio que se pretende criar hoje poderá ser dos seus filhos, netos ou bisnetos mais adiante. E com certeza seguirá esse caminho, a menos que você inove tanto que ele vai pular algumas etapas e alcançar uma prodigiosa longevidade. Pense nisso para preparar o destino do seu negócio.

Contudo, as pesquisas mostram que a longevidade organizacional está encurtando cada vez mais. Em outras palavras, as organizações estão tendo uma vida que está durando menos a cada ano que passa. Motivo: as rápidas e profundas mudanças e transformações ao seu redor estão requerendo agilidade, rapidez e flexibilidade para mudar rapidamente e se adaptar à crescente destruição inovadora que está ocorrendo no mundo dos negócios. Isso lembra o biólogo Charles Darwin, que criou a teoria da evolução das espécies – e as organizações são exemplos de espécies vivas –, ao dizer que não são as espécies mais inteligentes ou mais fortes que sobrevivem em um meio ambiente mutável, mas aquelas que conseguem se adaptar adequadamente a ele.

CHIAVENATO DIGITAL

Acesse um Minicaso sobre **O Boticário** na seção *Minicaso* EMP 3.3

3.9 OPORTUNIDADES DE NEGÓCIOS

As oportunidades para iniciar um negócio poderão estar em alguma das seguintes áreas principais:

- Fabricação ou manufatura.
- Atacado.
- Varejo.
- Serviços.
- Informação e cultura.
- Educação.
- Entretenimento e diversão.
- Crescente longevidade das pessoas.
- Mudanças nos hábitos de compra, de propriedade e de uso.

Contudo, a Era Digital ainda vai trazer muitas surpresas pela frente com a criação de novas tecnologias e, sobretudo, o surgimento de novos produtos e novas modalidades de trabalho e de emprego.

- **Fabricação ou manufatura:** constitui a produção propriamente dita de bens ou produtos físicos. Fabricação ou manufatura representa a transformação de matérias-primas em produtos acabados, ou a montagem de partes em conjuntos, ou ainda a fabricação de máquinas e equipamentos. A palavra *manufatura* significa literalmente fazer com as mãos e envolve necessariamente o trabalho humano, a ação humana.
  Existe também o artesanato: os produtores ou fabricantes são empresas ou indivíduos que produzem bens por meio de operações manuais ou com máquinas e equipamentos especializados. Normalmente, a manufatura é denominada indústria. Quase sempre, uma empresa de manufatura requer um pesado investimento inicial em instalações para fábrica e maquinaria, pessoal especializado e grandes volumes de compras de materiais básicos ou semiprocessados e suprimentos para possibilitar a produção.
  Dependendo do tipo de manufatura, os clientes podem ser heterogêneos ou distribuídos em vários segmentos do mercado, como atacadistas, varejistas, outras indústrias, comércio, setor agrícola ou agências do governo. Alguns exemplos de fabricação e manufaturas são:
  - Confecção de cartazes de propaganda.
  - Confecção de roupas infantis.
  - Componentes e acessórios elétricos.
  - Joalherias e metais preciosos.
  - Produtos plásticos em geral.
  - Roupas masculinas e femininas.
  - Padarias ou casas de pães.
  - Gráficas.
  - Produtos químicos.

- Oficinas em geral.
- Bens esportivos ou atléticos.
- Tintas e vernizes.

- **Atacado:** atacadistas são os intermediários entre os produtores e os varejistas - quando se trata de negócios com produtos de consumo –, ou entre produtores e a indústria, o comércio, os profissionais liberais e os outros compradores - quando se trata de bens de capital, isto é, destinados ao mercado industrial.
Há muitos tipos de atacadista, incluindo escritórios de vendas dos produtores, agentes mercantis etc. Muitos atacadistas compram grandes quantidades de produto para estocá-los em seus depósitos e vendê-los em pequenas quantidades aos seus clientes.
Em vista disso, toda firma de atacadista precisa de três itens:

1. Um armazém ou depósito como base central para distribuição ao mercado e um grande investimento em estoques.
2. Uma equipe de vendas.
3. Um esquema integrado de logística para o recebimento e entrega dos produtos.

Alguns exemplos de atacadistas são:

- Autopeças.
- Produtos químicos e anexos.
- Confecções.
- Componentes elétricos.
- Flores.
- Frutas.
- Móveis.
- Mantimentos em geral.
- Tintas.
- Joias e bijuterias.
- Suprimentos de papelaria.
- Produtos esportivos.
- Brinquedos em geral.
- Papel e papelão.
- Produtos de informática.
- Mercadorias em geral.

- **Varejo:** assim como os atacadistas, os varejistas também são intermediários nos canais de distribuição que conduzem os produtos até o consumidor final. A diferença é que os varejistas vendem ao consumidor e satisfazem as suas necessidades vendendo-lhe mercadorias ou serviços. O setor de varejo é muito importante porque emprega milhares de pessoas e faz escoar os produtos até o consumidor final. De todas as categorias de negócios, o varejo é o tipo mais comum. O varejista compra os produtos de fabricantes ou de

atacadistas e os oferece ao mercado. Uma pequena firma varejista requer boa localização, espaço adequado, cartazes e um estoque inicial de mercadorias. Dependendo do tamanho do negócio, o investimento inicial pode ser relativamente baixo.
Alguns exemplos de empresas varejistas são:

- Mercados, supermercados, *shopping centers*.
- Postos de gasolina.
- Lojas de calçados.
- Drogarias e farmácias.
- Postos de gasolina.
- Hotéis e pousadas.
- Lojas de móveis.
- Lojas de bicicletas.
- Padarias e panificadoras.
- Lojas de computadores, *notebooks* e suprimentos.
- Lojas de móveis.
- Restaurantes.
- Lojas de roupas.
- Lojas de autopeças.
- Lojas de material de construção.
- Lojas de produtos eletrônicos.
- Lojas de produtos esportivos.
- Floriculturas.
- Livrarias e papelarias.
- Mercearias.

Dentre todas as áreas citadas, o varejo constitui a porta mais aberta aos novos empreendedores, pois a entrada no mercado é mais fácil e por ser um tipo de negócio que é mais familiar aos clientes e consumidores. Nessas últimas duas décadas, enquanto o mercado de empregos na área de manufatura está gradativamente diminuindo e enxugando, a área de serviços tem sido aquela que mais tem crescido e se expandido, mostrando uma verdadeira migração de empregos da área industrial para a área de serviços.
Existem empresas varejistas que não requerem local físico, isto é, que não dependem de uma loja física para funcionar ou fazer suas transações. Os quatro principais tipos de varejistas *non-store* são:

- **Empresas de vendas diretas:** vendem diretamente aos consumidores por meio de representantes de vendas. Algumas delas, como a Avon, vendem no sistema porta a porta, sem intermediários entre a produtora e o cliente. Outras empresas realizam as vendas por meio de apresentações feitas a pequenos grupos de vizinhos ou amigos.
- **Empresas de vendas por mala-direta:** promovem as mercadorias por meio de catálogos, brochuras ou outros tipos de divulgação. Distribuem as listas de produtos por

meio de mala-direta, listas de clientes, listas de cartões de crédito ou em resposta a anúncios de televisão. O cliente compra por meio de ordens enviadas por correio ou por fax, ou ainda pela Internet. É o chamado marketing direto.

- **Empresas com máquinas distribuídas em locais públicos:** instalam máquinas em locais onde passam, obrigatoriamente, muitas pessoas – como estações ferroviárias, rodoviárias, aeroportos, grandes *shoppings*, cinemas, teatros – para vender refrigerantes, cigarros, bombons e diversas mercadorias de baixo valor unitário.
- **Vendedores ambulantes:** esse é o caso de vendas de livros e produtos de beleza a domicílio e também se aplica a agências de seguros e revistas, cujos vendedores vão até o cliente ou trabalham em quiosques improvisados em *shoppings* ou em áreas de grande circulação de público.

- **Serviços:** atividades, benefícios ou satisfações que são oferecidas para venda ou em conexão com vendas de determinados bens. É a área de negócios que tem apresentado maior crescimento. Os negócios envolvendo serviços não requerem grande investimento em equipamentos estoques, como na manufatura, no atacado e no varejo. Também podem ser desenvolvidos em casa, na garagem ou em uma sala que sirva de local para o negócio. Provavelmente, a categoria de serviços é a que mais se beneficia com o chamado negócio virtual, ou seja, o escritório não físico que se conecta a qualquer ponto do mundo por computador, internet, fax e telefone a qualquer dia ou horário e em qualquer lugar do mundo. Existe uma ampla variedade de negócios que podem ser desenvolvidos com pouco capital e algum talento, conhecimento e habilidade. O importante é compatibilizar o conhecimento do negócio com a oportunidade do mercado e com suas características pessoais. Veja mais exemplos de empresas de serviços:

  - Negócios virtuais por meio da Internet.
  - Jardinaria em geral.
  - Corte e costura.
  - Consultorias.
  - Decoração.
  - Assistência técnica de eletrodomésticos.
  - Oficinas mecânicas.
  - Cuidado de bebês.
  - Preparação de currículos.
  - Agências de recrutamento e seleção.
  - Hotéis, motéis, boates, cinemas, teatros.
  - Encanadores, eletricistas, marceneiros, chaveiros, pedreiros, pintores etc.
  - Barbearias, cabeleireiras, manicures.
  - Locadoras de carros, motos ou *bikes*.
  - Digitação de dados ou textos.
  - Contabilidades e auditorias.

- Consultoria em advocacia.
- Serviços de pintura.
- Traduções em geral.
- Serviços de entregas com *motoboys*.
- Escolas de dança.
- Agências de turismo.
- Estacionamentos de carros.
- Estúdios fotográficos.
- Serviços de manutenção.
- Escritórios virtuais para locação.
- Corretoras e locadoras de imóveis.

3.9.1 Como obter o máximo de seu novo negócio

Algumas dicas são importantes para se firmar no mundo dos negócios. O Guia PEGN – Pequenas Empresas & Grandes Negócios – dá algumas de como obter o máximo de seu novo negócio:[11]

- **Excelência:** você precisa se considerar seu próprio concorrente e procurar se superar a cada dia. Essa é a única maneira de você desafiar a competição no mercado.
- **Cooperação:** ninguém está isolado do mundo. Você precisa desenvolver parcerias estratégicas e juntar esforços com outras empresas do ramo para reduzir custos operacionais e complementar talentos e competências.
- **Apoio da família e dos amigos:** você pode (e deve) envolver a família e os amigos no negócio para ajudá-lo a buscar soluções inovadoras.
- **Criatividade e inovação:** seja um eterno questionador daquilo que faz. Nunca considere o que produz como perfeito e acabado. Pense sempre em melhorar, criar e inovar continuamente.
- **Foco no cliente:** conheça e ouça o cliente e esteja sempre disponível para ajudá-lo a resolver os seus problemas e necessidades. Lembre-se de que o seu negócio depende diretamente da satisfação do cliente.
- **Visibilidade:** faça com que o seu empreendimento seja visível ao público-alvo e invista em divulgação e propaganda. Faça o seu negócio aparecer.
- **Capacitação e conhecimento:** invista pesadamente no aprendizado contínuo e no desenvolvimento de conhecimentos e competências para transformar a sua equipe na melhor possível. Reforce o engajamento, a colaboração, a ajuda recíproca e o respeito mútuo.
- **Autonomia:** busque sempre iniciativas próprias e nunca espere que o governo venha a solucionar os problemas de sua empresa. Aja com independência de ação e autonomia.
- **Divertimento:** faça do trabalho um *hobby* ou uma diversão tanto para você como para todos os funcionários e clientes. Crie um ambiente de trabalho agradável, harmonioso, divertido e camarada. A alegria ajuda – e anima muito – o negócio.

Assim, focalizar adequadamente como será o seu novo negócio é fundamental e definitivo para garantir o seu sucesso. Trata-se de estabelecer as bases fundamentais a respeito de sua estrutura e funcionamento, isto é, de sua configuração e de sua dinâmica. Isso é indispensável para garantir um futuro saudável e bem-sucedido do seu empreendimento.

Todavia, qualquer seja a sua opção, pense nisso: o foco deve estar no cliente ou consumidor, e não no produto ou serviço em si. Em outras palavras, o seu produto ou serviço precisa satisfazer as expectativas e necessidades do cliente ou consumidor oferecendo valor e é nele que se deve concentrar. Quem vai decidir se o seu produto ou serviço vai vencer e perdurar não é você nem a sua equipe, mas o cliente ou consumidor que vai querer ou não comprá-lo. O seu produto somente será considerado ótimo ou excelente se assim o cliente ou consumidor o avaliar e decidir. Pense no seu produto ou serviço como se fosse o seu cliente ou consumidor. Chame a isso de empatia ou qualquer outra denominação, mas o importante é pensar e avaliar tal como o cliente ou consumidor o faria. Para tanto, coloque-se sempre no lugar do cliente ou consumidor para avaliar o seu produto ou serviço.

3.10 CONCEITO DE PLATAFORMA DE NEGÓCIO

Quando abordamos a cadeia de valor no capítulo anterior, tocamos levemente na questão de plataformas físicas ou virtuais. A cadeia de valor pode ser modificada ou encurtada no sentido de eliminar intermediários, reduzindo ações, custos e encurtando tempo. Os desenvolvimentos na economia global estão reduzindo ou eliminando a tradicional presença de intermediários entre o consumidor e o produtor. Uber, Airbnb, Amazon, Apple, PayPal e muitos outros são negócios de ponta construídos em plataformas virtuais e que estão revolucionando a maneira de fazer negócios. Todas essas empresas provocaram fortes impactos em seus mercados assim que foram lançadas. Hoje, elas são líderes de suas indústrias. Ao conectar pares distantes diretamente entre si, como vendedores e compradores ou hospedeiros e viajantes, a revolução das plataformas veio revelar como as empresas tradicionais podem se adaptar criativamente a um mercado em incrível mudança e transformação. Na medida em que as redes digitais aumentam a sua onipresença, as empresas que utilizam o poder da plataforma virtual conseguem construir uma tremenda vantagem estratégica.[12]

E o que é uma plataforma? Do ponto de vista físico, representa uma superfície na qual se assentam várias partes ou peças componentes ou uma base de apoio em que se ligam diretamente várias coisas entre si. Assim, o conceito de plataforma depende de uma composição entre partes, e não de mercados. E requer um mínimo de informação básica para garantir a eficácia dessa interação. Em todo negócio uma plataforma depende basicamente de três fatores:

1. Determinar os papéis de produtor e de consumidor e juntar diretamente as duas partes nas bordas que precisam de interação ou conexão direta.
2. Providenciar as ferramentas adequadas para que ambas as partes possam interagir diretamente entre si. O foco é sempre na interação primária ou direta entre as duas partes.
3. Construir a plataforma que permite essa interação direta e utilizar os dados da conexão para casar os objetivos das duas partes.

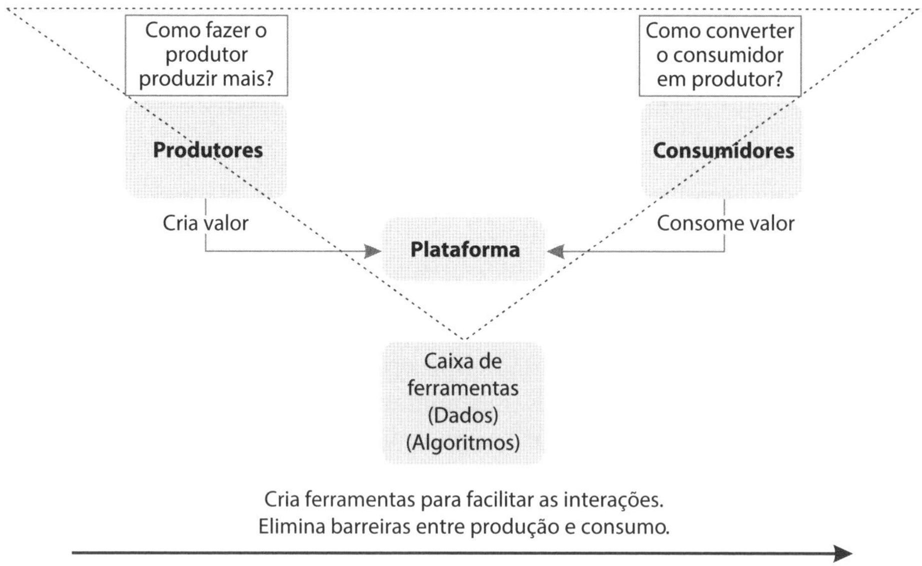

Figura 3.6 Como desenhar uma plataforma de negócios de uma face.[13]

O conceito de plataforma melhora a qualidade das transações diretas entre pares que interagem como compradores e vendedores e transforma o tradicional fluxo indireto, linear e sequencial em uma plataforma triangular que faz seus custos desabarem enquanto os mercados ficam mais ágeis e atrativos do que nas velhas e lentas hierarquias.[14]

Plataformas digitais poderosas como Alibaba e Amazon funcionam como base de lançamento de milhares de pequenas e médias empresas, dando-lhes o alcance e os recursos para enfrentar empresas maiores.[15] O desafio maior que o futuro nos impõe é saber escolher o melhor caminho para chegar até ele e da melhor maneira possível. Para tanto, precisamos saber o que as empresas mais bem-sucedidas fizeram e estão fazendo para aprendermos com elas. Para isso, o *benchmarking* constitui a pedagogia essencial.[16]

Michael A. Cusumano, professor da Sloan School of Management do Massachusetts Institute of Technology (MIT), estudou em profundidade o sucesso de empresas – como Microsoft, Apple, Intel, Google, Toyota e outras – que enfrentaram enormes e rápidas mudanças em seus negócios e até disrupções em suas tecnologias digitais e que oferecem lições cruciais para que as organizações aprendam como mudar, ajustar e competir em um mundo de negócios dinâmico, mutável, instável, complexo e ambíguo. Dessa pesquisa, alinhou seis princípios duráveis para gerir a estratégia e a inovação organizacional em um mundo cheio de transformações e incertezas e que podem nos ajudar a preparar nossas organizações para obter e garantir uma permanente vantagem competitiva:[17]

1. **Oferecer plataformas (e não apenas produtos):** o empreendedor precisa substituir o pensamento convencional sobre gestão para competir na base de plataformas envolvendo outras empresas. Plataforma é um conjunto de componentes por meio dos quais a empresa cria um conjunto de produtos ou componentes (ou serviços) ou uma base de tecnologia *core*. A estratégia de plataformas ou complementos é diferente estratégia de produto, pois envolve um ecossistema externo para gerar inovações complementares em produtos ou serviços e construir um "*feedback* positivo" entre eles. O efeito é um

enorme potencial para inovação e crescimento, e não somente o que uma única empresa pode gerar sozinha.[18]

Isso abre as fronteiras organizacionais para aproveitar o apoio estratégico e colaborativo de outras empresas e funciona como uma extensa rede (*network*), onde a plataforma é uma empresa que realiza interações e transações que criam valor entre produtos e comunidades externas, oferecendo uma infraestrutura básica para tais interações e estabelecendo condições de funcionamento para elas.[19]

Plataformas de negócios – como Uber, Airbnb e eBay – desestruturam e dominam imensos setores tradicionais de atividades utilizando menos recursos e funcionários. Com plataformas, as empresas participam de coalizões multissetoriais para promover um impacto coletivo, reunindo várias empresas, cada qual em sua respectiva área de atuação e competência para catalisar as mudanças e oportunidades. Assim, podem tanto colaborar entre si, como também encontrar novas oportunidades, e ao criar valor compartilhado, as empresas se reforçam mutuamente e criam excelentes resultados financeiros que também beneficiam a sociedade e geram valor social. Para Kramer e Pfitzer, esse impacto coletivo deve envolver uma agenda de quatro elementos:[20]

i. **Agenda comum:** as empresas participantes devem reunir uma visão comum e uma abordagem conjunta para alinhar esforços e garantir o compromisso de cada participante, como os dados serão compartilhados dentro e fora do grupo, sem desprezar a perspectiva e os interesses de cada um e os da sociedade.
ii. **Sistema compartilhado de medição:** os participantes devem concordar com uma pequena e única lista de indicadores que determinam como os resultados serão medidos, avaliados e relatados. A intenção é formalizar uma agenda comum e uma base coesa de metas e estratégias.
iii. **Fortalecimento de atividades mútuas:** cada participante se concentra naquilo que faz melhor nesse conjunto de atividades inter-relacionadas.
iv. **Suporte de base**: para garantir que todos os participantes permaneçam alinhados e informados. São atividades de ligação e integração que podem ser geridas por uma equipe ou organização ou divididas entre as várias participantes com diferentes competências. É bom lembrar que as fronteiras organizacionais estão se flexibilizando e se ampliando cada vez mais.

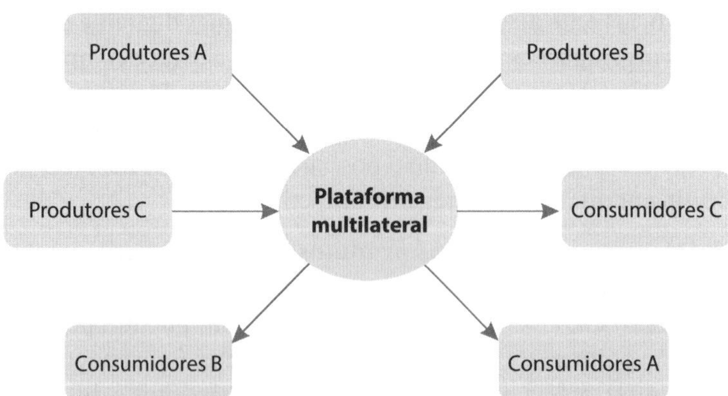

Figura 3.7 Como desenhar uma plataforma de negócios multifacetada.

SAIBA MAIS

Plataformas multilaterais

Cinco das mais valiosas companhias do mundo – Apple, Alphabet, Amazon, Facebook e Microsoft – alcançaram muito do seu sucesso graças às suas plataformas multilaterais (*multisided platforms* – MSPs) – que ampliam enormemente suas interações e transações entre diversas partes. Com as suas várias faces ligando várias partes de produtores e de consumidores, elas se tornaram muito mais valiosas nos mesmos setores que proporcionam somente produtos ou serviços. A Airbnb, por exemplo, uma plataforma que conecta quem busca hospedagem com quem tem uma acomodação disponível para alugar, tornou-se uma empresa mais valiosa do que a Marriott, a maior cadeia de hotéis do mundo.

2. **Oferecer serviços (e não somente produtos ou plataformas):** serviços agregados aos produtos ou plataformas podem ser uma fonte adicional de retornos e lucros. Os objetivos de uma empresa podem estar no balanço certo entre o produto e o retorno de serviços no sentido de "serviciar" o produto para criar novas oportunidades de novo valor adicionado. Bem como "produtivizar" serviços para entregar com mais eficiência e flexibilidade utilizando a TI e a automação de serviços. Trata-se de entregar mais serviços utilizando novos conceitos em tempo real diretamente ao consumidor e, muitas vezes, com a participação direta dele. Não se trata de economias convencionais de escala de serviços de trabalho humano intensivo, mas de pensar criativamente em economias de escopo – como utilizar o reúso do conhecimento, a tecnologia e artefatos de projeto como abordagem de design, módulos etc. Nos tempos de Jack Welch, a General Electric ofereceu agressivamente serviços de diferentes tipos aos consumidores para o enorme portfólio de seus produtos (motores de aviação, locomotivas, produtos domésticos e hospitalares e equipamento pesado) como manutenção e reparo, serviços financeiros (empréstimos, financiamento, *leasing*, seguros, garantias etc.). Tais serviços adicionais representaram em 2009 cerca de 37% de retorno não financeiro do produto (cerca de US$ 105 bilhões) e aproximadamente 25% do total de faturamento da GE (US$ 157 bilhões).[21] Essa abordagem híbrida (produtos + serviços) realmente vale a pena ser pensada.
3. **Oferecer competências (e não somente estratégia ou posicionamento estratégico):** significa não apenas focar a formulação estratégica ou a visão de futuro (que é decidir o que fazer), mas também construir as competências organizacionais distintivas e as habilidades operacionais (como fazer as coisas) a respeito das práticas (o que a organização deve fazer). As competências distintivas estão centradas em pessoas, processos e o conhecimento organizacional acumulado que reflete uma profunda compreensão do negócio e da tecnologia e como ambos estão mudando. Essas competências *core* – que existem no nível individual e organizacional – combinadas com a estratégia habilitam a empresa a oferecer produtos e serviços superiores, bem como explorar e oferecer oportunidades para inovação e desenvolvimento do negócio.

A formulação da estratégia precisa ser bastante cuidadosa para gerar sinergias e economias de escopo. É a chamada "capacidade de absorção", que é o cultivo de competências internas a fim de compreender as novas tecnologias e então desenvolvê-las internamente (fazer) ou por meio de aquisições e alianças estratégicas (comprar).[22] Esse conceito também recebeu o nome de "competências dinâmicas", pois sustentam posições competitivas por meio da reconfiguração crítica dos ativos de conhecimento e outros fatores de produção que se tornam difíceis de imitar na medida em que os mercados mudam.[23]

4. **Adotar o puxar (e não somente o empurrar):** as empresas precisam adotar um "estilo de puxar" (*pull*) em suas operações para reverter os processos sequenciais e o fluxo de informação comuns em suas atividades, como manufatura, desenvolvimento de produto, desenho do serviço, entrega e outras. O objetivo é ligar cada etapa das operações-chave da companhia retrocedendo ao mercado, no sentido de responder em tempo real às mudanças da demanda e das preferências do consumidor, novas condições competitivas ou dificuldades internas. O *feedback* continuado e as oportunidades de rápido ajustamento também facilitam o aprendizado, a eliminação de erros ou desperdícios e, assim, incrementam a inovação. O velho estilo de empurrar (*push*) o sequenciamento dos processos funcionou bem enquanto a demanda era relativamente previsível e estável, mas tropeça em ambientes dinâmicos e subitamente instáveis. O fato é que, desde os idos de 1940, a Toyota tinha um manual de sistemas em que o sistema de produção em pequenos lotes era "puxado" (e não empurrado), reajustados em pequenos intervalos – diários se necessário – em função das vendas, como retroação do mercado para adequar a programação de materiais, componentes e a cadeia de suprimentos. Esse "puxar" permitiu a fábrica enxuta e o *just-in-time* e ensinou as empresas japonesas a melhorar sua produtividade. Essa distinção entre o puxar (*pull*) e o empurrar (*push*) – uma espécie de engenharia reversa – também pode ser útil no sentido de pensar sobre o futuro e como está operando no presente de maneira iterativa e incremental, portanto ágil e veloz. Na verdade, puxar *versus* empurrar faz uma enorme diferença na filosofia da gestão. Puxar enfatiza os ajustes contínuos e em tempo real à retroinformação, enquanto empurrar enfatiza o planejamento fixo e o controle detalhado.[24]

5. **Economias de escopo (e não somente de escala):** a busca de eficiência sempre levou a economias de escala em todas as atividades da empresa. O poder desse conceito era facilitado pela divisão do trabalho, padronização do *design* dos produtos, componentes e processos de produção, bem como pela mecanização e automação das fábricas. Porém, hoje a escala é geralmente menos importante do que a variedade, qualidade, reputação, habilidades de marketing ou *timing*. É preciso ter o produto ou serviço certo no tempo certo.

   Nosso velho conhecido Alfred Chandler, em seu livro *Scale and scope*,[25] já falava da habilidade da empresa em fazer mais do que um tipo de produto dentro da mesma fábrica a um baixo custo do que produzir dois produtos em fábricas separadas. Hoje, todas as empresas buscam sinergias em todos os níveis corporativos, e as economias de escopo requerem maneiras sistemáticas de compartilhar insumos de produtos, componentes intermediários e outros conhecimentos ao longo de equipes e multiprojetos separados. Isso pode eliminar a redundância de atividades e outras formas de desperdício e utilizar recursos mais eficazmente. O fato é que as economias de escopo são muito mais práticas e operacionais: elas permitem compartilhar dentro da mesma linha de negócio ou da tecnologia utilizada e são mais importantes para a diferenciação e vantagem competitiva do que a tradicional escala. A Pepsi buscou economias de escopo vendendo sanduíches com refrigerantes e justificou aquisições para utilizar os mesmos canais de distribuição. Henry Ford cometeu um erro gravíssimo ao permanecer com um produto único e padronizado, o modelo T e de cor preta.

Concentrou-se apenas em economias de escala e perdeu para a General Motors, com sua oferta de ampla variedade de modelos. Isso fez com que a GM se tornasse a maior corporação do mundo durante as décadas seguintes.

6. **Buscar flexibilidade (e não somente eficiência):** durante longo tempo, as organizações preocupavam com a eficiência e produtividade: fazer cada vez mais com cada vez menos. Mas tiveram de cuidar mais intensamente de adaptar-se rapidamente às mudanças nas demandas do mercado, competição e tecnologia.

   Também passaram a necessitar de explorar oportunidades para inovação de produtos ou processos e desenvolvimento de novos negócios na medida em que elas aparecem. Isso passou a exigir sistemas e processos flexíveis para reforçar a eficiência e a qualidade, além da eficácia geral, bem como facilitar a inovação. A flexibilidade tornou-se vital para a agilidade e rapidez nas mudanças que a organização precisa para responder prontamente às informações sobre necessidades do consumidor ou da competição, bem como para introduzir novos produtos e serviços ou modificar os já existentes. Ou ainda explorar novas oportunidades para inovação ou enfrentar ameaças competitivas. Juntos, os conceitos de competências, puxar (*pull*) e economias de escopo promovem a agilidade, fundamental para garantir o poder permanente de uma empresa nos dias de hoje. Contudo, as empresas também precisam garantir a eficiência naquilo que fazem, por meio do balanceamento entre eficiência e flexibilidade durante todo o tempo. E a flexibilidade estratégica depende do relacionamento das competências organizacionais e também do conceito de organização ambidestra, do qual já falamos anteriormente.[26]

   Esses seis princípios duráveis apontados por Cusumano são essenciais para competir em um mundo novo dominado por plataformas e serviços habilitados por tecnologias avançadas, e principalmente, para preparar as nossas organizações para o futuro. Em resumo, o empreendedor gestor precisa saber:[27]

- **Adotar uma estratégia baseada em plataformas e complementos:** para construir competências técnicas e de marketing e vendas.
- **Perseguir serviços como uma alavanca estratégica:** para ajudar a vender produtos, criar novos produtos, construir relacionamentos mais amplos e profundos com o consumidor e gerar outras fontes de lucro e de retornos.
- **Construir competências organizacionais distintivas:** e focar o entorno em todo o tempo, pois é nele onde estão as oportunidades. E também as ameaças.
- **Incorporar o estilo puxar (*pull*):** e sistemas que interliguem as operações de produção serviços, para gerar informações de *feedback* em tempo real do mercado, para gerar uma organização mais responsiva e proativa à mudança. Lembre-se da Toyota ao buscar retroinformação da clientela para dosar as suas atividades e adotar a produção enxuta.

- **Visualizar constantemente as oportunidades externas:** para maximizar as economias de escopo, envolvendo o compartilhamento de diferentes áreas, projetos e atividades dentro de uma base comum de conhecimento, informação, insumo de produtos e tecnologia.
- **Perseguir flexibilidade em todas as áreas:** para garantir agilidade no processo decisório e na evolução organizacional para assegurar qualidade, produtividade e capitalizar com rapidez as oportunidades de inovação e desenvolvimento de novos negócios.

Tudo isso mostra como os novos modelos de negócio inovadores estão transformando profundamente a maneira como as organizações estão funcionando. Hoje, as empresas estão tentando encontrar todos os meios possível para maximizar valor em quatro estratégias:[28]

1. **Abrir as portas para terceiras partes:** nesse cenário, o seu produto ou serviço ganha uma grande base de clientes que os vendedores de terceiros de outras ofertas estão interessados em alcançar. E sua empresa permite que esses terceiros se conectem com seus clientes. Esse "conectar com" pode significar anunciar ou vender (ou ambos) para eles. Os produtos da terceira parte podem ser independentes do seu produto ou serviço ou podem ser aplicativos ou módulos que funcionem em combinação com suas ofertas.
2. **Conectando clientes:** nesse cenário, sua empresa está vendendo um produto ou serviço para dois segmentos distintos de clientes que interagem ou transacionam um com o outro fora de sua oferta. Assim, ela pode modificar ou expandir sua oferta para que pelo menos algum elemento dessas interações ou transações ocorra por meio de seu produto ou serviço.
3. **Conectando produtos para conectar clientes:** nesse cenário, sua empresa está vendendo dois produtos ou serviços, cada um para uma base de clientes diferente e as duas bases de clientes interagem fora de suas ofertas. Ela pode modificar ou expandir suas ofertas para que pelo menos uma parte dessas interações ocorra por meio de uma ou de suas ofertas.
4. **Suprindo uma plataforma multilateral:** nesse cenário, sua empresa cria uma oferta para seus clientes de clientes que melhora o valor do produto ou serviço que eles compram de seus clientes. Embora essa estratégia seja logicamente possível, ela ainda não mostrou exemplos de uma implementação bem-sucedida.

Isso mostra que a gestão de negócios de hoje é completamente diferente dos tradicionais modelos de negócios. E é claro que as modernas soluções da TI ajudam muito e prometem soluções inovadoras. O empreendedor precisa estar ao par disso tudo. Pense nisso.

O que é uma organização

Uma unidade social internacionalmente construída e reconstruída a fim de atingir objetivos específicos

São empresas, indústrias, escolas, bancos, hospitais, lojas, *shopping centers*, emissoras, partidos políticos, hotéis, restaurantes etc.

→

Para que servem as empresas

Servir ao cliente
Oferecer proposta de valor
Dar o que é de valor para ele

→

Oportunidade de negócio

Atrativa e decisiva
Oportuna e disponível
Ancorada em P/S
Agregando valor

Como:

Novo produto ou serviço
Novas tecnologias
Novos mercados
Novos benefícios
Novas interações

Para abordar:

Deficiências no mercado
Resolução de problemas
Juntando partes estranhas
Conectando com plataforma

Ciclo de vida das empresas

Pioneirismo
Expansão
Regulamentação
Burocratização
Reflexibilidade

→

Ecossistema do negócio

Envolve um grupo de *stakeholders* (públicos estratégicos) como:

Proprietários, acionistas, investidores, fornecedores, funcionários, atacadistas, varejistas, clientes e consumidores, agências reguladoras, opinião pública, sociedade

→

Conceito de plataforma

1. Juntar produtor e consumidor em uma interação direta.
2. Usar ferramentas adequadas para possibilitar essa conexão.
3. Criar uma plataforma para casar os interesses de ambos.

Princípios duráveis

1. Oferecer plataformas e não apenas produtos.
2. Oferecer serviços e não apenas produtos ou plataformas.
3. Oferecer competências e não apenas estratégia ou posicionamento.
4. Adotar o puxar *(pull)* e não somente o empurrar (*push*).
5. Economias de escopo e não apenas de escala.
6. Buscar flexibilidade e não apenas eficiência.

Maximizar valor em quatro estratégias

1. Abrir as portas para as terceiras partes.
2. Conectar clientes.
3. Conectar produtos para conectar clientes.
4. Construir uma plataforma multilateral.

Figura 3.8 Mapa mental do Capítulo 3 – Focalizando o novo negócio.

REFERÊNCIAS

1. PARSONS, Talcott. *Structure and process in modern society.* Glencoe: The Free Press, 1960. p. 17.
2. CHIAVENATO, Idalberto. *Comportamento organizacional*: a dinâmica do sucesso das organizações. 4. ed. São Paulo: Atlas, 2021.
3. CHIAVENATO, Idalberto. *Administração*: teoria, processo e prática. Barueri: Manole, 2015. Capítulo 2.
4. ACS, Zoltan J.; AUDRETSCH, David B. *Innovation and small firms.* Cambridge: The MIT Press, 1990. p. 59.
5. BARRINGER, Bruce R.; IRELAND, R. Duane. *Entrepreneurship*: successfully launching new ventures. Upper Saddle River: Pearson/Prentice Hall, 2008. p. 38.
6. Baseado no *Guia PEGN* – como montar seu próprio negócio. Rio de Janeiro: Globo, 2002. p. 16-17.
7. LONGENECKER, Justin G.; MOORE, Carlos W.; PETTY, J. William. *Administração de pequenas empresas.* São Paulo: Makron Books, 1998. p. 88.
8. GREINER, Larry E. Evolution and revolution as organizations grow. *Harvard Business Review,* July/Aug. 1972.

9. GREINER, Larry E. Evolution and revolution as organizations grow, *op. cit.*
10. COHEN, William A. *The entrepreneur and small business problem solver.* New York: John Wiley & Sons, 1983. p. 126-127.
11. Baseado no *Guia PEGN* – como montar seu próprio negócio. Rio de Janeiro: Globo, 2002. p. 52.
12. PARKER, Geoffrey G.; VAN ALSTYNE, Marshall W.; CHOUDARY, Sangeet Paul. *Platform revolution*: how networked markets are transforming the economy and how to make them work for you. New York: W.W. Norton & Co., 2017.
13. CHIAVENATO, Idalberto. *Para onde vai a administração?* Brasília, DF: Conselho Federal de Administração (CFA), 2017.
14. *Vide* também: http://platformed.info. Acesso em: 8 dez. 2020.
    Vide também palestras sobre plataformas de negócios em:
    https://www.youtube.com/watch?v=hulWh2im0c8. Acesso em: 8 dez. 2020.
    https://www.youtube.com/watch?v=qIHRiB3eZhM. Acesso em: 8 dez. 2020.
    https://www.youtube.com/watch?v=OdRMhagXZ8Q. Acesso em: 8 dez. 2020.
    https://www.youtube.com/watch?v=F-EJrG3J4GQ. Acesso em: 8 dez. 2020.
    https://www.youtube.com/watch?v=e5B9pfuVrMU. Acesso em: 8 dez. 2020.
    https://www.youtube.com/watch?v=RDfp4l8yUUQ. Acesso em: 8 dez. 2020.
    https://www.youtube.com/watch?v=OLcHNS93HOs. Acesso em: 8 dez. 2020.
15. DOBBS, Richard; KOLLER, Tim; RAMASWAMY, Sree; WOETZEL, Jonathan; MANYIKA, James; KRISHNAN, Rohit; ANDREULA, Nicolo. A nova competição global para lucros corporativos. *Relatório McKinsey Global Institute*, Sept. 2015.
16. CHIAVENATO, Idalberto. *Para onde vai a administração?*, *op. cit.*, p 31.
17. CUSUMANO, Michael A. *Staying power*: six enduring principles for managing strategy and innovation in an uncertain world. Oxford: Oxford University Press, 2010.
18. CUSUMANO, Michael A. *Staying power, op. cit.*, p. 22-58.
19. PARKER, Geoffrey G.; ALSTYNE, Marshall W.; CHOUDARY, Sangee Paul. *Plataforma*: a revolução da estratégia. São Paulo: HSM do Brasil, 2016. p. 13.
20. KRAMER, Mark R.; PFITZER, Marc W. O ecossistema de valor compartilhado. *Harvard Business Review*, São Paulo: HBR Brasil, abr. 2017, p. 54-63.
21. GENERAL ELECTRIC COMPANY. Form 10-K, Fiscal Year Ended, Dec., 31, 2009.
22. ELENKOV, Detelin; CUSUMANO, Michael A. Linking international technology transfer with strategy and management: a literature commentary. *Research Policy*, 23 (2), p. 195-215, 1994.
23. TEECE, David; PISANO, Gary; SHUEN, Amy. Dynamic capabilities and strategic management. *Strategic Management Journal*, 18 (7), p. 509-533, 1997. *Vide* também: TEECE, David. *Dynamic capabilities and strategic management.* Oxford; New York: Oxford University Press, 2009.
24. CUSUMANO, Michael. A.; SELBY, Richard. W. How Microsoft builds software. *Communications of the ACM*, v. 40, n. 6, p. 53-62, 1997.
25. CHANDLER, Alfred. *Scale and scope*: the dynamics of industrial capitalism. Cambridge: Harvard Press & MIT Press, 1990. p. 24.
26. TUSHMAN, Michael L.; O'REILLY III, Charles A. Ambidextrous organizations: managing evolucionary and revolucionary change. *California Management Review*, v. 38, n. 4, p. 8-30, 1996.
27. CUSUMANO, Michael A. *Staying power, op. cit.*, p. 150.
28. HAGIU, Andrei; ALTMANN, Elizabeth. Finding the platform in your product: four strategies that can reveal hidden value. *Harvard Business Review*, Aug. 2017. *Vide*: https://www.exed.hbs.edu/assets/Documents/hbr-finding-the-platform-in-your-product.pdf.

PARTE II
PROVIDÊNCIAS INICIAIS

Tudo tem um começo, um meio e um fim. Em geral, o meio e o fim dependem muito do começo. Assim, para um objetivo perfeitamente claro e definido, o plano para realizá-lo e a boa execução do plano são determinantes para alcançar sucesso em qualquer negócio. Essas providências iniciais são fundamentais para que o negócio seja bem-sucedido ao longo do tempo. Um bom planejamento é indispensável para que tudo possa dar certo.

Ideias exigem engenhosidade e criatividade para serem realmente inovadoras. Isso requer muita cuca, intuição e concentração mental. As boas ideias somente podem se transformar em soluções maravilhosas se forem postas em prática de maneira definida, clara e racional. O ideal precisa ser suficientemente racional para poder transformar-se em uma realidade carregada de sucesso. Quando a ideia fica apenas na abstração e na esfera da idealização, ela simplesmente não se realiza nem sequer acontece. O mesmo ocorre com todo e qualquer empreendimento. Parte-se de uma ideia, um sonho, uma pretensão. A seguir, colocam-se os pés no chão para planejar como realizá-lo e transformá-lo em algo tangível e concreto que traga os resultados esperados. A cabeça no céu, mas os pés no chão.

SAIBA MAIS

O domador de leões

Quando vemos uma imagem de um domador de leões em um circo, ele sempre está com um chicote em uma mão e uma cadeira na outra. Em geral, o que mais chama a atenção é o chicote. Contudo, na realidade, é a cadeira que faz o trabalho mais importante. Por que, quando o domador segura a cadeira em frente ao rosto do leão, esse tenta se concentrar ao mesmo tempo nas quatro pernas da cadeira. Com o foco dividido, o leão fica confuso e não sabe qual delas atacar. Quando confrontado simultaneamente com tantas opções pela frente, o leão escolhe esperar em vez de atacar o domador.

E aí vem a pergunta: quantas vezes você se encontra na mesma situação do leão? Principalmente, quando se tem várias opções diferentes e acaba se confundindo e não se consegue avançar?

A vida nos faz contemplar uma cadeira em frente aos nossos olhos com muita frequência. E não podemos ficar contemplando as suas quatro pernas. Precisamos perceber qual delas é a mais importante ou possível. Assim, quando estiver com o mundo acenando uma cadeira no seu rosto, saiba rapidamente escolher uma das alternativas e comprometer-se com ela. Você só precisa começar e concentrar-se nela. Muitas vezes, as oportunidades que surgem aparecem com quatro pernas e, ao tentarmos lidar com todas elas, poderemos ficar na mesma situação confusa, apática e passiva do leão, e com tanta força para reagir.

O que fazer e por onde começar constituem quase sempre os principais desafios pela frente quando pretendemos iniciar um novo empreendimento. Principalmente, quando vemos oportunidades nem sempre claras e distintas. Para tanto, são necessárias algumas providências iniciais que veremos a seguir.

Quadro II.1 Estrutura do livro

PARTE I	PARTE II	PARTE III	PARTE IV	PARTE V
Tomando as primeiras decisões	**Providências iniciais**	**Planejando o voo**	**Gerenciando recursos e competências**	**Questões estratégicas**
1. Espírito empreendedor 2. Entendendo o mundo dos negócios 3. Focalizando o novo negócio	**4. O que fazer? Por onde começar?** **5. Quem serão os meus aliados?** **6. Quais serão os passos iniciais?**	7. Plano de negócio	8. Gestão da equipe 9. Gestão da produção 10. Gestão do marketing 11. Gestão das finanças	12. Novas abordagens ao empreendedorismo

4 O QUE FAZER? POR ONDE COMEÇAR?

O QUE VEREMOS ADIANTE

- O que se pretende fazer?
- Reunindo forças.
- Qual é o negócio?
- Qual é o mercado?
- Qual é o produto/serviço?
- Qual é o melhor caminho?
- A viabilidade financeira do negócio.
- Como definir o investimento inicial.
- Quais as potencialidades e os riscos do negócio?
- Como otimizar suas chances de sucesso.

Se a intenção é iniciar um novo negócio ou desenvolver e impulsionar o negócio atual, o primeiro passo é tomar algumas decisões iniciais que serão fundamentais. Qual será o negócio? Quem será o cliente? Qual será o produto/serviço? Como produzi-lo? Como montar o negócio? Como financiá-lo inicialmente? Para tudo isso, é necessário parar para pensar. O que fazer? Por onde começar?

4.1 O QUE SE PRETENDE FAZER?

Em primeiro lugar, é preciso identificar e localizar as oportunidades. Elas existem em todos os lugares possíveis e precisam ser decifradas, decodificadas, identificadas e exploradas. Contudo, nem todas as oportunidades de negócios são adequadas para o empreendedor. Elas precisam ser compatíveis com aquilo que o empreendedor pretende fazer ou pode fazer. Nem sempre uma oportunidade é ideal para todos os empreendedores, mas apenas para alguns deles, exatamente pela compatibilidade com suas características individuais e a situação em que se encontram. Uma oportunidade agrícola não é exatamente uma oportunidade para um cidadão que adora morar em capitais, a menos que ele decida fazer um sacrifício pessoal para morar no campo. Um momento de reflexão é importante nesse momento. O empreendedor deve fazer uma introspecção para autoavaliação, como já mencionamos anteriormente, no sentido de ver se as oportunidades de negócios são compatíveis com suas características individuais, com seus conhecimentos, sonhos e projetos pessoais.

Em segundo lugar, o empreendedor deve ter um objetivo maior em mente. Precisa trabalhar com uma visão de futuro, ou seja, com um quadro mental do que pretende chegar a ser como referência futura. É preciso enxergar além do imediato e do curto prazo. Stephen Covey[1] enfatiza essa identificação da visão de futuro como referência e critério fundamental, a partir dos quais todo o restante será planejado. A visão de futuro permite verificar se qualquer atitude ou decisão adotada infringiu algum critério definido como fundamental e prioritário. Isso permite avaliar se cada dia vivido acrescentou algo para a consecução do seu futuro. Contudo, a visão de futuro não é algo estático; ela deve ser continuamente revisitada por exercícios permanentes de atualização, adequação aos novos conceitos de vida adquiridos ao longo do tempo e ajustamento aos novos patamares que forem sendo continuamente alcançados. Ela será a bússola para ajudar o empreendedor avaliar onde está frente àquilo que busca e apontará os passos para seguir adiante. Sua maior utilidade é a de viabilizar o seu futuro. A visão de futuro é um plano de vida.

Em terceiro lugar, a decisão de abrir um novo negócio deve ser uma consequência – e não a causa – desse futuro idealizado. A escolha do seu negócio deve ser uma decisão que decorre de algo maior – sua visão de futuro – e deverá abrigar esta e outras decisões futuras ao longo do tempo. Não deve ser uma decisão que obrigue você a ajustar toda a sua vida ao negócio escolhido. Não se amarre a conceitos estáticos e rígidos nem coloque o carro na frente dos bois.

Assim, a decisão de abrir um negócio é muito mais do que uma análise de viabilidade imediata do ponto de vista econômico, mercadológico ou financeiro. É a busca de compatibilidade entre você – empreendedor – e sua ideia de empreender ao longo do tempo e no futuro. Para assegurar o futuro do negócio, é interessante fazer algumas projeções para os anos seguintes com base em sua intuição, o que denominamos cenários. Um cenário otimista, um cenário conservador e um cenário pessimista a respeito do futuro do negócio, concorrência, fatores econômicos, políticos, sociais, tecnológicos e suas possíveis influências no empreendimento.

CHIAVENATO DIGITAL

Acesse um Minicaso sobre **Os grandes negócios também são efêmeros** na seção *Minicaso* EMP 4.1

4.2 REUNINDO FORÇAS

O empreendedor costuma ser uma figura complexa para se definir com clareza. Visão ampla, descortino, faro para negócios, capacidade de transformar ideias vagas em projetos específicos, vontade de arriscar e de assumir riscos, perseverança, aceitação de ambiguidades e de incertezas, inteligência emocional, sintonia com o mercado e com as oportunidades que nem sempre são percebidas pelos outros. Como caracterizar o empreendedor diante de tantas feições e características que ele pode assumir?

Nesse emaranhado de perfis, Rogério Cher destaca seis fatores vitais – os seis Cs – para se abrir um novo negócio,[2] a saber:

1. **Convergência:** se o negócio envolve vários sócios proprietários, eles devem ter unidade de pensamento, identidade de valores e comunhão de objetivos. Os sócios não precisam pensar necessariamente de modo igual e uniforme a respeito de tudo, ter os mesmos estilos de trabalho, mas devem possuir certas compatibilidades e convergências sobre

valores pessoais, postura adiante da vida e condução da empresa. Isso implica integração na variabilidade.

2. **Complementariedade:** as diferenças entre os sócios proprietários são comuns e corriqueiras, mas não devem implicar filosofias opostas ou valores antagônicos. Devem ser características que se complementam e qualidades que se somam, ou, melhor, se multiplicam, quando bem dosadas.
3. **Companheirismo:** a amizade entre os sócios não garante sucesso ao novo negócio, e o insucesso pode acabar ela. Deve haver um limite entre amizade e sociedade. O que deve prevalecer entre os sócios é o respeito mútuo e a solidariedade em todos os momentos, sejam bons ou ruins.
4. **Confiança:** toda sociedade implica necessariamente confiança entre os participantes. Ela é a base da sociedade em torno de um negócio. Se não há confiança, nada feito. As decisões precisam ser consensuais, e isso requer credibilidade total na opinião dos sócios.
5. **Compreensão:** entendimento e tolerância permitem que os sócios aprendam uns com os outros a ouvir e a compreender intenções e receios. Isso também se aplica aos demais funcionários que participam do negócio.
6. **Circunstância:** é preciso saber analisar bem as condições pessoais, familiares e financeiras dos sócios participantes para constituir a sociedade.

O empreendedor é a pessoa que inicia um novo negócio ou que desenvolve um negócio já constituído no qual se arrisca a perder o capital nele aplicado e os anos de intenso esforço. Muitas são as dúvidas que o empreendedor enfrenta quando está à procura de ideias a respeito de um novo negócio que pretende iniciar. As indagações são várias e quase sempre convergem para as que listamos a seguir.

- Quais são as oportunidades e os nichos de mercado a serem explorados?
- Quais são os produtos/serviços concorrentes que existem atualmente no mercado?
- Quais são os seus pontos fortes e fracos?
- Quais serão os produtos/serviços que poderei oferecer?
- Quais serão os clientes? Como são eles? O que é de valor para eles?
- Como criar valor para o cliente? Quais as vantagens competitivas do negócio?
- Quem são os meus fornecedores potenciais?
- Quem são os meus concorrentes potenciais?
- Quais são os riscos do negócio?
- Qual é o potencial de desenvolvimento do negócio?

Para caminhar com mais velocidade e segurança por um terreno nebuloso e ainda desconhecido, é preciso de informações básicas a respeito dele. A informação reduz a incerteza, melhora o desempenho e garante maior segurança. Ela é a arma estratégica da empresa moderna, e o empreendedor deve logo de início saber usá-la. E muito bem.

CHIAVENATO DIGITAL

Aumente seus conhecimentos sobre **Os sete hábitos das pessoas muito eficientes** na seção *Saiba mais* EMP 4.1

4.3 QUAL É O NEGÓCIO?

Todo negócio precisa ser muito bem definido para ter um foco preciso. O foco permite concentrar todas as forças sobre um único ponto focal. Trata-se de obter convergência. Sem foco, o negócio torna-se fluido e esparso, amorfo e indefinido, vago e inchado. Saber qual é o negócio é conhecer precisamente os aspectos listados a seguir.

- O que produzir?
- Como produzir?
- Onde produzir?
- Quais produtos/serviços?
- Para quem?
- Em que volume?
- Por qual preço?
- Com quais características únicas?
- Com quais vantagens competitivas?

Essas são as perguntas fundamentais que devem ser respondidas de maneira clara pelo empreendedor. Geralmente, o empreendedor escolhe o negócio que já conhece e no qual tem alguma experiência profissional ou técnica. Na verdade, o melhor negócio é aquele que consegue juntar a experiência e os conhecimentos do empreendedor com as necessidades do mercado. De nada adianta o empreendedor fazer algo que conhece profundamente, mas que apresenta saturação no mercado ou concorrentes que já o fazem melhor ou mais barato. Assim, além do conhecimento técnico a respeito do produto/serviço a ser produzido, o empreendedor deve também reunir o conhecimento sobre o mercado em que irá atuar e as expectativas dos clientes.

4.4 QUAL É O MERCADO?

Mercado é o local em que as pessoas vendem e compram bens ou serviços. Pode ser um local físico, como o mercado municipal ou uma região ou zona. Ou até o mercado global de amplitude mundial. A palavra *mercado* pode ainda ser utilizada para definir um tipo específico de consumidor ou de fornecedor, independentemente de local físico, como mercado de automóveis, mercado industrial, mercado de capitais, mercado imobiliário, mercado de trabalho etc.

Na verdade, o mercado representa um conjunto de transações em que há, de um lado, a oferta – pessoas ou empresas que desejam vender bens ou serviços – e, de outro, a procura – pessoas ou empresas que desejam comprar bens ou serviços. Nem sempre a oferta e a procura são equivalentes ou equilibradas. Uma delas pode ser maior que a outra. Assim, o mercado é de oferta quando os ofertantes dispõem de produtos/serviços em quantidade maior do que a sua procura pelos compradores ou consumidores. O mercado é de procura quando os consumidores ou compradores querem comprar mais do que existe em termos de oferta e disponibilidade.

Quadro 4.1 Situação de oferta e de procura do mercado

Situação de oferta	Situação de procura
■ A oferta é maior do que a procura. ■ Mais ofertantes do que compradores. ■ Produtos e serviços em disponibilidade. ■ Concorrência entre ofertantes. ■ Tendência à queda dos preços.	■ A procura é maior do que a oferta. ■ Mais compradores do que ofertantes. ■ Produtos e serviços em falta. ■ Concorrência entre compradores. ■ Tendência à elevação dos preços.

O mercado é a arena de operações da empresa. É nele onde se travam as batalhas não só para conquistar o cliente disputado entre vários concorrentes, mas também para descobrir as necessidades do cliente, a fim de projetar mercadorias e serviços adequados a essas necessidades, fazendo com que ele escolha seu produto/serviço, e não o dos concorrentes. Isso significa fazer a empresa estar voltada para o mercado e para o cliente, bem como para a competição.

Assim, existe mercado em toda situação em que haja compra e venda de alguma coisa, seja real ou potencial. Quando se dispõe a abrir um negócio, o empreendedor passa a atuar no mercado no lado da oferta de bens ou serviços. Nesse novo papel, o empreendedor precisa estar atento aos diversos componentes do mercado que serão críticos para o seu sucesso futuro.

É no mercado consumidor que estão os clientes para quem você produz e vende mercadorias ou presta serviços. Mercado consumidor é o conjunto de pessoas ou organizações que procuram bens ou serviços que uma empresa vende para satisfazer suas necessidades.

É no mercado concorrente que estão as demais empresas que produzem e vendem mercadorias ou prestam serviços idênticos ou similares aos que você pretende oferecer. O mercado concorrente é composto pelas pessoas ou organizações que oferecem mercadorias ou serviços similares ou equivalentes àqueles que você pretende colocar no mercado consumidor.

É no mercado fornecedor que estão as empresas que oferecem equipamentos, matérias-primas, materiais, embalagens, tecnologia, serviços etc. de que você necessita para produzir ou vender mercadorias ou ainda prestar os serviços pretendidos. Mercado fornecedor é o conjunto de pessoas ou organizações que suprem a sua empresa de insumos e serviços necessários ao seu funcionamento. Como o mercado é muito complexo, enorme e altamente diferenciado, você precisa estudá-lo ou pesquisá-lo para melhor trabalhar nele.

O estudo do mercado ou pesquisa de mercado é o levantamento e a investigação dos fenômenos que ocorrem no processo de trocas e de intercâmbios de mercadorias do produtor ao consumidor. Representa a coleta de informações úteis para que se possa conhecer o mercado, seja para comprar matérias-primas ou mercadorias, seja para vender produtos/serviços.

Para comprar insumos ou recursos, o empreendedor precisa fazer uma pesquisa de mercado de fornecedores a fim de conhecê-los melhor e escolher os fornecedores mais adequados em virtude do preço, qualidade e condições de pagamento. A pesquisa de mercado de fornecedores indica quais são os fornecedores atuais e potenciais da empresa, onde estão localizados, os produtos/serviços que oferecem, preços e condições de pagamento etc. Em outros termos, a pesquisa responde à seguinte pergunta: quem oferece e vende os materiais necessários ao funcionamento da sua empresa?

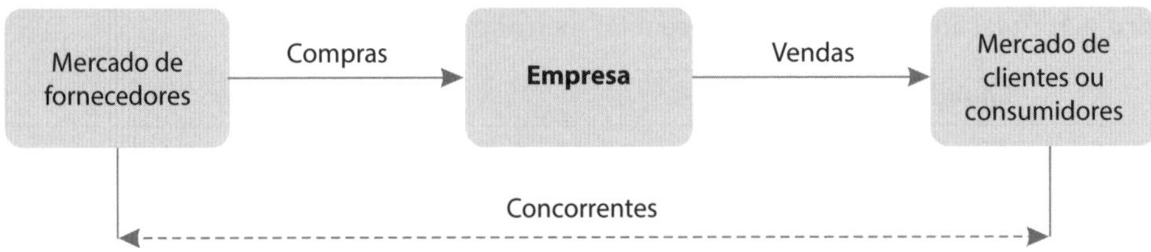

Figura 4.1 Mercado de fornecedores e mercado de consumidores.

Para vender, a empresa precisa fazer uma pesquisa de mercado de consumidores, a fim de saber onde estão localizados, onde e como fazem compras, suas referências quanto ao preço ou características do produto, e escolher os meios mais adequados para levar seus produtos/serviços até eles. A pesquisa de mercado de consumidores indica quais são os compradores atuais e potenciais dos produtos/serviços da empresa, onde compram, como compram e quando compram, bem como quais são as suas preferências e hábitos de consumo, para adequar suas operações e conquistar os clientes.

SAIBA MAIS

A pesquisa de mercado responde à seguinte pergunta: para quem você vai produzir ou vender mercadorias ou prestar serviços? A melhor pesquisa de mercado de consumidores é aquela feita face a face com cada cliente que é atendido pela empresa. Porém, não se deve esquecer de também pesquisar o cliente potencial – aquele que ainda não comprou nada da empresa – e saber por quais motivos não o fez ainda. Esses motivos precisam ser descobertos e transformados em atrativos de vendas, ainda que seja necessário modificar o produto, a venda ou o serviço para adequá-los às necessidades do cliente potencial e torná-lo um cliente real.

O futuro cliente – como todo cliente real – deve ser tratado como um rei a ser coroado e regiamente servido.

O estudo do mercado – seja dos fornecedores ou dos consumidores – é feito mediante levantamento de informações em todas as fontes possíveis. As fontes de informação sobre o mercado podem ser diretas ou indiretas. As fontes diretas de informação são os próprios fornecedores ou consumidores, que são consultados diretamente pela empresa por meio de contatos pessoais ou questionários, ou ainda relatórios preenchidos por seus próprios compradores ou vendedores. As fontes indiretas de informações são os anuários do IBGE (Instituto Brasileiro de Geografia e Estatística), revistas técnicas especializadas, empresas especializadas em pesquisa de mercado e de opinião, além de consultas a outras empresas que mantêm contato com os mesmos consumidores ou fornecedores que constituem o alvo da empresa. As fontes diretas são as mais adequadas por estarem mais próximas do cliente ou do fornecedor e por refletirem melhor suas necessidades e expectativas.

A pesquisa de mercado é importante para sinalizar a empresa e balizar o seu comportamento diante de seus fornecedores ou de seus clientes ou consumidores. Sem o estudo de mercado, a empresa se comportaria às cegas, sem saber exatamente as preferências e as tendências vigentes no mercado. Quanto maiores o estudo e a pesquisa de mercado, mais informação a empresa consegue a respeito de seu mercado, melhor é seu desempenho em relação aos concorrentes que disputam os mesmos fornecedores e os mesmos consumidores e menor é a incerteza da empresa com relação ao complexo mundo que a cerca.

4.5 QUAL É O PRODUTO/SERVIÇO?

O produto fabricado ou o serviço prestado constitui o resultado final de todas as operações do empreendimento. O empreendimento – como uma totalidade – trabalha para produzir determinado produto ou prestar determinado serviço. O produto/serviço representa aquilo que o empreendimento sabe fazer e produzir.

Cada produto/serviço apresenta determinados componentes que são os aspectos que determinam suas características físicas. Os principais componentes tangíveis são: marca, logotipo, embalagem, qualidade e preço.

Quadro 4.2 Como os preços são visualizados pelo cliente e pela empresa

Como o cliente avalia o preço	Como a empresa determina o preço
▪ Objetivos desejados pelo cliente. ▪ Grau de utilidade do produto ou serviço. ▪ Grau de qualidade percebida. ▪ Valor determinado pela empresa. ▪ Nível de serviço e de atendimento. ▪ Preço dos similares concorrentes.	▪ Objetivos almejados pela empresa. ▪ Custos de produção e de vendas. ▪ Margem de lucro pretendida. ▪ Valor que o cliente atribui. ▪ Restrições legais quanto ao preço. ▪ Preços fixados pela concorrência.

Todos esses componentes são importantes, sobretudo, quando visualizados ou percebidos pelo cliente. Em outras palavras, é aquilo que o cliente distingue e percebe à sua maneira que deve constituir os componentes do produto/serviço. O cliente é o rei do mercado e, para conquistá-lo, a empresa deve atendê-lo de forma a encantá-lo em todas as ocasiões.

CHIAVENATO DIGITAL

Acesse um Minicaso sobre **Analise o produto, melhore-o; reveja suas características, mude-o** na seção *Minicaso* EMP 4.2

4.6 QUAL É O MELHOR CAMINHO?

Para ajudar a definir qual será o ramo do seu negócio, sugerimos algumas considerações iniciais para que o futuro empreendedor possa esclarecer melhor o seu caminho futuro.

- O desejo de abrir um negócio e a escolha do tipo de atividade são apenas o começo de um longo processo que se inicia antes de se lançar ao mercado. É preciso saber com clareza e objetividade quais são as oportunidades e quais são os riscos que o empreendimento escolhido pode oferecer. Um estudo do mercado pode indicar quais as oportunidades e quais os riscos do negócio. Todos os empreendimentos envolvem incertezas, mas um estudo de viabilidade financeira e mercadológica é uma boa maneira de se assegurar para o futuro. A viabilidade financeira e mercadológica mostra quais serão os investimentos efetuados e quais são os retornos do negócio, valendo-se de uma previsão de vendas e de produção e, consequentemente, de despesas e de receitas ao longo dos primeiros meses de vida do negócio.

- A vontade de abrir um negócio geralmente surge a partir de uma das seguintes condições: recursos financeiros excedentes ou ganhos recentes que se pretende investir, perfil de empreendedor que gosta de assumir riscos e responsabilidades, experiência profissional em determinado negócio, conhecimentos de administração, gosto pela independência e autonomia e visualização de uma interessante necessidade ou oportunidade no mercado.
- Determine antecipadamente qual será o investimento que poderá fazer no curto e no médio prazo, isto é, o que poderá aplicar no negócio sem precisar viver dele nos primeiros tempos, até que prospere o suficiente para torná-lo independente. A previsão das possíveis receitas e despesas pode dar-lhe uma ideia de quando sobrará dinheiro em caixa.
- Procure um negócio que tenha relação com suas experiências pessoais e profissionais e com suas características individuais. Se o seu negócio nada tem que ver com o que até então você estudou ou realizou, os cuidados deverão ser redobrados e a consulta a empresários do ramo poderá resultar em dicas interessantes e práticas. De qualquer forma, pesquise intensamente o mercado, conheça os prováveis clientes e fornecedores e ouça o que eles têm a dizer.
- Faça uma análise preliminar do mercado antes de tomar qualquer medida prática. Você precisa ter um perfil do cliente e da concorrência para planejar a melhor forma de fazer ou de vender. Esteja sempre atento ao comportamento dos concorrentes para manter seu negócio atualizado com relação ao mercado e não deixe de observar o comportamento dos clientes para saber o que eles querem e precisam.
- Depois de iniciado o seu negócio, saiba administrar corretamente o fluxo de caixa e procure planejar com cuidado o crescimento do negócio. Dinheiro é uma mercadoria rara e cara, principalmente quando é de terceiros e quando se necessita dele. Procure tornar-se independente de investidores ou financiados sob o risco de trabalhar apenas para dar-lhes retornos financeiros.
- Sempre que possível, procure fazer economias – não apenas no início do empreendimento, mas sempre que for possível – para poder revertê-las em benefício do próprio negócio e do cliente. Dependendo do tipo, inicie o negócio em sua própria casa para economizar aluguel, telefone, energia elétrica etc. A profissionalização da empresa começa no momento em que ela passa a ter autonomia plena no seu destino e é transferida para uma sede independente. Até então pise firme no pedal do freio das despesas.
- Procure sempre medir cada real aplicado e quanto ele está produzindo retornos em cada atividade. Mais adiante vamos falar novamente neste aspecto: métricas e indicadores de desempenho e de resultados.

4.7 VIABILIDADE FINANCEIRA DO NEGÓCIO

O sucesso de qualquer negócio – seja uma empresa industrial, comercial ou de serviços – depende de várias decisões que o empreendedor deve tomar antes de iniciá-lo. Para fundamentar essas decisões, o empreendedor deve elaborar um pequeno projeto que lhe sirva de guia no futuro e oriente seu processo decisório para:

- Identificar e tentar potencializar as oportunidades do mercado e todos os aspectos que poderão aumentar as chances de dar certo.
- Reconhecer e procurar neutralizar as ameaças do mercado e todos os aspectos que poderão reduzir as chances de dar certo.
- Descobrir como criar valor para o cliente e como gerar riqueza para a empresa.

Novamente batemos na tecla mais importante: as perguntas fundamentais que precisam ser previamente respondidas, tais como:[3]

- **O que produzir?** Qual é o produto/serviço que a empresa deverá servir ou prestar? Quais são os atrativos que poderão diferenciar o produto/serviço diante da concorrência? Como diferenciar as atividades da empresa em relação à concorrência?
- **Para quem?** Quem será o cliente? Qual é o perfil do cliente a ser abordado? Qual é sua faixa etária, sexo, renda, profissão, estilo de vida, classe social etc.? O que tem valor para o cliente, isto é, como criar valor para o cliente e superar suas expectativas? Como chegar ao cliente?
- **Por quê?** Qual é o motivo do investimento em tal negócio? O negócio é novo? Supre alguma carência de mercado ou deficiência dos concorrentes? Traz alguma inovação tecnológica? Aproveita alguma brecha de mercado ou responde apenas a uma necessidade de independência financeira do empreendedor?
- **Com quem?** Quem serão os sócios? Eles serão escolhidos quanto à disponibilidade de capital ou quanto à contribuição com novas ideias ou técnicas? Será ainda por afinidade pessoal ou familiar?
- **Por quem?** Qual será a equipe necessária para tocar o negócio? Essa equipe será formada por familiares, parentes ou talentos buscados no mercado? Deverão ser treinados? Deverão ser profissionais qualificados? Como essa equipe deverá ser avaliada e assalariada?
- **Como?** Qual será a forma de produzir ou vender? Será produção própria ou por intermédio de terceiros? A empresa fará vendas diretas ou por meio de representação? Qual será a tecnologia aplicada na produção e na venda?
- **Onde?** Qual será a localização do negócio? Qual será o espaço necessário? Há facilidade de acesso? Espaço próprio ou alugado? Qual é a relação de custos/benefícios envolvida? Proximidade de transporte ou tráfego de veículos (metrô, ônibus, estacionamento)? Será físico ou virtual?
- **Quando?** Quando será o início da operação? Próximo a algum evento importante? Há regularidade ou sazonalidade no comportamento do mercado?
- **Quanto?** Qual é a quantidade a ser produzida e/ou vendida? Qual é a capacidade de produção definida por maquinário e mão de obra? Qual é o volume de vendas necessário ou possível?
- **Por quanto**? Qual será o preço do produto/serviço cobrado? Qual é o preço que o mercado pode suportar? Qual é o preço da concorrência? Qual é a valorização por parte do cliente? Qual é o preço promocional para conquistar clientes inicialmente?

Em outras palavras, torna-se necessário um projeto de viabilidade financeira do negócio para saber a partir de que volume de atividade econômica a empresa se torna viável e lucrativa. A primeira coisa é descobrir qual é esse volume. Definir o volume de atividade econômica depende das respostas das perguntas a seguir.

- Qual é o volume de vendas? Quanto se pode vender?
- Qual é o volume de compras? Quanto se pode comprar?
- Qual é o capital inicial que deverá ser investido no negócio?
- Quais e quantas máquinas e equipamentos serão necessários?
- Quantas pessoas serão necessárias para tocar o negócio?
- Qual é o espaço físico necessário?

A primeira etapa do estudo de viabilidade econômica é a definição dos custos da empresa. Existem dois tipos de custos que você vai enfrentar: custos fixos e custos variáveis.

- **Custos fixos** são aqueles que independem do volume de produção ou do nível de atividade da empresa, por isso são planos e constantes. Qualquer que seja a quantidade de produtos produzidos ou vendidos, os custos fixos permanecem inalterados. Mesmo que a empresa nada produza ou nada venda, eles se mantêm constantes. Quanto maior o volume produzido, menos o seu valor agregado. Envolvem aluguéis, seguros, manutenção, depreciação, salários dos chefes, do pessoal de escritório etc.
- **Custos variáveis** são os que estão diretamente relacionados com o volume de produção ou com o nível de atividade da empresa. Variam proporcionalmente com a produção. Constituem uma variável dependente da produção realizada e englobam custos de materiais diretos (materiais ou matérias-primas que são transformados diretamente em produto ou que participam diretamente na elaboração do produto) e custos de mão de obra direta (salários e encargos sociais do pessoal que realiza as tarefas de produção).

Quadro 4.3 Despesas mensais – custos fixos e variáveis da empresa

Discriminação	**Valor em R$**	**Valor em R$**
Custos fixos		
Mão de obra indireta		
Salário do pessoal administrativo		
Encargos sociais		
Subtotal 1		
Outras despesas		
Retirada do pró-labore e dos encargos sociais		
Aluguel e condomínio		
Imposto predial e territorial		
Telefone, água, luz e gás		
Seguros e depreciação		
Honorários do contador		
Serviços de consultoria e treinamento		
Material de escritório e de limpeza		
Subtotal 2		
Total dos custos fixos (subtotal 1 + 2)		

(continua)

(continuação)

Custos variáveis Mão de obra direta Salário do pessoal ligado à produção e encargos sociais Custos de mão de obra de terceiros Comissões sobre vendas		
Subtotal 3		
Custos de materiais diretos Reposição de estoque		
Subtotal 4		
Total dos custos variáveis (subtotal 3 + 4)		

Voltaremos ao assunto de custos fixos e variáveis com mais detalhes no Capítulo 11 – Gestão das finanças. Por enquanto, esses custos nos interessam para podermos calcular o ponto de equilíbrio do negócio, ou seja, avaliar quando o negócio deixa de estar no vermelho para começar a produzir lucro.

4.8 PONTO DE EQUILÍBRIO

A partir dos custos fixos e variáveis, pode-se calcular o chamado ponto de equilíbrio (*break-even point*) ou ponto de paridade. O ponto de equilíbrio pode ser definido como o valor e/ou a quantidade vendida que não apresenta nem lucro nem prejuízo para a empresa. É o patamar de operação da empresa em que as receitas se igualam com as despesas, proporcionando um ponto de equilíbrio entre elas. Trata-se, pois, de um ponto neutro em que não existe lucro ou prejuízo. Assim, o volume de operação da empresa deve referir-se a uma quantidade de unidades a serem vendidas para ultrapassar o ponto de equilíbrio e fazer com que as receitas ultrapassem as despesas, produzindo um excedente lucro.

O gráfico de ponto de equilíbrio (Figura 4.2) permite mostrar a relação entre a receita (renda total das vendas) e os custos totais da empresa (custos fixos mais custos variáveis). A linha de receita indica a renda total esperada em diferentes níveis de produção, enquanto a linha de custos totais indica as despesas globais para os mesmos níveis. O ponto de intersecção das duas linhas é o chamado ponto de equilíbrio, isto é, o ponto em que não existe prejuízo nem lucro, ou, ainda, o ponto em que o lucro é zero (e o prejuízo também).

Alcançado o ponto de equilíbrio, o negócio se torna gradativamente lucrativo, pois a receita se torna maior do que os custos totais. A partir do ponto de equilíbrio, pode-se definir qual é o volume de receita mínimo que a empresa deve produzir para ultrapassar os seus custos fixos e variáveis. Até o ponto de equilíbrio, as operações da empresa serão deficitárias (despesas maiores que receitas), mas depois do ponto de equilíbrio as operações serão gradativamente superavitárias (receitas maiores que despesas). Normalmente, em seu início, o empreendimento é deficitário, porque os clientes ainda não foram conquistados e as receitas crescem paulatinamente com a intensificação das vendas. Não confunda ponto de equilíbrio com taxa de retorno do investimento. O ponto de equilíbrio pode fornecer alguns parâmetros para o cálculo do retorno do investimento, mas é importante que as receitas sejam superiores às despesas para proporcionar um excedente que remunere o investimento efetuado. O cálculo do ponto de equilíbrio é indispensável para se saber até quanto produzir para pagar os custos fixos + variáveis e a partir do qual se obtém algum lucro no negócio. Se o ponto de equilíbrio definir um volume de produção que não se poderá colocar no mercado, então não vale a pena iniciar o negócio, pois somente trará perdas.

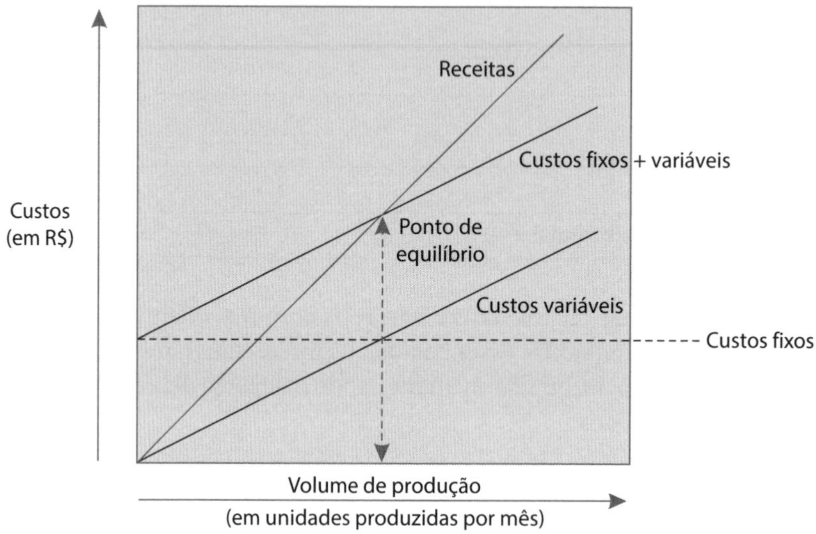

Figura 4.2 Gráfico do ponto de equilíbrio.

4.9 COMO DEFINIR O INVESTIMENTO INICIAL

Um dos aspectos mais importantes na constituição de uma empresa é a fixação do capital mínimo e indispensável para iniciá-la e a obtenção desse capital. É com o capital inicial que a empresa tem condições de reunir os recursos empresariais necessários ao seu funcionamento, sejam eles recursos humanos, materiais ou financeiros. Assim, a fixação do capital é o que determina o volume de recursos empresariais com o qual a empresa pode contar.

Quadro 4.4 Capital para iniciar o negócio

Seu ativo (R$)	Seu passivo (R$)
▪ Dinheiro e bancos. ▪ Aplicações financeiras. (poupança, fundos etc.). ▪ Ações e participações em negócios. ▪ Seguros. ▪ Veículos e bens móveis. ▪ Crédito contra terceiros. TOTAL DO ATIVO	▪ Financiamento de veículos. ▪ Outros financiamentos. ▪ Dívidas de cartões de crédito. ▪ Financiamento de veículos. ▪ Dívidas pessoais. ▪ Impostos de taxas. TOTAL DO PASSIVO
Patrimônio líquido (total do ativo – total do passivo) = R$	

Obviamente, quanto maior o volume de recursos empresariais, mais fácil será o funcionamento da empresa. Quando se têm todos os recursos à disposição, a administração do negócio fica mais fácil. Trabalhar com recursos abundantes é sopa, como se diz popularmente. Todavia, há sempre um volume adequado de capital, além do qual todo o excedente passa a ter uma aplicação pouco eficiente e pouco rentável. Além disso, é preciso saber antecipadamente de quanto você dispõe de dinheiro para iniciar o negócio.

A fixação do capital depende do ramo de negócio em que a empresa vai se engajar, isto é, do produto que vai produzir ou do serviço que vai prestar e do mercado que vai atender. Há produtos/serviços que exigem elevado capital, enquanto outros podem ser desenvolvidos com uma pequena disponibilidade de capital. Automóveis, locomotivas e navios, por exemplo, são produtos que demandam enorme capital, maciços investimentos em fábricas, máquinas e equipamentos. Bancos, financeiras, telecomunicações, por exemplo, são serviços que exigem uma enorme infraestrutura e elevado capital. Há também produtos/serviços que proporcionam um retorno muito lento e no longo prazo (como hidrelétricas e siderúrgicas), enquanto outros proporcionam uma lucratividade muito rápida (como produtos alimentícios).

Quadro 4.5 Estimativa de projeção do capital inicial para abrir uma loja

1. Instalação da loja	R$
2. Móveis e utensílios	R$
3. Estoque inicial de mercadorias	R$
4. Despesas gerais	R$
5. Despesas com propaganda	R$
6. Salários e encargos sociais	R$
7. Despesas eventuais	R$
Total do capital inicial	R$

O capital representa o maior risco ao empreendedor que assume incertezas do negócio. Os riscos do negócio podem ser: obsolescência do produto ou do equipamento, forças supervenientes (como incêndios, inundações etc.), incapacidade de competir com os concorrentes, conflitos trabalhistas e, sobretudo, má administração. O capital constitui o recurso financeiro básico da empresa: o investimento efetuado pelos proprietários ou acionistas para a criação e a operação da empresa. Contudo, não é somente o capital investido pelos acionistas que dinamiza a empresa. Ela pode utilizar capital de terceiros na operação de seus negócios. Assim, quanto à sua propriedade, existem dois tipos de capital:

- **Capital próprio:** composto pelos itens do não exigível, ou seja, é o capital pertencente aos proprietários ou acionistas da empresa.
- **Capital de terceiros:** corresponde ao capital obtido de terceiros para iniciar o negócio e provoca exigibilidades da empresa, como os empréstimos, debêntures e ações preferenciais (de participação limitada nos lucros da empresa).

Assim, de um lado, os acionistas ou investidores que entram com algum capital esperam determinado retorno e estão dispostos a correr algum determinado risco, desde que seja razoável. De outro, os terceiros (como fornecedores, bancos e financeiras) também podem fornecer capital para o negócio na forma de prazos de pagamento ou de empréstimos, e por isso também esperam retorno e assumem algum risco. O retorno significa um rendimento razoável pelo investimento de risco. O segredo é buscar meios que evitem que o empreendedor trabalhe apenas para pagar juros de empréstimos ou assegurar lucros para os investidores de capital. Trabalhar apenas para terceiros não vale a pena.

4.9.1 Essência de um negócio

Todo negócio funciona como um sistema aberto que requer necessariamente os seguintes componentes em um ecossistema integrado:

- **Capital de risco:** é o volume de dinheiro necessário às operações e adequado à dimensão e ao ciclo do negócio, que é o tempo que vai desde a entrada do dinheiro até o momento em que se recebe o dinheiro da venda.
- **Entradas de recursos e insumos:** todo negócio precisa de um fluxo de entrada de recursos e insumos para suas operações. Isso requer canais de suprimentos de materiais, matérias-primas, componentes, serviços, energia, dados e informações por meio de uma rede de fornecedores capaz de alimentar todas as operações do sistema.
- **Processos:** para processar os recursos e insumos e com eles produzir produtos ou serviços. Todo negócio tem processos de marketing (análise do mercado e da concorrência, propaganda, promoções, *pricing*, vendas, assistência técnica etc.), processos de produção (programação da produção, compras, estoques, almoxarifado, fabricação, embalagem, manutenção etc.), processos financeiros (faturamento, cobrança, tesouraria, orçamento, análises financeiras etc.). Todos esses processos devem ser bem equacionados e implementados para terem condições de eficiência e de eficácia, além de agilidade e velocidade.
- **Saídas:** em direção aos clientes, consumidores ou usuários que se interessem em comprar os produtos ou serviços. Ou mediante intermediários, como atacadistas e varejistas que interagem direta ou indiretamente com os clientes, consumidores ou usuários.
- **Produtos ou serviços:** que os clientes ou consumidores estejam dispostos a comprar pelo preço ofertado. Para tanto, torna-se necessário oferecer uma proposta de valor aos clientes e consumidores e, sempre que possível, oferecer serviços anexados aos produtos para facilitar o seu uso.
- **Pagar e receber ou receber e pagar:** esse é o ciclo financeiro do negócio, ou seja, a distância temporal entre comprar matéria-prima ou serviços e receber o que foi faturado na venda do produto acabado ou do serviço prestado. Isso pode durar dias ou meses. Quando maior for o ciclo financeiro tanto mais extenso deverá ser o capital de giro do negócio para suportar o tempo entre o pagamento e o recebimento.

E como todo sistema aberto, o negócio funciona como um ciclo recorrente de episódios (processos financeiros, mercadológicos, produtivos) que se repetem ao longo do tempo, como na Figura 4.3. O segredo é saber como aprender a melhorá-los constantemente, seja por meio de automação, novas tecnologias ou novos processos de trabalho.

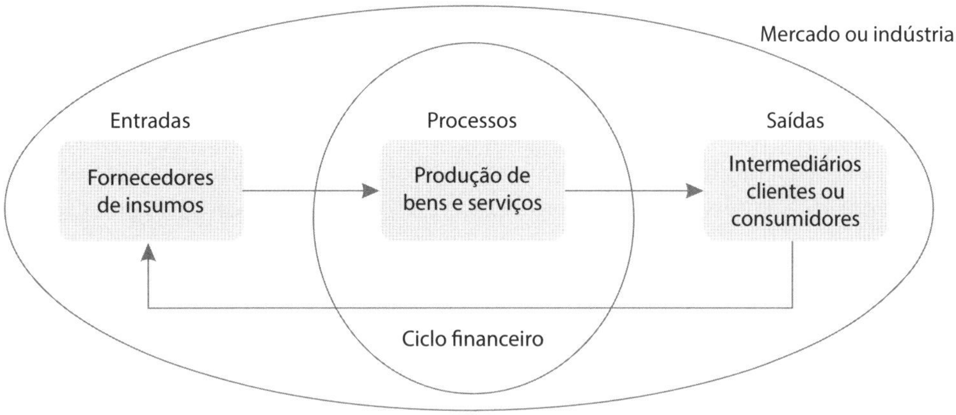

Figura 4.3 O negócio como um sistema aberto.

Assim, é preciso sempre estar atento a seis aspectos básicos de um negócio: objetivo, qualidade, tempo, custo, risco e retorno, mas sem esquecer a reputação e a imagem que provém dessas seis variáveis. O segredo está em saber equilibrar carinhosamente todos esses aspectos.

Quadro 4.6 Os seis aspectos básicos de um negócio

1. Objetivo	Criar e desenvolver um excelente negócio. Envolver novos clientes e oferecer soluções. Reter clientes atuais satisfeitos e engajados.
2. Qualidade	Oferecer produtos e serviços excelentes e inovadores. Criar uma jornada de experiencia agradável ao cliente. Entregar de maneira rápida e eficiente.
3. Tempo	Adotar uma cadeia de valor enxuta, ágil e eficaz. Desenvolver processos de trabalho ágeis. Encurtar tempos de produção, estocagem e entrega.
4. Custo	Buscar as melhores práticas de negócio. Reduzir custos sem prejudicar a qualidade. Manter estruturas, processo e práticas enxutas.
5. Risco	Imaginar, criar e inovar sempre para não ficar ultrapassado. Manter o apetite para riscos devidamente. Evitar e prevenir ocorrências imprevistas.
6. Retorno	Tomar decisões eficazes para garantir consequências favoráveis. Buscar retornos financeiros, sociais e ambientais. Sucesso no negócio e orgulho pelo seu trabalho.

4.10 QUAIS AS POTENCIALIDADES E OS RISCOS DO NEGÓCIO

As decisões em geral podem ser tomadas dentro de três condições ou situações:

- **Incerteza:** nas situações de incerteza, o tomador de decisão tem pouco ou nenhum conhecimento ou informação em que possa basear-se para atribuir probabilidade a cada estado da natureza ou a cada evento futuro. Nem sempre é possível estimar o grau de probabilidade de que o evento venha a ocorrer.
- **Risco:** nas situações de risco, o tomador de decisão tem informação suficiente para predizer os diferentes estados da natureza. Mas a qualidade dessa informação e a sua interpretação pelas diversas pessoas podem variar amplamente, e cada uma delas pode atribuir diferentes probabilidades, conforme sua crença ou intuição, experiência anterior, opinião etc.
- **Certeza:** nas situações de certeza, o tomador de decisões tem completo conhecimento das consequências ou dos resultados das várias alternativas de cursos de ação para resolver o problema. É a decisão mais fácil de tomar, pois cada alternativa pode ser associada com os resultados que produzir. Todavia, essa é uma situação excepcional, que foge à regra.

O risco do negócio é sempre uma possibilidade de perda. Existem dois tipos de risco:

- **Risco econômico:** inerente ao negócio da empresa. É a incerteza ou a variabilidade relativa dos resultados da empresa que depende do ramo de atividade, do tipo de operação, do tipo de serviço ou produto (seja ele um bem de consumo ou de produção, durável ou perecível) e das características da demanda do mercado (venda sazonal, cíclica ou variável). Como esses fatores são determinados pelo ramo de atividade escolhido, na realidade, o risco econômico é consequência da estrutura dos ativos da empresa e das atividades por ela desenvolvidas.
- **Risco financeiro:** é aquele que ocorre quando não se obtém a remuneração do investimento. Está relacionado com a remuneração do capital de terceiros e corresponde à variabilidade dos retornos para o acionista ordinário. Na verdade, o risco financeiro é consequência da estrutura das fontes de recursos da empresa (dos passivos, exigíveis ou não), principalmente em termos de endividamento relativo. O risco financeiro está ligado à proporção de emprego de recursos que exigem remuneração fixa e prioritária à remuneração dos proprietários ou acionistas.

Quando o risco econômico é elevado, deve-se procurar reduzir o risco financeiro, evitando alto endividamento e baixando a proporção de capital de terceiros. A Figura 4.4 mostra duas empresas – a empresa A e a empresa B –, ambas do mesmo ramo de atividade (e, portanto, correndo o mesmo risco econômico), mas com riscos financeiros diferentes (diferentes remunerações do capital de terceiros).

A empresa A corre maior risco financeiro do que a empresa B, porque B tem menores encargos de remuneração do capital de terceiros, que sempre estão cobertos pelos resultados das atividades da empresa. Nota-se que a empresa A tem duas ocasiões em que precisa obter recursos externos para remunerar o capital de terceiros, porque os resultados de suas atividades não são suficientes para cobrir os encargos naquelas ocasiões.

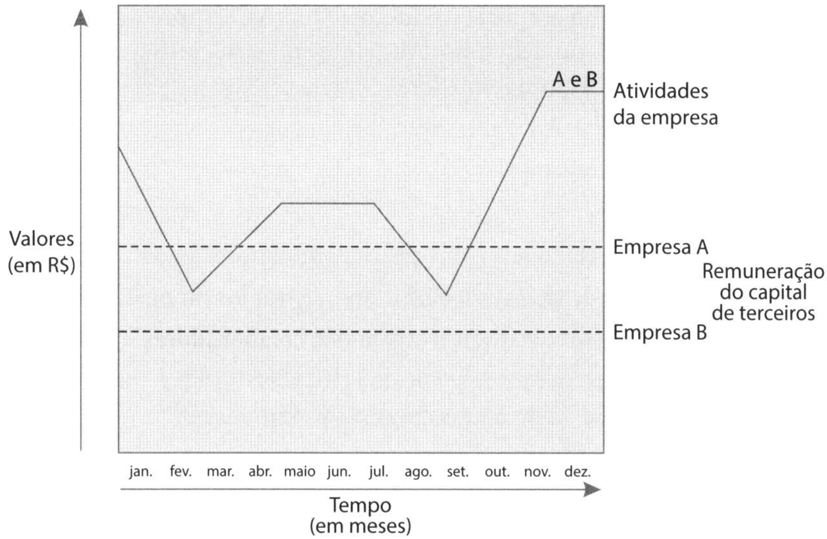

Figura 4.4 Duas empresas com igual risco econômico e diferentes riscos financeiros.

Já na Figura 4.5, comparamos duas empresas – a empresa A e a B – de diferentes ramos de atividade (e, portanto, com diferentes riscos econômicos), mas com igual remuneração do capital de terceiros (ou seja, com igual risco financeiro).

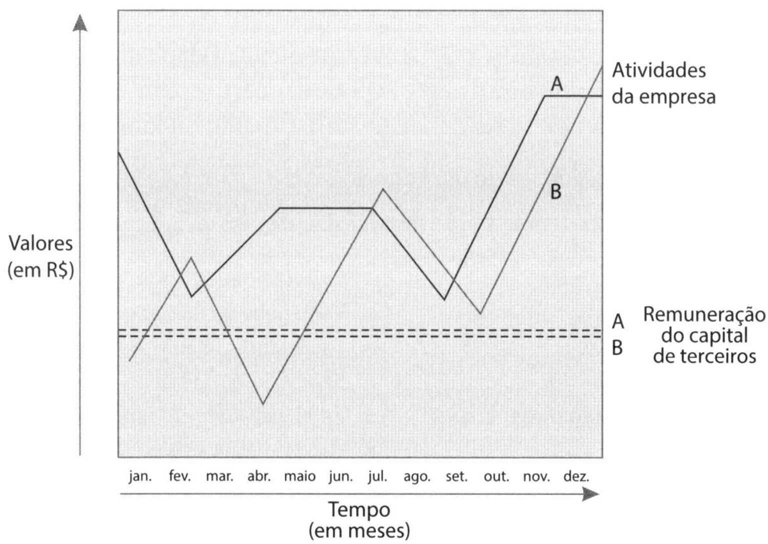

Figura 4.5 Duas empresas com igual risco financeiro e diferentes riscos econômicos.

Embora com risco financeiro do mesmo nível, a empresa A corre menor risco econômico, pois os resultados de sua atividade estão abaixo dos encargos de remuneração do capital de terceiros.

O desafio é buscar uma conciliação entre o risco e o retorno financeiro de uma empresa. O retorno (ou rentabilidade) é medido pelas receitas menos os custos incorridos. O risco é medido pela probabilidade de a empresa tornar-se insolvente, isto é, tornar-se incapaz de pagar suas contas e dívidas nos vencimentos. O risco é sempre uma possibilidade de perda.

O retorno financeiro de uma empresa é o lucro. O lucro é sempre uma possibilidade de retorno do investimento feito ou de ganho. Aumentar o lucro e diminuir os custos são as duas grandes preocupações do empreendedor.

O lucro pode ser aumentado de várias maneiras:

- Aumentando o volume de receitas.
- Reduzindo custos.
- Investindo em ativos mais rentáveis e que produzam maiores receitas.
- Reestruturando processos de trabalho, eliminando gargalos ou obstáculos internos.
- Treinamento, desenvolvimento e aprendizagem dos colaboradores.
- Buscando tecnologias mais avançadas: automação, robotização, inteligência artificial, internet das coisas, engenharia de dados, análises preditivas etc.

Os custos podem ser reduzidos de várias maneiras:

- Pagando menos pelos itens ou serviços utilizados.
- Administrando os recursos com maior eficiência.
- Reduzindo ciclos e eliminando espaços e tempos.
- Treinamento, desenvolvimento e aprendizagem dos colaboradores.
- Buscando tecnologias mais avançadas: automação, robotização, inteligência artificial, internet das coisas, engenharia de dados, análises preditivas etc.

Ao lado dos riscos, devemos também ponderar as potencialidades do negócio. O potencial do negócio representa o grau em que o negócio pode dar certo e, consequentemente, crescer, prosperar e expandir-se, tornar-se realidade no curto, médio ou longo prazo.

Quadro 4.7 Riscos e potencialidades de um negócio

Riscos	Potencialidades
■ Ameaças vindas da concorrência.	■ Oportunidades do mercado.
■ Desvantagens quanto aos concorrentes.	■ Vantagens quanto aos concorrentes.
■ Dificuldades de abastecimento.	■ Facilidades de abastecimento.
■ Retração do mercado consumidor.	■ Expansão do mercado consumidor.
■ Perfil inadequado do produto ou serviço.	■ Perfil excelente do produto ou serviço.
■ Falta de capital inicial.	■ Capital inicial adequado.
■ Desconhecimento do perfil da clientela.	■ Conhecimento do perfil da clientela.
■ Gestão da produção inadequada.	■ Boa gestão da produção ou operações.
■ Gestão de marketing inadequada.	■ Boa gestão de marketing.
■ Gestão financeira inadequada.	■ Boa gestão financeira.
■ Atendimento precário da clientela.	■ Excelente atendimento da clientela.

Levando todos esses fatores em consideração, deve-se avaliar se o negócio almejado tem condições de seguir adiante. Então, vá em frente. E boa sorte.

CHIAVENATO DIGITAL

Aumente seus conhecimentos sobre **Analise cuidadosamente o seu produto** na seção *Saiba mais* EMP 4.2

Em resumo, o que fazer e por onde começar constitui uma reflexão antecipatória a respeito do negócio a ser construído. Vale a pena refletir antes de iniciar um novo negócio ou partir para a revitalização de um negócio já existente. Todo minuto aplicado nesse mister valerá anos de sucesso pela frente. Principalmente quando se tem o pensamento positivo e acreditar que se pode realizar e com certeza se irá realizar. E que não se trata apenas de tentar. Trata-se de realizar.

O que se pretende fazer:
1. Identificar oportunidades e nichos de mercado.
2. Ter um objetivo em mente.
3. Escolher um negócio.
4. Analisar a viabilidade financeira.

→

Seis fatores vitais:
1. Convergência
2. Complementariedade
3. Companheirismo
4. Confiança
5. Compreensão
6. Circunstância

→

As indagações iniciais:
Quais são as oportunidades?
Quais são os produtos/serviços concorrentes?
Quais são os seus pontos fortes e fracos?
Quais serão os meus produtos/serviços?
Quais serão os clientes? Como são eles?
O que é de valor para eles?
Como criar valor para o cliente?
Quais serão as vantagens competitivas?
Quem são os meus fornecedores potenciais?
Quem são os meus concorrentes potenciais?
Quais são os riscos do negócio?
Qual é o potencial do negócio?

→

Qual é o mercado?
Clientes reais
Clientes potenciais
Fornecedores
Concorrentes

Qual é o produto?
Marca
Logotipo
Embalagem
Qualidade
Preço

Essência do negócio:
Capital de risco
Recursos e insumos
Processos
Saídas
Produtos/serviços
Pagar e receber ou
Receber e pagar

Viabilidade do negócio:
O que produzir
Para quem
Por que
Com quem
Como
Onde
Quando
Quanto
Por quanto

Potencialidades e riscos:
Incerteza
Risco econômico
Risco financeiro
Certeza

Definindo volumes:
Volume de vendas
Volume de compras
Capital inicial
Máquinas e equipamentos
Colaboradores
Espaço físico

Investimento inicial:
Capital próprio
Capital de terceiros
Custos fixos
Custos variáveis
Ponto de equilíbrio

Como aumentar o lucro:
Aumentando o volume de receitas
Reduzindo custos
Investindo em ativos mais rentáveis e que produzem maiores receitas
Reestruturando processos de trabalho, eliminando gargalos ou obstáculos internos
Treinando e desenvolvendo colaboradores
Usando tecnologias mais avançadas, como automação, robótica etc.

Como reduzir custos:
Pagando menos pelos itens ou serviços utilizados
Gerindo recursos com eficiência
Reduzindo ciclos de produção
Eliminando espaços e tempos
Treinando e desenvolvendo colaboradores
Usando tecnologias mais avançadas, como automação, robótica etc.

Figura 4.6 Mapa mental do Capítulo 4 – O que fazer? Por onde começar?

REFERÊNCIAS

1. COVEY, Stephen. *Os sete hábitos das pessoas eficientes*. São Paulo: Record, 1995.
2. CHER, Rogério. *O meu próprio negócio*. São Paulo: Negócio Editora, 2002.
3. GUIA do empreendedor, O Estado de S. Paulo/SENAC-SP, Marca registrada em nome da Editora Globo S.A. p. 8-9.

5 QUEM SERÃO OS MEUS ALIADOS?

O QUE VEREMOS ADIANTE

- Pessoa física ou pessoa jurídica?
- A constituição jurídica da empresa.
- Quais as espécies de sociedades empresariais?
- Outros tipos de associações.

Se a decisão tomada for abrir um negócio ou ampliar seu negócio atual, saiba inicialmente com quem poderá contar e enfrentar os futuros desafios pela frente. O empreendedor pode empreender sozinho o seu negócio, como também pode contar com aliados: os sócios de um empreendimento. Existem várias alternativas jurídicas para abrir uma sociedade. Sugerimos enfaticamente consultar um especialista – advogado ou contador – para ajudá-lo a definir a forma jurídica mais adequada para o seu empreendimento. Contudo, alguma orientação prévia é fundamental para fazer as suas escolhas e tomar as decisões adequadas. Afinal, trata-se de um passo importante demais e que precisa ser muito bem planejado. O importante é criar um empreendimento inovador, ágil e capaz de implementar todos os recursos necessários e entregar um valor espetacular ao cliente e ao mercado. E que parta com todas as vantagens competitivas para valer.

5.1 PESSOA FÍSICA OU PESSOA JURÍDICA?

Para desenvolver suas atividades e operações, o empreendimento precisa ser legalmente estabelecido e constituído. A legislação distingue as pessoas físicas das pessoas jurídicas. A pessoa física é o indivíduo ou pessoa individual com seus direitos e obrigações perante o Estado. A pessoa jurídica é a associação de duas ou mais pessoas em uma entidade, com direitos e obrigações próprios e, portanto, distintos dos daqueles indivíduos que a compõem. Toda empresa – qualquer que seja sua constituição jurídica – funciona como uma pessoa jurídica, isto é, com uma personalidade distinta das pessoas individuais que a compõem e dirigem.

Nosso interesse está na figura da pessoa jurídica, isto é, na empresa, qualquer que seja sua constituição ou forma.

CHIAVENATO DIGITAL

Aumente seus conhecimentos sobre **Quem é quem** na seção *Saiba mais* EMP 5.1

5.2 CONSTITUIÇÃO JURÍDICA DO EMPREENDIMENTO

Os empreendimentos podem assumir diferentes formas e tamanhos. Do ponto de vista jurídico, as sociedades empresariais podem ser classificadas em duas formas jurídicas básicas: o empresário e a sociedade empresária. Vejamos cada uma dessas espécies de constituição de empresas.

5.2.1 Empresário

O empreendimento é representado por um único proprietário. É a firma individual. O empresário exerce profissionalmente uma atividade econômica organizada para a produção ou circulação de bens ou serviços. Esse conceito de empreendimento considerado pessoa jurídica para efeitos ou fins tributários é representado por um único empresário ou proprietário, que responde totalmente pelos seus negócios. O conceito de empresário reúne dois elementos em conjunto: atividade econômica em um estabelecimento.

Um único empresário ou proprietário responde pelos seus negócios. O empreendimento cujo proprietário é a pessoa que opera em seu próprio benefício. Trata-se geralmente de uma pequena empresa (como uma oficina mecânica de automóveis, uma sapataria, uma mercearia etc.), na qual o proprietário toma todas as decisões e opera sozinho a propriedade ou com alguns poucos colaboradores. O capital da firma individual advém de recursos próprios ou de empréstimos de curto prazo. É impressionante a quantidade de firmas individuais que existem no mercado, porém, a sua participação é relativamente pequena no volume de faturamento de todas as empresas do país.

O conceito de empresário apresenta as seguintes vantagens:[1]

- O proprietário é o seu próprio patrão; ele toma sozinho todas as decisões relacionadas com o negócio.
- O proprietário assume todo o lucro e todo o risco do negócio.
- Os custos operacionais são baixos, pois não existem gerentes, chefes ou supervisores; a empresa individual é enxuta e sem excessos.
- Proporciona economias fiscais, principalmente com o imposto de renda.

O conceito de empresário, contudo, apresenta algumas desvantagens:

- Responsabilidade ilimitada em relação aos credores; a riqueza total do proprietário – e não apenas o capital investido – responde pelas dívidas do negócio.
- Limitação de capital, ou seja, a capacidade financeira do proprietário é limitada e pode restringir as operações maiores e o próprio crescimento da firma.
- O proprietário deve atuar em todas as posições do negócio, isto é, deve conhecer e dominar todos os aspectos técnicos, comerciais e financeiros da sua empresa; ele é o "faz-tudo" dentro da firma.

5.2.1.1 Traços característicos do empresário

Empresário é o nome dado à empresa individual, e suas características são.

- **Exercício de atividade econômica:** destinada à criação de riqueza pela produção ou circulação de bens ou serviços.
- **Atividade organizada:** coordenação dos fatores da produção – trabalho, natureza e capital – em medida e proporções variáveis conforme a natureza e objeto da empresa.
- **Profissionalismo:** exercício praticado de modo habitual e sistemático em nome próprio e com ânimo de lucro.

5.2.2 Sociedade simples e sociedade empresarial

A sociedade empresária ocorre quando duas ou mais pessoas se associam e constituem uma entidade com personalidade jurídica distinta daquela dos indivíduos que a compõem. As firmas de sociedade também são denominadas *sociedades comerciais* ou *sociedades de pessoas*. São empresas constituídas de dois ou mais proprietários que se associam no mesmo negócio, com o objetivo de obter lucro. Existem duas espécies de sociedades: a sociedade simples e a sociedade empresária.

5.2.3 Sociedade simples

É a sociedade constituída por pessoas que reciprocamente se obrigam a contribuir com bens ou serviços para o exercício de atividade econômica e a partilha entre si dos resultados, não tendo por objeto o exercício de atividade própria de empresário. Em geral, é uma sociedade formada por pessoas que exercem profissão intelectual – gênero, características comuns – de natureza científica, literária ou artística – espécie, condição – mesmo se contar com auxiliares ou colaboradores, salvo se o exercício da profissão constituir elemento de empresa. A sociedade simples é considerada pessoa jurídica, como no caso de dois médicos que constituem um consultório médico ou dois dentistas e um consultório odontológico. Embora maior do que o conceito de empresário, a sociedade simples não consegue assumir grandes proporções, como corretoras de seguros, imobiliárias, ou empresas de prestação de serviços. O representante legal da empresa passa a ser o gestor, que substitui a figura do sócio-gerente. O gestor ocupa uma posição hierárquica inferior a de um administrador, que pode ser destinada a uma pessoa de confiança.

A sociedade simples apresenta as seguintes características:

- **Integralização:** os sócios podem integralizar o capital social em dinheiro ou em contribuição de serviços.
- **Capital social:** é expresso em moeda corrente ou outra espécie de bens suscetíveis à avaliação pecuniária.
- **Registro da empresa:** deve ser realizado no cartório de pessoas jurídicas em até 30 dias após a constituição.
- **Exclusão de sócio:** impossibilidade de excluir sócio na participação dos lucros ou perdas.
- **Retirada de sócio:** com aviso-prévio de 60 dias, em caso de contrato por prazo indeterminado; ou judicialmente, se o contrato for por prazo determinado.

- **Regras próprias:** a sociedade simples poderá, se quiser, adotar as regras que lhes são próprias, ou, ainda, um dos seguintes tipos societários: sociedade em nome coletivo, sociedade em comandita simples ou sociedade limitada.

A sociedade simples apresenta várias vantagens, a saber:

- **Proporciona economias fiscais**, pois permite redução de custos organizacionais e em relação a alguns tributos.
- **Permite maior capital**, pois os recursos financeiros provêm de mais de um indivíduo ou sócio.
- **Oferece maior facilidade de crédito**, principalmente quando os bens pessoais dos sócios garantem com mais segurança os valores emprestados.
- **Proporciona cooperação e habilidades administrativas** de vários sócios envolvidos no negócio.

Todavia, a sociedade simples pode apresentar desvantagens:

- **Responsabilidade ilimitada dos sócios:** os sócios respondem conjunta e solidariamente pelo negócio; no caso de liquidação da empresa, os bens de um dos sócios – quando os outros sócios não têm recursos suficientes – podem ser levados a garantir o prejuízo.
- **Responsabilidade solidária:** os sócios respondem ou não subsidiariamente pelas obrigações sociais, conforme previsão contratual.

A administração da sociedade simples envolve novos aspectos. O sócio-gerente deixa de ser o principal responsável pelos atos da empresa e passa a ter uma função secundária, isto é, passa a ser o preposto do administrador. Em seu lugar, assume a figura do administrador, que pode, se quiser, nomear o empregado de sua confiança para exercer a função de gerente. Assim:

- O administrador será nomeado em contrato ou em instrumento separado, devendo, nesse caso, averbá-lo no órgão de registro.
- São irrevogáveis os poderes do sócio investido na administração em contrato social, salvo justa causa, reconhecida judicialmente.
- São revogáveis, a qualquer tempo, os poderes conferidos ao sócio, por ato separado, ou a quem não seja sócio.
- Responde por perdas e danos o sócio que agir contrariamente ao interesse da sociedade ou participar da deliberação que a aprove graças a seu voto.
- O administrador deve prestar contas detalhadas de sua administração aos sócios, tais como inventário anual, balanço patrimonial e de resultado econômico.
- Deverá ocorrer quórum para deliberações sobre os negócios da empresa, ou seja, as deliberações serão tomadas por maioria de votos, ou pelo valor das cotas dos sócios; em caso de empate, a decisão caberá ao maior número de sócios ou, não sendo possível, pelo juiz; alterações do contrato social serão feitas por unanimidade dos sócios, sempre que houver mudança de endereço, razão ou firma social, capital social, sua forma de realização, participação nos lucros etc.; as demais alterações do contrato se darão por maioria absoluta de votos dos sócios, caso o contrato não preveja unanimidade.

- A sociedade simples dissolve-se em um dos casos seguintes: no final do prazo de duração estipulado, por consenso unânime dos sócios, deliberação por maioria absoluta (se for por prazo indeterminado), por falta de pluralidade de sócios (falta do número de sócios que impeçam a continuidade da sociedade) não restituída no prazo de 180 dias, extinção de autorização para funcionar, em virtude de requerimento judicial ou conforme previsão contratual; para a dissolução, os administradores deverão investir (nomear, indicar) o liquidante para promover os atos decorrentes.

As exigências da sociedade simples são:

- Capital social em dinheiro, bens ou serviços.
- Responsabilidade ilimitada dos sócios.
- Registro da empresa.
- Saída de sócio com aviso prévio.
- Nomeação e exclusão do administrador.
- Prestação de contas do administrador.
- Quórum para deliberações.

5.2.4 Sociedade empresarial

As firmas empresárias ou sociedades empresariais podem apresentar-se sob diferentes formas, de acordo com os interesses dos sócios e do tipo do negócio. A sociedade empresária é aquela que exerce profissionalmente atividade econômica organizada para a produção ou circulação de bens ou de serviços, constituindo uma empresa e considerada pessoa jurídica.

5.3 TIPOS DE SOCIEDADE EMPRESÁRIA

As principais formas de sociedades empresárias são:

- **Sociedade em nome coletivo:** associação de duas ou mais pessoas, operando sob um nome ou firma em comum (seja comercial ou industrialmente), ficando os sócios responsáveis solidariamente pelos direitos e obrigações da firma, sem qualquer limite de valor.
- **Sociedade em comandita simples:** associação na qual o capital social é formado pelas contribuições de duas classes de sócios – os comanditários ou capitalistas –, que respondem até o limite do valor do capital subscrito, e os sócios comanditados, que respondem solidária e ilimitadamente pelas obrigações sociais, empenham seu patrimônio, seu trabalho e são os sócios comerciantes da sociedade. Na verdade, trata-se de uma sociedade na qual os sócios comanditários entram com o capital e respondem limitadamente até um certo ponto, enquanto os sócios comanditados entram com o capital e o trabalho e respondem ilimitadamente; essa sociedade é uma forma jurídica por meio da qual o empresário obtém capital vinculando os investimentos ao limite do valor da importância por ele investida.
- **Sociedade em comandita por ações:** assemelha-se à forma da sociedade anterior, com a diferença de que o capital é divido em ações; apresenta as duas classes de sócios – os sócios comanditários e os sócios comanditados –, que são os acionistas que subscreveram as

suas ações; em sua gestão, respondem solidária e ilimitadamente pelas obrigações sociais; assemelha-se bastante à sociedade anônima, exceto pelo fato de que a direção é exercida pelos próprios sócios ou acionistas; trata-se de uma forma de sociedade rara, já que a sociedade anônima a substitui com inúmeras vantagens.

- **Sociedade limitada:** é uma associação de duas ou mais pessoas, cuja responsabilidade diante dos direitos e das obrigações da firma é limitada ao valor do capital registrado em seu contrato social. Pode funcionar com o nome de um dos sócios ou adotar uma denominação social diferente; a denominação social – o nome dado à empresa – deverá estar relacionada com sua atividade econômica integrada pela palavra *limitada* ou sua abreviatura (ltda.). A omissão da palavra *limitada* implica responsabilidade solidária e ilimitada dos administradores. A responsabilidade dos sócios é restrita ao valor de suas quotas, mas todos respondem solidariamente pela integralização do capital social. É vedada a contribuição que consista em prestação de serviços. É regida pelas normas da sociedade simples ou pelas da sociedade anônima, se assim o contrato social estabelecer. O contrato pode instituir um conselho fiscal composto de três ou mais membros e respectivos suplentes, sócios ou não. É assegurado aos sócios minoritários que representarem pelo menos um quinto do capital social o direito de eleger um dos membros do conselho fiscal e o respectivo suplente. As deliberações dos sócios serão tomadas em reunião – quando a sociedade tiver menos de dez sócios – e em assembleia – quando o número de sócios supere dez. As reuniões deverão ter atas e as assembleias, e seus editais deverão ser publicados em jornais e averbados na junta comercial. As deliberações infringentes do contrato ou da lei tornam ilimitada a responsabilidade dos que expressamente as aprovaram e, além disso, o sócio-gestor deixa de ser o principal responsável pelos atos da empresa e, em seu lugar, assume a figura do administrador; o gestor passa a ser preposto do administrador em uma função secundária; o administrador, se quiser, pode nomear um empregado de sua confiança para exercer a função de gestor.
- **Sociedade anônima:** sociedade por ações utilizada por grandes empreendimentos pelo fato de conferir maior segurança aos seus acionistas por meio de regras mais rígidas. O capital é dividido em ações, e cada sócio ou acionista responde somente pelo preço de emissão das ações que adquiriu. Rege-se pela Lei nº 6.404/76 e pelo Código Civil.

5.3.1 Sociedade anônima

Embora seja uma sociedade empresária, por possuir características próprias, trataremos separadamente da sociedade anônima.

A sociedade anônima (S.A.) é uma associação na qual o capital social é dividido em ações (nominais ou ao portador) de um mesmo valor nominal, constituído mediante subscrições. Cada pessoa adquire (subscreve) o número de ações que lhe convier, tornando-se acionista da sociedade anônima. A assembleia de acionistas elege periodicamente os dirigentes da empresa. A pessoa ou grupo que tiver maior número de ações pode tornar-se o controlador e predominar com o seu poder de voto. Ela é administrada por um conselho de administração e por um presidente eleitos em assembleia de acionistas. O conselho de administração define os negócios e a política geral da empresa. O presidente é responsável pela administração das operações diárias e pela implementação das políticas estabelecidas pelo conselho de administração, respondendo periodicamente a ele. Os acionistas são os proprietários da empresa pelo número de ações subscritas e votam periodicamente para escolher o conselho de administração e alterar os estatutos da sociedade. Os acionistas também têm o direito de receber dividendos na proporção de sua propriedade. Assim, os direitos e os deveres da sociedade e as obrigações sociais são assumidos pelos acionistas pelo número de ações que detenham. Quando o número de acionistas é grande, ocorre a separação entre a propriedade e a administração, isto é, os dirigentes deixam de ser unicamente os acionistas e passam a ser contratados como profissionais assalariados.

Conforme a prioridade no recebimento de dividendos, as ações podem ser classificadas em ações ordinárias ou ações preferenciais.

- **Ações ordinárias** são aquelas adquiridas pelos acionistas comuns, que são os verdadeiros proprietários da empresa. Na realidade, eles são os últimos a receber qualquer retorno de seu interesse societário. Ao adquirir ações ordinárias, esses acionistas esperam ser recompensados por dividendos periódicos em dinheiro ou pelo aumento ou, pelo menos, da não redução, do valor da ação. As ações ordinárias asseguram ao portador as seguintes vantagens:
  - Uma parcela proporcional da propriedade dos bens e do controle da administração da empresa garantido pelo direito de voto em assembleias gerais.
  - Direitos absolutos sobre os lucros residuais (lucro líquido depois do imposto sobre a renda), ou seja, uma remuneração não fixada e sujeita aos riscos que o investidor assume quando investe em ações de uma empresa.
- **Ações preferenciais** estão limitadas a dois terços do total das ações emitidas e têm prioridade no recebimento de dividendos com valor mínimo anual estabelecido nos estatutos da empresa. As ações preferenciais asseguram ao portador as seguintes vantagens:
  - Prioridade no recebimento de dividendos, conforme o que for estabelecido nos estatutos da empresa.
  - Acumulação dos dividendos atrasados.
  - Possibilidade de eleger, em votação separada, um ou mais membros de órgãos da administração da empresa.
  - Na ausência de dividendo fixo, possibilitam a participação nos lucros em iguais condições das ações ordinárias, quando os dividendos ultrapassarem o mínimo fixado pelos estatutos.

As duas modalidades de ações – ordinárias e preferenciais – afetam diferentemente o custo do capital, diante dos diferentes riscos e direitos dos investidores e das diferentes obrigações assumidas pela empresa.

A sociedade anônima traz inúmeras vantagens:

- **Responsabilidade limitada:** cada acionista é um sócio com responsabilidade limitada, não podendo perder nada além daquilo que investiu no negócio, por meio da subscrição de ações.

- **Maior dimensão do negócio:** o capital pode ser obtido a partir de muitos investidores, pela facilidade com que as ações são negociadas; a propriedade pode ser pulverizada entre uma infinidade de acionistas, pequenos, médios ou grandes.
- **Transferência da propriedade:** a propriedade é comprovada pelos certificados de ações, que podem ser facilmente transferidos a outras pessoas; as bolsas de valores facilitam enormemente a venda e compra de ações.
- **Vida ilimitada:** a sociedade anônima não se dissolve com a morte ou com a retirada de um proprietário e pode perdurar indefinidamente no tempo, mesmo com outros acionistas.
- **Crescimento:** a sociedade anônima pode expandir-se indefinidamente pelo seu aumento de capital em virtude do rápido acesso aos mercados de capitais e da inclusão de novos acionistas.
- **Administração profissional:** a direção da empresa passa para administradores profissionais contratados, que podem ser promovidos ou substituídos quando necessário.

Todavia, a sociedade anônima pode apresentar algumas desvantagens, a saber:

- **Imposto de renda:** o lucro da sociedade anônima é tributado pelo imposto de renda e novamente tributado quando distribuído aos acionistas na forma de dividendos. A carga tributária é bem maior do que nas firmas individuais e nas sociedades de pessoas.
- **Regulamentação governamental:** como é uma entidade legalmente estabelecida, a sociedade anônima está submetida a regulamentações federais, estaduais e municipais, fazendo com que a empresa precise de alguns órgãos internos especializados apenas em prestar serviços burocráticos e atender a todas essas regulamentações; assim, a sociedade anônima precisa ter um departamento de acionistas, um departamento legal, um departamento pessoal, um departamento contábil etc., para tratar da regulamentação governamental; a terceirização dessas áreas tem feito milagres, mas também faz com que os custos operacionais da sociedade anônima sejam bem maiores do que nos outros tipos de firmas.
- **Falta de sigilo:** como os acionistas devem conhecer o desempenho e a situação financeira da sociedade anônima, a companhia precisa publicar periodicamente suas demonstrações financeiras, o que a torna muito transparente aos olhos do público e dos concorrentes.

As sociedades anônimas são as empresas de maior tamanho e nas quais se pode visualizar a maior parte dos conceitos financeiros aqui expostos. Constituem o tipo de empresa dominante em nossa economia capitalista, na qual o pequeno investidor pode comprar ações a fim de aplicar a sua poupança no longo prazo. O desempenho das sociedades anônimas é medido com relação ao lucro líquido apresentado na demonstração do resultado. Daí a necessidade de um conhecimento mais profundo dos conceitos financeiros que serão tratados nos próximos capítulos.

A escolha da forma ou espécie de firma de sociedade a ser utilizada depende de um conjunto de fatores relacionados entre si, tais como a capacidade financeira dos sócios, o volume de capital necessário para o negócio, o tipo de produto/serviço que pretendem produzir, o risco maior ou menor do negócio etc. Assim, com base nesses fatores é que se pode escolher a forma ou espécie de sociedade a ser utilizada.

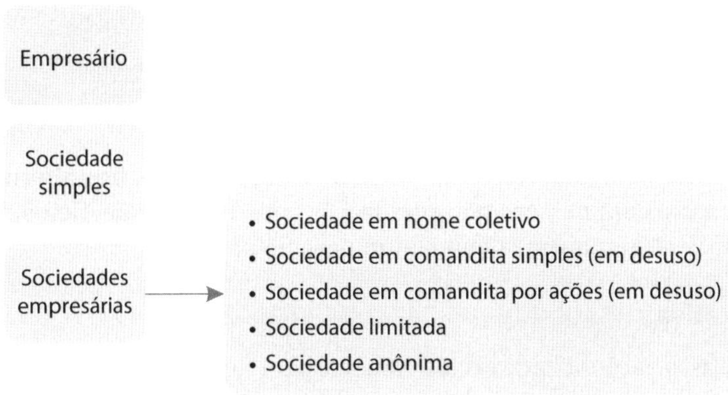

Figura 5.1 Formas jurídicas das empresas.

CHIAVENATO DIGITAL

Acesse um Minicaso sobre **A união faz a força** na seção *Minicaso* EMP 5.1

5.3.2 Registro de empresas

O empreendimento precisa ser registrado nos órgãos de registro público de empresas, bem como os empresários e as sociedades empresárias. Os principais atos que deverão ser averbados no órgão de registro de empresas são os seguintes:

- Modificações patrimoniais do empresário (atos que alterem ou possam alterar a situação patrimonial do empresário, tais como separação judicial, doações de herança, pacto antenupcial etc.).
- Nomeação ou saída de administrador e gerente.
- Redução do capital social.
- Cessão de quotas.
- Renúncia do administrador.
- Atas da assembleia ou reunião.
- Dissolução da sociedade.
- Venda de estabelecimento (não confundir venda de estabelecimento comercial com cessão e transferência das quotas sociais).

Os principais atos que deverão ser publicados no *Diário Oficial* da União ou do Estado (conforme o local da sede do empresário ou da sociedade) e em jornal de grande circulação são:

- Redução do capital social.
- Renúncia do administrador.
- Convocação de assembleias.
- Dissolução da sociedade.
- Venda de estabelecimento.

Devido a todas essas novas exigências, não abra mão do seu advogado e do seu contador para assessorá-lo nas decisões sobre o seu negócio.

5.4 OUTROS TIPOS DE ASSOCIAÇÃO

Além das formas jurídicas anteriormente apontadas, existem algumas alternativas interessantes de associação com pessoas ou organizações que trazem benefícios da experiência alheia ou da parceria com quem já tem algum negócio próprio.

5.4.1 Cooperativa

Trata-se de uma associação voltada exclusivamente para suprir as necessidades e os interesses dos associados. O objetivo da sociedade cooperativa ou cooperativista é amparar, por meio da cooperação, os negócios dos associados, como é o caso de cooperativas de agricultores, cooperativas de consumo etc. O capital é formado por quotas-partes e varia conforme aumenta ou diminui o número de associados, não podendo ser transferido a terceiros. O número de associados é ilimitado, sendo impedida a subscrição de quotas-partes por estranhos ao meio social amparado pela associação. Os associados participam das deliberações tomadas em assembleias gerais, por meio de voto, para eleger a diretoria da sociedade, decidir sobre os estatutos, políticas e diretrizes, preços etc.

As sociedades cooperativas têm as seguintes características:

- Variabilidade ou dispensa do capital social.
- Um mínimo de sócios para compor a administração da sociedade, sem limitação de número máximo.
- Limitação do valor das quotas do capital que cada sócio poderá tomar.
- Intransferibilidade das quotas do capital a terceiros estranhos à sociedade, ainda que por herança.
- Quórum para a assembleia geral funcionar e deliberar, de acordo com o número de sócios presentes à reunião, e não no capital social representado.
- Direito a um só voto por cada sócio nas deliberações, tenha ou não capital da sociedade independentemente do valor de sua participação.
- Distribuição dos resultados proporcional ao valor das operações efetuadas pelo sócio com a sociedade, podendo ser atribuído juro fixo ao capital realizado.
- Indivisibilidade do fundo de reserva entre os sócios, ainda que em caso de dissolução da sociedade.
- Responsabilidade dos sócios limitada ou ilimitada.
- A cooperativa será sempre considerada uma sociedade simples.

5.4.2 Franquia

A franquia refere-se ao licenciamento do uso de marcas. Constitui a transferência para um segundo empresário de toda a história de sucesso de determinada marca, incluindo, entre outros itens, o repasse de informações nos campos de tecnologia, gestão do negócio, treinamento e *merchandising*.[2]

A essência da franquia está na parceria, pois ela junta a capacidade mercadológica, tecnológica e gerencial do franqueador ao espírito empreendedor e à capacidade de trabalho do franqueado. O sucesso dependerá da competência e do trabalho harmônico de ambas as partes. Assim, o sistema de *franchising* constitui um casamento de interesses em que os dois parceiros – o franqueado e o franqueador – unem esforços em busca de um objetivo: o sucesso comercial de ambos. Ao comprar uma marca já estabelecida no mercado, o franqueado, além de maiores chances de êxito, poupa-se do trabalho de reinventar a roda, já que adquire a experiência acumulada pelo franqueador. Queimam-se etapas, pois alguém já gastou o tempo e os recursos necessários para consolidar o negócio. O franqueado beneficia-se do fato de assumir um negócio amadurecido e pronto para render lucros. De igual modo, o franqueador beneficia-se com a possibilidade de cobrir um mercado maior com investimentos mais reduzidos.

Franquia é o termo genérico utilizado para designar o sistema como uma totalidade e pode ter dois significados bem distintos:

- Unidade ou negócio operado e administrado por um franqueado.
- Composição dos direitos concedidos por determinado franqueador a cada um de seus franqueados.

Franqueador é quem concede e vende a franquia, seja pessoa física ou jurídica. Geralmente, o franqueador desenvolve e experimenta na prática o conceito do negócio e a tecnologia de operação que o envolve e concede a franquia, autorizando o franqueado a fazer uso dela na implantação, administração e operação de um negócio que deverá funcionar de acordo com aquele conceito.

Franqueado é quem adquire a franquia, seja pessoa física ou jurídica, pagando ao franqueador, quase sempre, uma taxa inicial, além de *royalties* periódicos e outros valores. O franqueado é o responsável pela instalação, operação e administração da franquia, operando conforme as normas ditadas pelo franqueador. Ele banca todos os custos de instalação e todas as despesas de operação e administração da franquia.

Há dois tipos de franquia conforme o ramo de atividade do franqueado: ela pode ser de indústria ou de varejo. A franquia de varejo pode ser subdividida em franquia de produto, de serviços e franquia híbrida ou mista.

Na **franquia de indústria**, o franqueado implanta e opera uma empresa industrial. É o caso da Cola-Cola: as fábricas engarrafadoras de bebida são de propriedade dos franqueados, que operam a produção e a distribuição, enquanto a Coca-Cola se limita a fornecer os xaropes concentrados e o *know-how*.

Na **franquia de varejo**, o franqueado instala e opera um negócio em que comercializa essencialmente produtos/serviços. No caso da franquia híbrida, o franqueado comercializa produtos/serviços em conjunto. Um exemplo típico de franquia de varejo de produtos é O Boticário e um de franquia de varejo de serviços é a Stella Barros Turismo. Para exemplificar franquia híbrida ou mista, podemos citar a escola de idiomas Yázigi, em que o franqueado comercializa livros que demonstram o método de ensino mais a prestação de serviços de ensino de idiomas, equilibrando produtos/serviços de maneira intimamente relacionada.

Também existem três tipos de franquia conforme o estágio de desenvolvimento da operação: de primeira, segunda e terceira geração.

A **franquia de primeira geração** é a franquia de marca e produto. O franqueador outorga uma autorização para que o franqueado use sua marca para revender certos produtos ou prestar determinados serviços, que são geralmente fornecidos ao franqueado pelo próprio franqueador ou, pelo menos, sob sua licença. As principais características da franquia de primeira geração são as seguintes:

- O franqueador oferece ao franqueado suporte e orientação, que quase sempre se restringem ao projeto arquitetônico do ponto de venda seguindo um padrão visual próprio e específico; o custo do projeto geralmente está incluído no preço total que o franqueador cobra do franqueado pelos materiais e/ou mercadorias fornecidas.
- O franqueador oferece ao franqueado um manual ou um treinamento muito simples e elementar, que não contém quase nada a respeito da realidade com que esse irá se defrontar; não há transferência de tecnologia para implantação, operação e administração do negócio.
- O franqueador não proporciona nenhum suporte operacional, financeiro, administrativo e mercadológico ao franqueado inexperiente para possibilitar seu sucesso no empreendimento.
- O franqueador não garante exclusividade na distribuição dos produtos/serviços de sua marca, mas apenas um canal alternativo ao franqueado; em outras palavras, os produtos/serviços de sua marca podem ser encontrados em outros negócios que não integram a sua rede.

A franquia de primeira geração é vantajosa apenas para quem tem grande experiência no ramo de atividade. Um franqueado inexperiente poderá contar apenas com seu talento e muita sorte, pois dificilmente teria garantia de sucesso no ramo de negócio escolhido por falta de suporte, orientação e serviços mais adequados ao franqueador.

A **franquia de segunda geração** tem as mesmas características da franquia de primeira geração, com a única diferença de que a rede de lojas com a marca do franqueador é usada como canal exclusivo para a distribuição dos produtos/serviços. Da mesma forma, esse tipo de franquia não oferece suporte do franqueador, dependendo exclusivamente do talento do franqueado.

A **franquia de terceira geração** é também denominada franquia de formato de negócio ou de negócio formatado. É o tipo mais avançado de franquia, pois assegura aos adquirentes condições básicas de implantação, operação e administração do negócio, ainda que os franqueados não tenham experiência anterior no ramo de atividade. As principais características da franquia de terceira geração são:

- O franqueador transfere ao franqueado toda a tecnologia que desenvolveu e testou na prática, devidamente ordenada e sistematizada, em relação ao planejamento, implantação, operação e administração do negócio que o franqueado irá instalar e operar.
- O franqueador oferece prestação de serviços.

A prestação de serviços que o franqueador oferece deve dispor de:

- Análise mercadológica do ponto onde o franqueado irá instalar a franquia.
- Seleção rigorosa dos franqueados com base em um perfil previamente definido.

- Assistência na implantação da franquia, com fornecimento de projetos, especificação dos materiais, equipamentos e recursos, indicação de fornecedores habilitados etc.
- Treinamento completo do franqueado ou de sua equipe, com reciclagens periódicas.
- Orientação e assistência permanente sobre os aspectos mercadológicos, financeiros, administrativos e de recursos humanos.
- Fornecimento e atualização de manuais com todas as informações sobre o negócio.
- Uma unidade-piloto ou protótipo, isto é, uma unidade própria que franqueador usa como laboratório de testes e desenvolvimento da tecnologia de novos produtos/serviços e de técnicas de gestão das franquias da rede.

CHIAVENATO DIGITAL

Acesse conteúdo sobre **Como lidar com as franquias** na seção *Tendências em EMP* 5.1

Cherto e Rizzo enumeram as vantagens da franquia para franqueador e franqueado:[3]
Vantagens para o franqueador:

- Cobre o mercado com menor investimento próprio.
- Disponibilidade de um canal de distribuição leal e exclusivo.
- Maior eficiência em cada unidade, já que o dono (franqueado) estará presente em cada uma para assegurar o andamento do negócio.

Vantagens para o franqueado:

- Maior garantia de sucesso pelo fato de entrar em um negócio dentro de um esquema pré-testado e pré-aprovado.
- Aquisição da experiência acumulada durante anos pelo franqueador.
- Possibilidade de fazer um menor investimento e muita economia por evitar erros decorrentes da inexperiência própria.

Mas a franquia também traz alguns desafios e limitações que também são apontados por Cherto e Rizzo.[4]
Limitações para o franqueador:

- Maior cobrança na atuação, pois o franqueado não é um subalterno ou um empregado, mas um parceiro que investe na implantação e na operação do negócio.
- Perda de acesso direto ao consumidor final de seus produtos/serviços, pois o franqueado e sua equipe se colocam em contato direto com o mercado consumidor.

Limitações para o franqueado:

- Pouca independência, já que o franqueador exige ação uníssona de toda a rede para a manutenção do seu padrão criado e imposto.
- Risco associado ao desempenho do franqueador (o franqueador deve ter uma equipe competente para estruturar a operação da franquia e manter-se atento às tendências do mercado).

- Necessidade de pagar uma taxa inicial ao franqueador, além de *royalties* periódicos e um percentual previamente estipulado de seu faturamento bruto (os *royalties* remuneram o franqueador pelos serviços e facilidades que presta ao franqueado; esse precisa verificar a relação custo/benefício para avaliar se os serviços, as facilidades e os benefícios prestados valem o preço cobrado pelo franqueador).

5.4.3 Parcerias

A parceria pode ser uma interessante opção para alguns empreendedores ou uma necessidade de mercado, pois com ela é possível dividir tarefas sem que exista concorrência entre as partes envolvidas, garantindo independência para ambas. A opção por parceria deve ser bem avaliada pelas partes envolvidas. É importante definir claramente quais são as responsabilidades e os deveres de cada um dos parceiros para que não surjam dúvidas ou conflitos depois de iniciado o negócio. Também os retornos precisam ser bem definidos para evitar problemas posteriores. Algumas formas de sociedade privilegiam a parceria. É o caso da sociedade de capital e indústria, a sociedade de comandita simples ou comandita por ações e a sociedade cooperativa. No caso de parcerias temporárias e provisórias, isto é, não definitivas, deve-se escolher a forma societária mais adequada.

5.4.4 *Joint ventures*

São empresas locais e estrangeiras que passam a compartilhar o capital, os riscos e as decisões sobre os empreendimentos que irão realizar em conjunto. Na *joint venture*, cada sócio conserva sua independência e realiza objetivos por meio de uma empresa comum, com participação conjunta no capital social. É uma forma de a empresa expandir sua base econômica com objetivos específicos de lucro ou benefícios adicionais para o seu negócio dando proveito a duas sociedades que aproveitam conjuntamente suas diferentes competências.

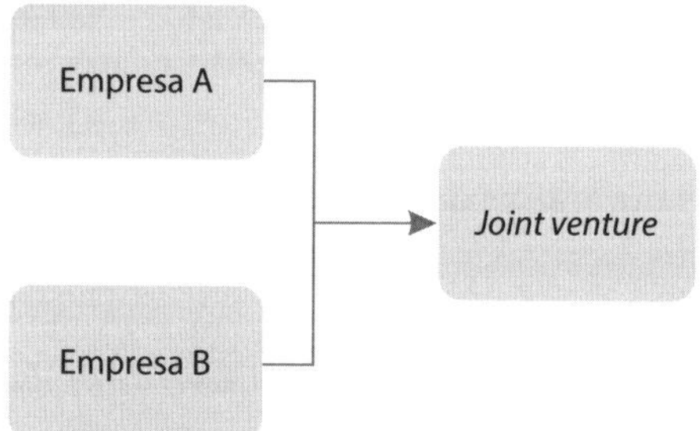

Figura 5.2 Esquema da *joint venture*.

> Aumente seus conhecimentos sobre ***Joint venture*** na seção *Saiba mais* EMP 5.2

Forma-se uma *joint venture* quando há a intenção de se associar uma empresa nacional a uma estrangeira que detém a tecnologia a ser utilizada. É comum a *joint venture* em que o sócio participa com parte do capital da empresa associada e o sócio estrangeiro transfere a tecnologia para a empresa local. Daí a importância de tal tipo de empreendimento no processo de desenvolvimento econômico e tecnológico de nosso país.

A *joint venture* não tem prazos predefinidos de duração, podendo resultar tanto da associação de capitais privados nacionais e multinacionais quanto de estatais. Quando ocorre a associação dos três capitais, denomina-se *joint venture* tripartite.

5.4.5 Terceirização

A terceirização ocorre quando uma empresa decide transferir para outra empresa a produção de bens ou de serviços que anteriormente realizava com seus próprios recursos. Assim, em vez de produzir certos serviços ou produtos, ela passa a comprá-los de fornecedores na medida de suas necessidades. Com isso, a empresa transforma seus custos fixos em custos variáveis, libera recursos e pessoas, espaço e administração. A terceirização é, portanto, uma subcontratação, uma transferência para terceiros de atividades anteriormente realizadas pela própria empresa. Dessa forma, a empresa pode concentrar-se melhor no seu próprio negócio, fazendo com que as atividades não essenciais sejam realizadas por empresas nelas especializadas e que sabem fazer o trabalho da melhor maneira, com substancial redução de custos e melhoria de qualidade.

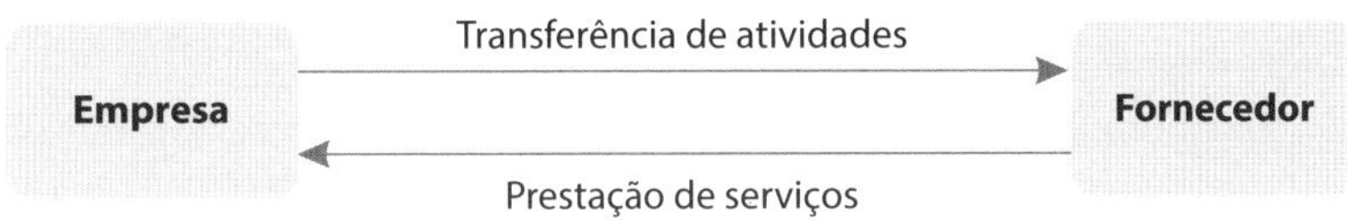

Figura 5.3 Esquema da terceirização.

SAIBA MAIS

Em geral, a primeira etapa de terceirizações realizadas pelas grandes empresas envolve, inicialmente, refeitório e restaurante, serviços médicos e ambulatoriais, vigilância e segurança, faxina e limpeza, transporte de pessoal, transporte de dinheiro e valores, processamento de dados, serviços de advocacia e de contabilidade etc. Essas atividades passam a ser realizadas por novos empreendedores ou por empresas externas. Em uma segunda etapa, outros serviços passam a ser terceirizados, como criação gráfica e embalagens, manutenção industrial, pesquisa de mercado, produção e propaganda, treinamento de pessoal, organização e métodos, serviço social, recrutamento e seleção de pessoal, pesquisas internas de clima organizacional etc. Em uma terceira etapa, mais serviços passam progressivamente a ser terceirizados pelas empresas, como produção de determinados componentes e insumos industriais, contratação de mão de obra temporária para produção e escritórios, acabamento final e embalagem de produtos, estocagem e almoxarifado de produtos acabados, transporte, distribuição e entrega de produtos finais aos distribuidores e clientes etc. Essa última etapa provocou um fenômeno até então inesperado: a necessidade de criar meios para administrar os trabalhos terceirizados. Aí surgiu a chamada quarteirização – os núcleos das empresas que administram os trabalhos de terceiros, planejamento e controle de suas atividades.

Com a terceirização, estabelece-se um sistema de parceria entre a empresa e o fornecedor de serviços terceirizados. É como se o serviço ainda continuasse a ser executado dentro da empresa, tal a proximidade da parceria e o comprometimento mútuo das partes envolvidas.

Ao terceirizar a atividade, a empresa proporciona ao empreendedor toda a assistência técnica necessária, todas as especificações do produto/serviço transferido, todo o seu conhecimento técnico (*know-how*) acumulado, para que o novo fornecedor seja capaz de produzi-lo com a produtividade e a qualidade requeridas. Obviamente, a expectativa é a de que, com a terceirização, ambas as partes envolvidas ganhem com o sistema. A empresa, ao transferir a atividade para uma terceira parte, procura desmobilizar e desinvestir e, ao mesmo tempo, ganhar flexibilidade e economia. O empreendedor ganha com um negócio próprio, com o suporte e o amparo técnico da empresa e conta ainda com a garantia de fornecimento programado.

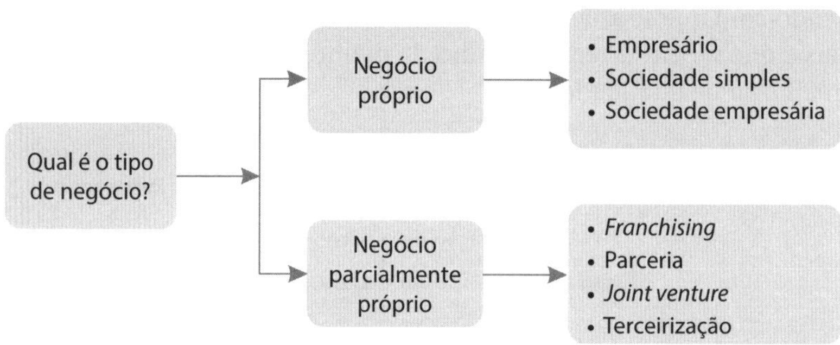

Figura 5.4 Os diferentes tipos de negócio.

Assim, as várias alternativas de composição societária terão de ser estudadas a fim de escolher o melhor caminho para o novo negócio. O empreendedor deve ponderar cuidadosamente sobre qual é a melhor maneira de arquitetar a forma jurídica que irá adotar, comparando as vantagens e as desvantagens de cada um dos modelos aqui apresentados.

5.4.6 Associações

Associação é uma entidade de direito privado dotada de personalidade jurídica e que se caracteriza pelo agrupamento de pessoas para a realização e consecução de objetivos e ideais comuns, sem finalidade econômica, isto é, sem interesse de lucro. Assim, as associações somente poderão ser constituídas com fins não econômicos. Suas principais características são:

- Ausência de finalidade lucrativa.
- Reunião de diversas pessoas para a obtenção de um fim ideal, quer pode ser alterado pelos associados.
- Patrimônio constituído pelos associados ou membros.
- Reconhecimento de sua personalidade por parte da autoridade competente.

5.4.7 Fundações

Para criar uma fundação, o seu instituidor deverá fazer por escritura pública ou testamento à dotação (doação) especial de bens livres, especificando o fim a que se destina, declarando, se quiser, a maneira de administrar.

As características principais de uma fundação são:

- Patrimônio ou conjunto de bens ou coisas com destinação específica.
- Serve a fins de utilidade pública, que podem ser morais, religiosos, culturais, assistenciais etc.
- Necessidade de patrimônio para a constituição.
- Instituidor que faça doação especial de bens livres.
- As demais regras estão mantidas, inclusive quanto à fiscalização pelos órgãos governamentais.

CHIAVENATO DIGITAL

Aumente seus conhecimentos sobre **Composição do contrato social** na seção *Saiba mais* EMP 5.3

5.4.8 *Startups*

As *startups* constituem empreendimentos ágeis, velozes, flexíveis e quase sempre assentados em tecnologias avançadas que provocam inovações e profundas disrupções no mercados.[5] Preferimos abordá-las no último capítulo deste livro para mostrar como podemos aprender com elas.

Constituição jurídica do empreendimento

Empresário
Sociedade simples
Sociedade empresarial:
- Sociedade em nome coletivo
- Sociedade em comandita simples
- Sociedade em comandita por ações
- Sociedade limitada
- Sociedade anônima

Empresário

Vantagens:	Desvantagens:
É o próprio padrão	Atua em todas posições
Toma sozinho decisões	Deve saber todo o negócio
Assume todo o risco	Responsabilidade ilimitada
Assume todo o lucro	Responde por toda dívida
Negócio enxuto	Limitação de capital
Custos baixos	Capacidade financeira curta
Economias fiscais	

Sociedade simples

Vantagens:	Desvantagens:
Economias fiscais	Responsabilidade ilimitada
Permite maior capital	Bens dos sócios respondem
Facilidade de crédito	Responsabilidade solidária
Cooperação	
Habilidades administrativas	

Sociedade em nome coletivo

Duas ou mais pessoas
Nome ou firma comum
Responsabilidade solidária
Responsabilidade ilimitada

Sociedade em comandita simples

Sócios comanditários
Sócios comenditados
Capital + trabalho
Responsabilidade limitada + ilimitada

Sociedade em comandita por ações

Capital dividido em ações
Sócios comanditários
Sócios comanditados
Responsabilidade solidária
Responsabilidade ilimitada
Dirigida pelos sócios

Sociedade limitada

Dois ou mais sócios
Responsabilidade limitada
Integralização do capital
Decisões em reunião ou em assembleia
Denominação relacionada com a atividade econômica mais limitada

Sociedade anônima

Sociedade por ações
Capital dividido em ações
Responsabilidade limitada
Tem características próprias
Assembleia de acionistas elege o conselho de administração e os dirigentes
Controle por quem reunir mais ações
Conselho de administração define políticas
Presidente gere o negócio
Acionistas recebem dividendos proporcionalmente
Direitos e deveres pelo número de ações
Separação entre a propriedade e a administração

Sociedade anônima

Vantagens:	Desvantagens:
Responsabilidade ilimitada	Imposto de renda
Maior dimensão do negócio	Carga tributária
Transferência de propriedade	Regulamentação governamental
Vida ilimitada	Falta de sigilo
Crescimento	
Administração profissional	

Ações ordinárias

Ações Preferenciais

Outros tipos de associações

Cooperativas, Parcerias, Tercerização, Fundações
Franquias, *Joint ventures*, Associações, *Startups*

Figura 5.5 Mapa mental do Capítulo 5 – Quem serão os meus aliados?

REFERÊNCIAS

1. Baseado em: *A pequena empresa e o novo Código Civil*. São Paulo: Sebrae, 2002.
2. CHERTO, Marcelo; RIZZO, Marcus. *Franchising:* como comprar sua franquia passo a passo. São Paulo: Makron Books, 1990.

3. CHERTO, Marcelo; RIZZO, Marcus. *Franchising:* como comprar sua franquia passo a passo, *op. cit.*
4. CHERTO, Marcelo; RIZZO, Marcus. *Franchising:* como comprar sua franquia passo a passo, *op. cit.*
5. RIES, Eric. *A startup enxuta:* como os empreendedores atuais utilizam a inovação contínua para criar empresas extremamente bem-sucedidas. São Paulo: Texto Editora, 2011.

6 QUAIS SERÃO OS PASSOS INICIAIS?

O QUE VEREMOS ADIANTE

- A preparação inicial: equipe, produção, marketing e finanças.
- O que oferecer ao cliente?
- A busca pela vantagem competitividade e sustentabilidade.

Após a definição de qual será o negócio, visualizado o mercado a ser abordado, estabelecidas a forma jurídica da empresa e a associação com outras pessoas como sócias – se isso for necessário – e, finalmente, aberta a empresa, resta dar os primeiros passos para que o negócio comece a funcionar. É a hora da largada.

Para dar a partida ao negócio, é necessário preparar a equipe com a qual você deverá trabalhar, além de preparar a produção, as vendas e as finanças. Esses são, efetivamente, os primeiros passos do novo negócio. E isso exige planejamento.

CHIAVENATO DIGITAL

Acesse conteúdo sobre **Fuja das armadilhas que cercam um novo negócio** na seção *Tendências em EMP 6.1*

6.1 PREPARAÇÃO INICIAL: EQUIPE, PRODUÇÃO, MARKETING E FINANÇAS

Uma vez decidido qual será o novo negócio, os passos seguintes referem-se à preparação inicial: quem irá trabalhar na empresa, como produzir, como vender e como gerenciar as vendas e as finanças. Em resumo, cuidar da equipe para que ela execute todas as atividades de produção, marketing, vendas e finanças. O seu negócio fatalmente precisará produzir algo, comercializar algo e obter retornos financeiros com a ajuda de uma equipe valorosa. O seu cotidiano ficará sempre ao redor disso e sempre com o foco no consumidor.

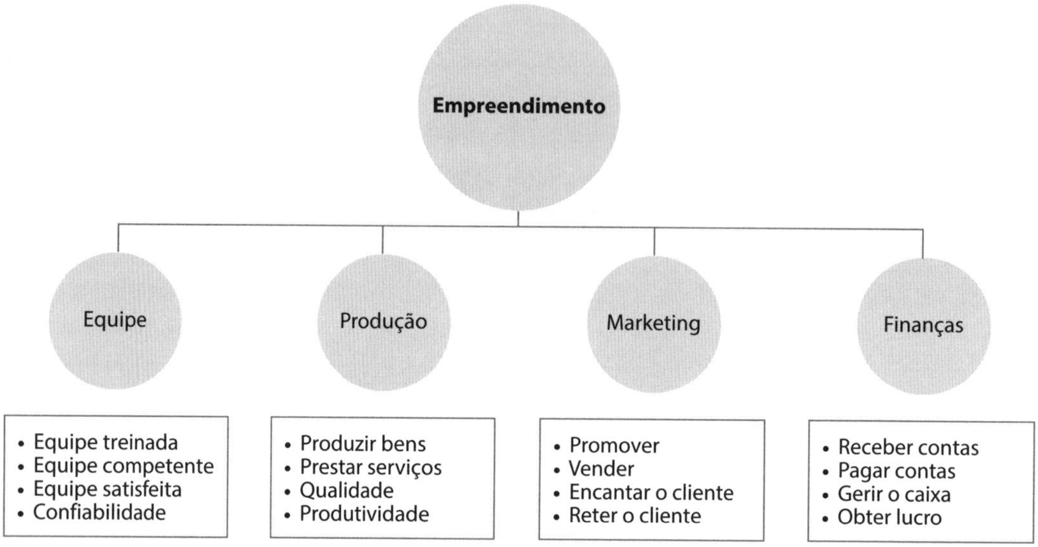

Figura 6.1 As quatro bases fundamentais para a hora da largada.

Certamente, os primeiros passos não serão perfeitos, mas a aprendizagem precisa ser constante. Aprender com cada acerto e também com cada erro. Que cada erro seja um aprendizado em direção à melhoria contínua. Aprender a aprender. Fazer com que todos da equipe que vai ajudá-lo a tocar o negócio – inclusive você – aprendam continuamente e construam sua experiência, seu conhecimento e sua *expertise*. O investimento em aprendizado deve ser feito cuidadosamente, pois ele – e somente ele – proporcionará o conhecimento necessário para garantir o desenvolvimento e o progresso do seu negócio. É preciso pensar em capital humano e em capital intelectual. Trata-se de ativos intangíveis e invisíveis que não se consegue visualizar, mas que são indispensáveis para ganhar vantagem competitiva no mercado.

6.1.1 Preparação da equipe

Para iniciar o negócio, você precisa ter o pessoal devidamente preparado – contratado, integrado e treinado – para desenvolver as diversas tarefas e atividades da empresa: quem e quais as pessoas que vão colaborar no começo do empreendimento. Enquanto você analisa os dados sobre seu projeto com possíveis sócios, familiares ou amigos, é importante que a equipe com quem irá trabalhar também conheça todos os detalhes do negócio. Comunicação e mais comunicação. É ela que dá a unidade necessária à equipe. No momento de montar ou dinamizar a empresa, é preciso juntar as qualidades pessoais ao conhecimento e às habilidades necessárias no mundo dos negócios, e, sobretudo, contar com pessoas que também tenham esses conhecimentos e habilidades. Se elas não têm, você precisa cuidar para que elas passem a adquiram por meio de treinamento e capacitação constantes.

O melhor treinamento para a equipe é o conhecimento de todas as facetas do negócio em que ela irá trabalhar e colaborar: o produto/serviço, o cliente, o mercado concorrente, os fornecedores etc., principalmente o atendimento ao cliente e a completa satisfação das suas necessidades e expectativas. O negócio precisa provocar elevado impacto sobre o cliente para marcar sua presença no mercado. O Capítulo 8 deste livro é dedicado ao gerenciamento da equipe.

6.1.2 Preparação da produção

É preciso dar a partida nos seus processos de produção, seja de bens ou de serviços, isto é, mercadorias a serem produzidas ou atividades a serem prestadas aos usuários para iniciar o negócio. Você deve providenciar um local adequado para as instalações, um arranjo físico racionalmente estudado, além de máquinas e equipamentos, pessoal capacitado e treinado e um estoque satisfatório de matérias-primas e de produtos acabados. Deverá efetuar contatos com os fornecedores, principalmente os de tecnologia e de serviços dos quais o seu negócio provavelmente irá precisar. Todas essas providências são fundamentais para que a produção comece bem e seja eficiente. Se o seu empreendimento não é industrial, mas comercial ou prestação de serviços, todo cuidado preliminar é pouco. Procure antecipar-se aos eventuais problemas que possam vir a surgir ou às potenciais dificuldades implícitas no processo de produzir ou de prestar serviços. Troque ideias com sua equipe antes da largada final para que todos os problemas possam ser resolvidos com rapidez e no momento em que apareçam. Esteja preparado para possíveis erros ou situações imprevistas que podem provocar paradas ou demoras no seu processo produtivo.

Para detalhamento, dedicamos o Capítulo 9 deste livro ao gerenciamento da produção.

6.1.3 Preparação do marketing

No início do negócio, você precisa começar a desenvolver seus processos de venda ou comercialização. Deverá dispor de local e instalações adequados para a exposição dos seus produtos/serviços, onde os clientes serão atendidos, bem como de pessoal perfeitamente treinado para tanto. É interessante que você faça simulações com sua equipe para melhorar o seu desempenho quanto à demonstração do produto, ao conhecimento profundo de suas características, qualidade, custos e preço. Contatos intensivos com os clientes deverão ser realizados para que sejam identificadas as suas necessidades e expectativas, bem como possíveis alterações no perfil do produto ou serviço.

Torna-se fundamental um esquema de reuniões periódicas – seja no café da manhã, no almoço ou no final do expediente – com a equipe de vendas para debater resultados diários, receptividade do produto/serviço, verificar os problemas existentes, reprogramar os objetivos e melhorar gradativa e continuamente o desempenho.

O Capítulo 10 deste livro é dedicado ao gerenciamento de marketing.

6.1.4 Preparação das finanças

Também o esquema financeiro deve estar previamente preparado quando iniciar as atividades do seu negócio. Para adquirir ou alugar o local adequado, as máquinas e as instalações necessárias, os estoques de matérias-primas ou os produtos acabados, você deverá dispor de capital suficiente, conta bancária, dinheiro em caixa etc. Além do mais, precisará de adequado capital de giro para financiar suas atividades operacionais ao longo do tempo.

Se tiver condições, procure não depender financeiramente do negócio nos primeiros meses, a fim de reinvestir nele o resultado das operações iniciais e melhorar o seu capital de giro. Para tanto, você precisa montar seu planejamento financeiro para monitorar adequadamente o andamento do seu negócio do ponto de vista das finanças.

Ao gerenciamento das finanças dedicamos o Capítulo 11 deste livro.

CHIAVENATO DIGITAL

Aumente seus conhecimentos sobre **Contando com a ajuda de especialistas** na seção *Saiba mais* EMP 6.1

6.2 O QUE OFERECER AO CLIENTE?

Já tocamos nesse assunto e vamos repeti-lo dada a sua importância. Qualquer tentativa séria de afirmar qual é o negócio da empresa deve partir sempre do cliente, considerando a sua realidade, sua situação, seu comportamento, suas expectativas e necessidades e seus valores pessoais. Enfim, daquilo que é importante e valioso para o cliente. Assim, a definição do negócio deve partir de fora para dentro e do ponto de vista do cliente, e não do produto/serviço que você pretende oferecer. Essa afirmação deve considerar duas questões fundamentais:

- Quem é o cliente? Para quem trabalhamos?
- O que tem valor para o cliente? O que é importante, prioritário e de valor para ele?

A partir daí, pode-se pensar no produto/serviço a ser oferecido e adequá-lo àquilo que o cliente necessita ou que o mercado requer. Trata-se, portanto, de inverter o processo tradicional de pensar antes no produto/serviço para depois pensar em quem se interessa em comprá-lo. Deve-se partir da perspectiva do cliente para identificar a perspectiva de produto/serviço mais adequada a ele. Logicamente, o ponto de partida será o produto/serviço que você pretende criar ou desenvolver, utilizando sempre a perspectiva do cliente para adequá-lo às suas reais necessidades e expectativas. Esse é o caminho para o sucesso do negócio. Daí a necessidade do foco do cliente. Não se trata do foco no cliente, pois é algo mais do que isso. O foco no cliente significa que você está dirigindo seus esforços concentrados no cliente e na sua satisfação e encantamento. O foco do cliente significa que você está se colocando no lugar do cliente quando ele decide qual produto/serviço é mais interessante comprar ou adquirir. O foco do cliente requer que você conheça não apenas quem é o seu cliente, mas como é o seu cliente, quais são suas características, seus hábitos de compra, suas necessidades, aspirações e motivações. O foco do cliente envolve o foco no cliente e mais um conhecimento profundo a respeito do seu perfil. Para tanto, você deve exercitar sua empatia: colocar-se no lugar de quem vai comprar seu produto/serviço e agir como se fora ele. Isso mais se parece a um foco no foco do cliente. Afinal, é para ele que estamos trabalhando.

6.3 BUSCA PELA VANTAGEM COMPETITIVA E PELA SUSTENTABILIDADE

Lembre-se de que você não estará sozinho no mercado com o seu novo negócio. Muitos concorrentes certamente estarão oferecendo produtos/serviços similares aos seus e com muitas vantagens e benefícios para os mesmos clientes que você tem como foco. Você não será o único a fazer determinado negócio. Isso significa que você não tem total arbítrio nem total liberdade para trabalhar, pois terá pela frente o balizamento já imposto pelo mercado e pelos concorrentes. Além do mais, você não terá total independência no seu negócio, pelo contrário, você deverá saber manejar as interdependências naturais, como a dependência em relação aos fornecedores de matérias-primas, serviços, de propaganda etc., que nem sempre estarão totalmente à sua disposição, pois têm seus prazos programados, seus clientes, seus compromissos, suas restrições e seus problemas. De outro lado, você dependerá também dos clientes e de suas opções e preferências pessoais.

SAIBA MAIS

Na realidade, você não estará só no mundo dos negócios, mas muito bem acompanhado por ameaças e oportunidades que aparecem intempestivamente e sem nenhum sinal de aviso prévio. A concorrência é um desafio sério. Mais ainda, fazendo uma analogia ao judô, que transforma a força do adversário a seu favor, você deverá fazer com que as ameaças se tornem oportunidades para o seu negócio. Como? Usando seu talento e intuição para transformar cada limão em uma boa limonada. Além disso, o que representa uma ameaça para uns pode significar oportunidades para outros. Uma guerra significa uma ameaça para quem sofre a represália, mas uma oportunidade para quem fabrica armamentos, tanques e canhões. A falta de água significa uma ameaça para quem precisa dela, mas uma oportunidade para quem oferece refrigerantes ou bebidas não alcoólicas. Tudo depende da maneira como você encara a questão. Se você encara uma situação como ameaça potencial ou real, está se colocando na posição de sujeito passivo dela e busca fugir dela ou neutralizá-la para escapar de sua ação nefasta; se você a encara como uma oportunidade de mudança, está se colocando na posição de sujeito ativo ou proativo em busca de uma solução ou alternativa que a transforme em provável oportunidade para reorientar seu negócio.

Vantagem competitiva significa uma condição vantajosa que você tem e que os concorrentes ainda não têm ou ainda não conseguiram alcançá-la. Em geral, a vantagem competitiva é passageira ou fugaz, pois os concorrentes costumam imitá-la ou copiá-la imediatamente. Algumas delas levam algum tempo para serem imitadas. A vantagem competitiva sustentável é aquela de difícil imitação pelos concorrentes e quase sempre apresenta aspectos intangíveis relacionados com a cultura organizacional da empresa e estilo de gestão participativa e inovadora. A inovação é que permite que uma vantagem seja constantemente renovada e inovada. Assim, a melhor maneira de se construir vantagem competitiva está na criação de equipes que valorizem o conhecimento, a imaginação, a criatividade e a inovação dentro da empresa. Pense nisso.

Além disso, há que se pensar em sustentabilidade do negócio. Fazer hoje sem prejudicar o amanhã. Ou, ainda melhor, fazer hoje para melhorar a lucratividade, a sociedade e o ambiente. Assim, todo negócio deve atender a requisitos econômicos, sociais e ecológicos. Em outras palavras, o negócio deve proporcionar benefícios ao empreendedor, benefícios aos clientes e consumidores e respeitar a natureza. Esse é o tripé da sustentabilidade.

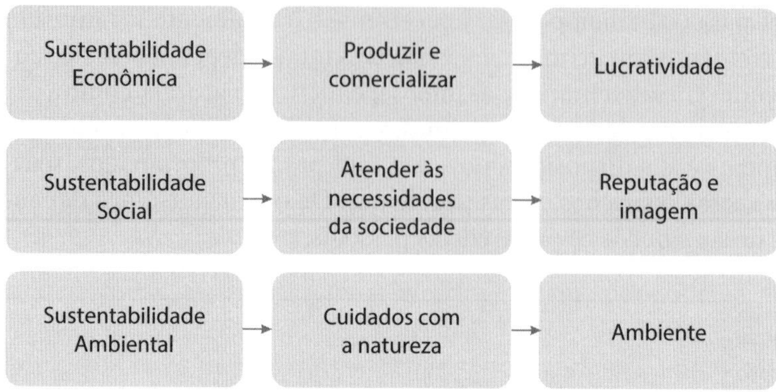

Figura 6.2 Tripé da sustentabilidade.

PARA REFLEXÃO

Você não se esqueceu de nada?

Faça apontamentos, anotações, revisões; tenha uma visão ampla e genérica e, ao mesmo tempo, uma visão detalhada de todos os aspectos de seu negócio. Não confie na memória.

Disponha em seu computador de todos os arquivos necessários para tocar o seu negócio.

Crie agendas, portfólios e calendários para todos os seus compromissos.

Comunique intensamente aos seus parceiros os objetivos a serem alcançados, lembre-os sempre das metas e ajude-os a alcançá-las. Não se esqueça de reconhecer o bom trabalho, entusiasmar a equipe e recompensar abertamente pelas metas atingidas e, se for o caso, ultrapassadas. As pessoas constituem o aspecto mais importante do seu negócio. Clientes também. Mas se você focar as pessoas que os atendem, eles ficarão ainda mais felizes pelo bom atendimento que você proporcionou. Esse é o começo de sua vantagem competitiva: conquistar e reter clientes, fidelizá-los. O trabalho de conquistar um novo **cliente custa várias vezes mais do que o de manter um cliente conquistado**.

Feitas todas essas preliminares, vamos abordar na sequência os diferentes aspectos na condução do seu negócio. Falaremos doravante de equipes, produção, marketing e finanças.

As quatro bases fundamentais para a hora da largada

Empreendimento

Equipe
- Equipe treinada
- Equipe competente
- Equipe satisfeita
- Confiabilidade

Produção
- Produzir bens
- Prestar serviços
- Qualidade
- Produtividade

Marketing
- Promover
- Vender
- Encantar o cliente
- Reter o cliente

Finanças
- Receber contas
- Pagar contas
- Gerir o caixa
- Obter lucro

O tripé da sustentabilidade

Sustentabilidade Econômica → Produzir e comercializar → Lucratividade

Sustentabilidade Social → Atender às necessidades da sociedade → Reputação e imagem

Sustentabilidade Ambiental → Cuidados com a natureza → Ambiente

Contando com a ajuda de especialistas

Contadores
Advogados
Gerentes de banco
Organizações de apoio à empresa
Órgãos governamentais
Universidades

O que oferecer ao cliente?

Inverter o processo tradicional: partir da perspectiva do cliente para oferecer a ele o produto/serviço que ele precisa. A definição do negócio deve partir de fora para dentro e do ponto de vista do cliente e não do produto/serviço que você pretende oferecer. Se você está partindo do produto/serviço que pretende criar ou desenvolver, utilize sempre a perspectiva do cliente que vai comprá-lo. Assim, você deve considerar duas questões fundamentais: Quem é o cliente? Para quem vamos trabalhar? O que tem valor para o cliente ou o que é prioritário para ele. Esse é o caminho para o sucesso do negócio.

Figura 6.3 Mapa mental do Capítulo 6 – Quais serão os passos iniciais?

PARTE III PLANEJANDO O VOO

Capítulo 7 – Plano de negócio

Todo piloto precisa de um plano de voo para conduzir o avião, qualquer que seja o seu tamanho ou características e o objetivo a ser alcançado. O plano de voo assegura que a aeronave chegue ao seu objetivo da melhor maneira possível, com o máximo de rendimento e economia e com toda segurança, mesmo que o piloto não conheça profundamente o trajeto a seguir ou as condições climáticas do percurso. Um empreendimento não é exatamente um avião, mas também precisa de um planejamento prévio antes de levantar voo.

O plano de negócio é uma construção de ideias a respeito do projeto do empreendimento em forma de relatório que configura todos os aspectos de um negócio atual ou futuro a fim de permitir um conhecimento amplo e abrangente do mesmo.

O plano de negócio é fundamental para que o empreendedor e outros atores vinculados a ele, como sócios, investidores, financiadores etc., possam ter uma ideia geral a respeito do negócio a ser empreendido. Para tanto, o plano de negócio deve ser claro, objetivo e, sobretudo, motivador para quem o leia e interprete.

Quadro III.1 Estrutura do livro

PARTE I	PARTE II	PARTE III	PARTE IV	PARTE V
Tomando as primeiras decisões	**Providências iniciais**	**Planejando o voo**	**Gerenciando recursos e competências**	**Questões estratégicas**
1. Espírito empreendedor 2. Entendendo o mundo dos negócios 3. Focalizando o novo negócio	4. O que fazer? Por onde começar? 5. Quem serão os meus aliados? 6. Quais serão os passos iniciais?	**7. Plano de negócio**	8. Gestão da equipe 9. Gestão da produção 10. Gestão do marketing 11. Gestão das finanças	12. Novas abordagens ao empreendedorismo

7 PLANO DE NEGÓCIO

O QUE VEREMOS ADIANTE

- A necessidade de um plano de negócio.
- Pondo as cartas na mesa.
- Como detalhar o plano de negócio.
- Utilidades do plano de negócio.

Para ser bem-sucedido, o empreendedor precisa planejar o seu negócio. Improvisar, jamais. Saltar no escuro não é exatamente uma boa pedida. Planejar significa estudar antecipadamente a ação que será realizada ou colocada em prática e quais os objetivos que se pretende alcançar. Visa proporcionar condições racionais para que a empresa seja organizada e dirigida com base em certas hipóteses a respeito da realidade atual e futura. Se o futuro vai chegar – e ele chega de qualquer maneira –, por que deixar que ele surja sem que se esteja devidamente preparado para enfrentá-lo, a ponto de se improvisar soluções repentinas e apressadas, que nem sempre são as melhores ou mais adequadas à nova situação?

O planejamento produz um resultado imediato: o plano. Todos os planos têm um propósito comum: a previsão, a programação e a coordenação de uma sequência lógica de eventos, os quais, se bem-sucedidos, deverão conduzir ao alcance do objetivo que se pretende. Geralmente, um plano é um curso predeterminado de ação sobre um período especificado de tempo e proporciona respostas às seguintes questões: o que, quando, como, onde e por quem. Na verdade, é uma tomada antecipada de decisões sobre o que fazer, antes de a ação ser necessária. Planejar consiste em simular o futuro desejado e estabelecer previamente os cursos de ação necessários e os meios adequados para atingi-los. Todavia, em tempos de mudanças e transformações rápidas, inesperadas, profundas e disruptivas, o planejamento precisa ser flexível, adaptável e ágil. Em outras palavras, sujeito a mudanças igualmente rápidas, inesperadas e profundas. Muito jogo de cintura pela frente.

O planejamento é uma relação entre coisas a fazer e o tempo disponível para realizá-las. Como o passado já se foi e o presente vai andando, é com o futuro que o planejamento se preocupa. O planejamento pode ser aplicado a qualquer atividade. O planejamento físico serve para definir arranjos espaciais ou físicos, como localização da fábrica, distribuição de equipamentos, arranjo de lojas, escritórios ou agências bancárias. O planejamento de marketing envolve a previsão de vendas, o programa de propaganda, promoções e permite o planejamento de entradas de dinheiro. O planejamento financeiro envolve o orçamento de despesas, o fluxo de caixa, o programa de investimentos etc. O planejamento global é uma combinação de todos os planos existentes na empresa e é o processo que amarra todos os seus planos internos ao esquema maior. Na verdade, cada plano influencia os demais, e para fechar o exercício anual há que se fazer ajustes em todos eles para proporcionar um resultado global e final.

7.1 NECESSIDADE DE UM PLANO DE NEGÓCIO

Se você pretende abrir um novo negócio, precisa ter algum projeto em mente para colocá-lo em prática. É como se você quisesse fazer uma longa viagem de carro por vários estados do país: você precisa de um roteiro, de um mapa detalhado, de um projeto e de um cronograma para guiá-lo nessa empreitada. No caso da abertura de um negócio, a viagem é bem mais longa e complicada, além de estar sujeita a problemas de travessia, chuvas e trovoadas. O roteiro do plano de negócio não elimina os possíveis erros, mas ajuda a enfrentá-los e a direcionar melhor os seus esforços.

O plano de negócio (*business plan*) é documento que abarca um conjunto de dados e informações sobre o futuro empreendimento e define suas principais características e condições para proporcionar uma análise da sua viabilidade e dos seus riscos, bem como para facilitar sua implantação. É uma espécie de plano de viabilização de uma ideia, um pequeno *checklist* para não deixar passar nada despercebido em um empreendimento. O Sebrae desenvolveu um esboço de plano de negócio para ajudar os futuros empreendedores que ali procuram socorro. O Quadro 7.1 mostra os seus itens principais.

Quadro 7.1 Roteiro esquematizado para o plano de negócio[1]

Plano de negócio **1. Ramo de atividade** Por que escolheu esse negócio?
2. Mercado consumidor Quem são os clientes? O que tem valor para os clientes?
3. Mercado fornecedor Quem são os fornecedores de insumos e serviços?
4. Mercado concorrente Quem são os concorrentes?
5. Produtos/serviços a serem ofertados Quais são as características dos produtos/serviços? Quais são os seus usos menos evidentes? Quais são as suas vantagens e desvantagens diante dos concorrentes? Como criar valor para o cliente por meio dos produtos/serviços?
6. Localização Quais são os critérios para a avaliação do local ou do "ponto"? Qual é a importância da localização para o seu negócio?

(continua)

(continuação)

7. Processo operacional
Como sua empresa vai operar etapa por etapa? (Como fazer?) Como fabricar? Como vender? Como fazer o serviço? Qual trabalho será feito? Quem o fará? Com que material? Com que equipamento? Quem tem conhecimento e experiência no ramo? Como fazem os concorrentes?
8. Previsão de produção, previsão de vendas ou previsão de serviços Qual é a necessidade e a procura do mercado? Qual é a sua provável capacidade de produção? Qual é a disponibilidade de matérias-primas e de insumos básicos? Qual é o volume de produção/vendas/serviços que você planeja para seu negócio?
9. Análise financeira Qual é a estimativa da receita da empresa? Qual é o capital inicial necessário? Quais são os gastos com materiais? Quais são os gastos com pessoal de produção? Quais são os gastos gerais de produção? Quais são as despesas administrativas? Quais são as despesas de vendas? Qual é a margem de lucro desejada?

O plano de negócio deve ser um projeto vivo, interessante e motivador para ser consultado por vários atores – como investidores, financiadores, fornecedores, clientes e consumidores, equipe de trabalho etc. – e principalmente para conquistar sua aprovação e adesão. Sua constante atualização é imprescindível.

Geralmente, o plano de negócio é dividido em capítulos para melhor compreensão dos vários aspectos envolvidos, a saber:

- **Sumário executivo:** é uma introdução ao negócio contendo dados pessoais do empreendedor e sócios, experiência profissional, atribuições, bem como informações gerais sobre o empreendimento, missão do negócio, fontes de recursos etc.
- **Análise do mercado:** contendo um estudo do público-alvo, isto é, dos clientes e seu comportamento de compra, mercado de fornecedores, concorrentes, para dar uma ideia do posicionamento do negócio.
- **Plano de marketing:** com a descrição dos produtos e serviços a serem oferecidos, características, preço, estrutura e maneiras de comercialização e distribuição, estratégias promocionais e localização do negócio.
- **Plano operacional**: apresentando o arranjo físico das instalações, processo produtivo, máquinas e equipamentos, pessoal operacional, volume de produção inicial para proporcionar uma ideia da capacidade produtiva.
- **Plano financeiro:** estimativa dos investimentos em máquinas e equipamentos, móveis e utensílios, veículos, bem como da necessidade de capital de giro, fluxo de caixa, prazo médio de vendas e de compras, necessidade média de estoques, estimativa do faturamento mensal da empresa, custo unitário de matéria-prima e de materiais diretos e terceirização, além dos custos de comercialização, de mão de obra, de depreciação. Deve apresentar

um demonstrativo de resultados, projeções financeiras, indicadores de viabilidade, ponto de equilíbrio, lucratividade, rentabilidade e prazo de retorno do investimento efetuado.

- **Avaliação estratégica:** contendo uma análise da matriz de oportunidades, ameaças, pontos fortes e fracos do negócio.

Assim, o plano de negócio funciona como um projeto para que se possa analisar e decidir quanto à viabilidade do empreendimento. Deve apresentar todas as informações possíveis e pode ser estruturado de várias maneiras para convencer investidores, bancos e órgãos de fomento para buscar capital ou convencer outros sócios a investir pesadamente na ideia.

7.2 PONDO AS CARTAS NA MESA

O plano de negócios deve envolver todos os aspectos importantes do novo empreendimento. Ele representa um levantamento exaustivo de todos os elementos que compõem o negócio, internos – o que deverá ser produzido, como, onde, quanto – ou externos – para quem produzir, qual é o mercado, características dos clientes ou consumidores, quais são os concorrentes etc.

Na verdade, o plano de negócio deve esclarecer sobre as principais dúvidas em um novo empreendimento, tais como:

- **O negócio:** se possível, definir o negócio em uma frase apenas, quais produtos e serviços serão oferecidos, as oportunidades a serem aproveitadas, razões para se estimar o sucesso futuro e os objetivos a serem alcançados.
- **A gestão do negócio:** quem serão os administradores, sua formação e experiência, qualificações da equipe de trabalho, a estrutura organizacional e qual será a missão e a visão de futuro.
- **O mercado:** volume esperado de clientes potenciais, como abordá-los, concorrentes principais, fornecedores, diferencial competitivo do negócio, meios de propaganda e divulgação, distribuição e logística.
- **Aspectos financeiros e econômicos:** fontes de recursos e de capital, projeção de faturamento e orçamento de despesas para os dois anos iniciais, projeções mensais de fluxo de caixa para o primeiro ano, volume de negócios para alcançar o ponto de equilíbrio, condições de venda e de faturamento, valor do capital imobilizado em instalações e equipamentos.

Como cada negócio é um negócio, o seu projeto deve ser montado de maneira específica e diferenciada. Cada plano de negócio deve ser personalizado e altamente motivador. Observe, na Figura 7.1, os passos para elaborar o plano de negócio.

CHIAVENATO DIGITAL

Aumente seus conhecimentos sobre **Amplie continuamente o seu negócio** na seção *Saiba mais* EMP 7.1

Faça uma análise completa do setor em que a nova empresa irá funcionar:	Perfil do cliente Características do mercado Características da concorrência Cenário econômico, social e tecnológico
Faça um levantamento completo sobre as características do novo empreendimento:	Características do produto/serviço a ser ofertado Preço e condições de venda Formatação jurídica do empreendimento Estrutura organizacional
Elabore um plano estratégico para o novo empreendimento:	Definição da missão, da visão e dos valores Definição do negócio Determinação dos objetivos estratégicos de longo prazo Estabelecimento da estratégia do negócio
Elabore um plano operacional para o novo empreendimento:	Previsão de vendas Planejamento da produção Previsão de despesas gerais e fluxo de caixa Balancete simulado
Faça um resumo executivo das informações:	Condensação e resumo de todas as informações acima relatadas
Revise cuidadosamente todo o conjunto para obter consonância:	Relação de todos os custos, preços, previsões e despesas que compõem o plano para verificar sua viabilidade e confiabilidade

Figura 7.1 Passos necessários para elaborar o plano de negócio.

7.3 COMO DETALHAR O PLANO DE NEGÓCIO

Todo novo empreendimento deve ser visualizado do ponto de vista de um plano de negócios completo e que contenha todos os elementos importantes para caracterizá-lo adequadamente. O plano deve conter a descrição do setor, a natureza jurídica do negócio, a estrutura organizacional da empresa, os relatórios financeiros simulados, um plano estratégico e um plano operacional.

Se houver necessidade de maior detalhamento do plano de negócio, são apresentadas a seguir algumas sugestões para sua elaboração, indo desde um sumário executivo, uma análise completa e detalhada do setor em que se vai operar e um resumo contendo simulações financeiras e o plano estratégico e operacional do negócio:[2]

1. **Sumário executivo:** dando uma visão geral e abrangente do negócio. Esse sumário deve conter um resumo do plano de negócio e deve ser redigido posteriormente, quando o plano já estiver montado.
   - Texto de um parágrafo sobre a natureza do negócio e os aspectos mais importantes do empreendimento; inclui missão e visão do negócio.
   - Texto de um parágrafo sobre as necessidades que a empresa vai atender no mercado. Inclui o papel do empreendimento em relação à responsabilidade social.
   - Resumo das características do mercado em que a empresa vai operar. Mostra como o mercado está se comportando em relação ao produto/serviço a ser oferecido.

- Breve relatório sobre os sócios do empreendimento.
- Breve relatório sobre os recursos financeiros necessários.

2. **Análise completa e detalhada do setor**
   - Principais características do setor; inclui as variáveis econômicas, sociais, demográficas e políticas que influenciam o mercado.
   - Oportunidades encontradas no mercado.
   - Identificação dos fornecedores de entradas (matérias-primas, dinheiro e crédito, tecnologia, mão de obra etc.).
3. **Natureza jurídica e estrutura organizacional da empresa**
   - Currículo dos sócios do empreendimento que contenha a formação e as competências pessoais de cada um.
   - Funcionários necessários para o empreendimento que contenha o perfil profissional e técnico de cada um.
4. **Simulação de relatórios financeiros**
   - Balanço de abertura da empresa.
   - Previsão de receitas, fluxo de caixa e balanço para o período coberto pelo planejamento.
5. **Plano estratégico**
   - Definição da missão e da visão da empresa.
   - Definição do negócio.
   - Estabelecimento dos objetivos específicos da empresa.
   - Definição da estratégia da empresa.
   - Declaração de premissas do planejamento.
   - Estabelecimento dos objetivos estratégicos de longo prazo.
6. **Plano operacional**
   - Previsão de vendas.
   - Planejamento da produção.
   - Orçamento de despesas gerais.
   - Previsão do lucro operacional.
   - Previsão do fluxo de caixa e balancete.
   - Balanço patrimonial simulado.
   - Previsão de índices operacionais e financeiros.
7. **Apêndices**
   - Contatos pertinentes.
   - Informações técnicas.

A última parte do plano de negócio deve conter os relatórios financeiros simulados. O balanço de abertura simulado deve relacionar os bens patrimoniais e os compromissos financeiros da empresa no início de suas operações, bem como o ativo e passivo, os bens nos quais os recursos foram alocados. Se a empresa já estiver em atividade, o balanço deve refletir a situação do empreendimento no início do período abrangido pelo plano. A previsão de receita e o fluxo de caixa devem ser alterados na medida em que houver alterações nos objetivos do empreendimento.

Uma boa ideia é seguir o modelo de plano de negócio que o Sebrae disponibiliza em seu *site*.[3]

Os banqueiros e capitalistas de risco exigem um plano de negócio para aprovar empréstimos ou financiamentos para todo e qualquer novo empreendimento. Muitos candidatos a sócios querem analisar o plano de negócio para avaliá-lo e decidir sobre sua participação. Relatórios financeiros simulados são importantes para que tanto investidores como os sócios saibam antecipadamente quais serão os futuros desdobramentos do empreendimento. De qualquer maneira, o novo negócio precisa ter uma forma específica e ser bem administrado para alcançar o sucesso. O plano de negócio deve ser simultaneamente conciso e abrangente de tal maneira que quem o leia e o analise tenha uma ideia completa do empreendimento.

Contudo, o plano de negócio é um projeto a ser implementado e desenvolvido ao longo do tempo. Portanto, requer execução por parte das pessoas envolvidas no negócio. Não se deve esquecer que as pessoas ocupam papel determinante na realização do plano e no sucesso do empreendimento. Daí a necessidade de incluir os currículos profissionais dos sócios empreendedores.

CHIAVENATO DIGITAL

Baixe um **Exemplo de um plano de negócio** na seção *Modelos* EMP 7.1

7.4 UTILIDADES DO PLANO DE NEGÓCIO

O plano de negócio é um projeto indispensável para definir os rumos atuais e futuros do novo empreendimento. As utilidades do plano de negócio são muitas, mas podemos citar algumas:

- Cobre todos os aspectos internos e externos do negócio.
- Abrange todos os aspectos atuais e futuros do negócio; funciona como uma visão integrada e sistematizada do negócio.
- Serve como um guia abrangente para a condução do negócio.
- Informa o mercado – principalmente os investidores, bancos e financeiras – a respeito do negócio.
- Divulga aos parceiros internos e externos as características do negócio.
- Funciona como um meio de avaliação dos desdobramentos do negócio. Um verdadeiro indicador de métricas para avaliação posterior.

Na verdade, o plano de negócio permite melhores condições para planejar, organizar, dirigir, avaliar e controlar o negócio. Em outras palavras, ele serve para retratar o início, o meio e o fim de um empreendimento. É imprescindível fazer revisões contínuas no plano de negócio para mantê-lo atualizado e dinâmico. Lembre-se de que ele se assemelha a um plano de voo: indica o início, o meio e o fim de uma viagem e deve levar em conta todos os acidentes de percurso, a influência do clima no ambiente de negócios e as possíveis turbulências no meio do caminho.

7.5 MODELO DE NEGÓCIO CANVAS

Alexander Osterwalder desenvolveu um gerador de modelo de negócio (*Business Model Generation*) que permitisse um grau maior de inovação, prototipação e cocriação (criação colaborativa), utilizando conceitos de *design thinking* mediante um simples gráfico separado em nove blocos, que recebeu a denominação Canvas.[4] Apesar de parecer um simples diagrama de blocos, o modelo traz uma enorme facilidade de análise da estrutura do negócio. E começa com quatro perguntas-chave:

1. Qual é o valor a oferecer?
2. Quem será o cliente?
3. Como?
4. Qual o volume de recursos a movimentar?

O esboço do modelo envolve nove elementos-chave para explicar a lógica de como uma empresa cria, entrega e captura valor:

1. **Segmentação da clientela:** ou seja, a escolha de uma fatia do mercado para definir um nicho de clientes. Todo negócio deve ser desenvolvido a partir de uma perspectiva do cliente. Toda ideia deve ser mirada por meio dos olhos do cliente que vai pagar pelo produto ou serviço que o negócio vai entregar. Esse é o primeiro passo.
2. **Proposta de valor a oferecer:** isto é, o benefício ou vantagens a entregar ao cliente e que o façam trocar o produto concorrente pelo seu. Na verdade, você não oferece um produto, mas uma oferta de valor.
3. **Canais de contato com a clientela:** os canais descrevem os caminhos por meio dos quais você comunica e entrega valor para o cliente, seja pela comunicação, vendas e distribuição do produto. Envolve os seguintes Ps do velho marketing: propaganda, promoção e praça. Ou qualquer tipo de interface do seu negócio com o cliente no sentido de que o segmento escolhido possa tomar conhecimento e avaliar a proposta de valor do produto e decidir fazer a compra e utilização.
4. **Relacionamento com os clientes:** ou seja, definir estratégias que conquistem os clientes garantindo um entrosamento com as suas necessidades ou superando suas expectativas no sentido de fidelizá-lo. A comunicação, o atendimento, o serviço ao cliente fazem parte integrante desse bloco.
5. **Fontes de receita**: quais são as maneiras pelas quais o cliente vai pagar pelo valor recebido, como venda do produto, assinatura, aluguel, licença, leilão, tempo de uso ou de permanência ou outras formas alternativas e inovadoras.
6. **Principais recursos necessários:** é o primeiro bloco do lado esquerdo do mapa, destinado à parte operacional do negócio. São os ativos fundamentais para o negócio funcionar, como máquinas, equipamentos, instalações, plataformas, bem como ativos intangíveis, como equipes dotadas de competências, patentes etc.
7. **Atividade principal do negócio:** as atividades mais importantes que o negócio vai exigir de maneira constante, produção, desenvolvimento de produtos, vendas, estoques, manutenção etc.
8. **Parcerias-chave:** como empresas que ajudam o negócio a entregar a oferta de valor. Quase sempre isso envolve fornecedores de um lado e distribuidores de outro. Ou certas

formas de terceirização ou qualquer tipo de tarefa ou matéria-prima essencial fornecida por outra empresa e que garante o funcionamento do negócio. Afinal, nenhum negócio é autocontido ou isolado do mundo.

9. **Estrutura de custos:** o último bloco do modelo descreve os principais custos que determinam o peso financeiro arcado pelo negócio.

A Figura 7.2 permite uma visualização do modelo.

	Parceiros chave	**Atividades chave**	**Recursos principais**
Como?	Quem são nossos parceiros chave? Quem são nossos fornecedores? Quais são os recursos que adquirimos deles? Quais são as atividades que desempenham?	Quais são as atividades que nossa proposta de valor requer? Nossos canais de distribuição? Nossos relacionamentos com os consumidores? Nosso fluxo de receitas?	Quais são os recursos que a nossa proposta de valor requer? Nossos relacionamentos com consumidores? Nosso fluxo de receitas?
O quê?	**Proposta de valor ao cliente** Qual é o valor que entregamos aos consumidores? Qual dos problemas dos consumidores que ajudamos a resolver? Qual o conjunto de produtos/serviços oferecemos a cada segmento de clientes? Quais necessidades dos clientes que estamos satisfazendo? Qual é o nosso produto mínimo viável?		
Para quem?	**Relacionamento com o cliente** Como buscamos, negociamos e encantamos nossos clientes? Quais as relações que criamos com os clientes? Como integramos nossos clientes com nosso modelo de negócio?	**Canais** Por meio de quais canais integramos nossos segmentos de clientes? Como estamos integrados com nossos clientes? Como buscamos novos clientes? Qual é o custo/eficiência de nossos canais?	**Segmentos de clientes** Para quem estamos criando valor? Quem são nossos mais importantes clientes? O que nosso cliente realmente precisa, necessita ou deseja? Qual é o perfil de nosso cliente? Como podemos agrupar ou segmentar nossos clientes para atendê-los melhor?
Estrutura de custos Quais são os custos mais importantes do nosso negócio? Quais os recursos chave que são mais expensivos? Quais as atividades chave que são mais caras? Onde estão nossos custos mais elevados?		**Fontes de receitas** Qual é o valor que nossos clientes estão dispostos a pagar? Por que razão eles pagam? Qual é o nosso modelo de receita? Quais são as nossas táticas de precificação?	

Figura 7.2 Modelo Canvas de negócio.

7.5.1 Validação do modelo de negócio

Uma vez preenchidos os nove blocos do modelo, torna-se importante assegurar cinco aspectos fundamentais para o sucesso do negócio:

1. A proposta de valor atende adequadamente às necessidades de cada segmento de clientes?
2. Os canais e os relacionamentos permitem entregar a proposta de valor?
3. Os parceiros têm as condições de complementar todas as atividades do negócio?
4. O negócio tem acesso a todos os recursos necessários às suas atividades-chave?
5. As receitas são suficientes para cobrir todos os custos e gerar lucro?

A partir daí, é importante transformar o modelo de negócio em uma realidade bem-sucedida. A bola é sua!

Montagem do plano de negócio

- Sumário executivo
- Análise do mercado
- Plano de marketing
- Plano operacional
- Plano financeiro
- Avaliação estratégica

Roteiro do plano de negócio

1. Ramo de atividade
2. Mercado consumidor
3. Mercado fornecedor
4. Mercado concorrente
5. Produtos ou serviços
   Características
   Vantagens e desvantagens
   Valor para o cliente
6. Localização
   Critérios
   Importância para o negócio
7. Processo operacional
   Etapas do processo produtivo
   Como vender
   Qual trabalho será feito
   Com que material e equipamento
   Como fazem os concorrentes
8. Previsão de produção
   Necessidade do mercado
   Matérias-primas e insumos básicos
   Volume de produção e vendas
9. Análise financeira
   Estimativa de receita
   Capital inicial necessário
   Gastos com materiais
   Gastos com pessoal produtivo
   Despesas administrativas

Informações básicas do plano de negócio

- **O negócio:** se possível definir o negócio em uma frase apenas, quais produtos e serviços serão oferecidos, as oportunidades a serem aproveitadas, razões para se estimar o sucesso futuro e os objetivos a serem alcançados.
- **A gestão do negócio:** quem serão os administradores, sua formação e experiência, qualificações da equipe de trabalho, a estrutura organizacional e qual será a missão e a visão de futuro.
- **O mercado:** volume esperado de clientes potenciais, como abordá-los, concorrentes principais, fornecedores, diferencial competitivo do negócio, meios de propaganda e divulgação, distribuição e logística.
- **Aspectos financeiros e econômicos:** fontes de recursos e de capital, projeção de faturamento e orçamento de despesas para os dois anos iniciais, projeções mensais de fluxo de caixa para o primeiro ano, volume de negócios para alcançar o ponto de equilíbrio, condições de venda e de faturamento, valor de capital imobilizado em instalações e equipamentos.

Utilidade do plano de negócio

Cobre todos os aspectos internos e externos do negócio.
Oferece uma visão integrada do negócio atual e futuro.
Serve como um guia abrangente para a condução do negócio.
Informa o mercado – investidores, bancos e financeiras – sobre o negócio.
Divulga aos parceiros internos e externos as características do negócio.
Funciona como um meio de avaliação dos desdobramentos do negócio.

Figura 7.3 Mapa mental do Capítulo 7 – Plano de negócio.

REFERÊNCIAS

1. *Vide*: http://www.bibliotecas.sebrae.com.br/chronus/ARQUIVOS_CHRONUS/bds/bds.nsf/5f6dba19baaf17a98b4763d4327bfb6c/$File/2021.pdf. Acesso em: 30 nov. 2020.
2. WILLIAMS, Edward E.; THOMPSON, James R.; NAPIER, H. Albert, *Plano de negócios*: princípios para um planejamento consistente. São Paulo: Publifolha, 2002. p. 26-27.
3. *Vide*: http://www.bibliotecas.sebrae.com.br/chronus/ARQUIVOS_CHRONUS/bds/bds.nsf/5f6dba19baaf17a98b4763d4327bfb6c/$File/2021.pdf. Acesso em: 30 nov. 2020.
4. OSTERWALDER, Alexander; PIGNEUR, Yves. BUSINESS MODEL GENERATION: inovação em modelos de negócios. Rio de Janeiro: Alta Books, 2010. *Vide* também: www.strategyzer.com.

PARTE IV GESTÃO DE RECURSOS E DE COMPETÊNCIAS

Após terem sido tomadas as decisões iniciais, satisfeitas as providências na construção do negócio e definido o plano de voo, chega a hora de colocar o empreendimento em marcha, tocar a empresa, colocá-la em atividade, fazê-la funcionar e começar a produzir resultados compensadores para todos os que estão nela envolvidos direta ou indiretamente. A empresa é constituída de uma composição mesclada e inteligente de competências diversas e de recursos físicos, materiais e tecnológicos para suprir todas as suas necessidades, produzir algo e atender de sobra às expectativas dos clientes e do mercado.

Tal como o equilibrista de pratos no circo de antigamente, o empreendedor precisa trabalhar simultaneamente com vários e diferentes elementos em conjunto: sua equipe de trabalho, a produção, o marketing e as finanças. Todos esses aspectos precisam funcionar em um estado de equilíbrio dinâmico e mutável em função das circunstâncias externas. Um empreendimento não é uma simples máquina constituída de algumas peças articuladas. Não se trata de blocos de construção intimamente relacionados. Longe disso, ele é um organismo vivo – pois é constituído por pessoas – que nasce, cresce, engorda, emagrece e pode até morrer. Mais ainda, ele é um sistema aberto que envolve vários subsistemas intimamente inter-relacionados entre si para enfrentar os desafios de um meio ambiente dinâmico e mutável. Qualquer influência interna ou externa sobre um dos subsistemas afeta a totalidade do sistema.

Como os recursos são inertes e estáticos, eles requerem competências para permitir a sua plena utilização e o alcance de resultados satisfatórios. Ao contrário dos recursos que são ativos tangíveis, inertes, estáticos e uniformes, as competências constituem ativos intangíveis e invisíveis. Elas estão na cabeça e nos comportamentos e atitudes das pessoas que constituem a equipe que deverá integrar o empreendimento, e compete ao empreender saber selecioná-las, prepará-las, motivá-las e liderá-las. Além de conhecer o mercado, conhecer o produto/serviço que irá produzir e oferecer, a clientela que servirá, o empreendedor também precisa saber como liderar o empreendimento e as pessoas que irão trabalhar com ele. O empreendedor também precisará funcionar como um gestor.

Quadro IV.1 Estrutura do livro

PARTE I	PARTE II	PARTE III	PARTE IV	PARTE V
Tomando as primeiras decisões	**Providências iniciais**	**Planejando o voo**	**Gerenciando recursos e competências**	**Questões estratégicas**
1. Espírito empreendedor 2. Entendendo o mundo dos negócios 3. Focalizando o novo negócio	4. O que fazer? Por onde começar? 5. Quem serão os meus aliados? 6. Quais serão os passos iniciais?	7. Plano de negócio	**8. Gestão da equipe** **9. Gestão da produção** **10. Gestão do marketing** **11. Gestão das finanças**	12. Novas abordagens ao empreendedorismo

8 GESTÃO DA EQUIPE

O QUE VEREMOS ADIANTE

- A empresa como um sistema sociotécnico.
- A gestão participativa.
- O *empowerment*.
- Como liderar e motivar uma equipe dinâmica.

São as pessoas que fazem o negócio acontecer. Tanto aquelas que empreendem, aquelas que trabalham no negócio, como aquelas que compram seus produtos ou serviços. Todo empreendimento é criado por pessoas, para pessoas e com pessoas. Não há como fugir disso. Embora a empresa seja dotada de máquinas, equipamentos, prédios, instalações, tecnologias e uma porção de outros recursos físicos, na realidade esses elementos concretos por si sós não conseguem fazê-la funcionar nem atingir os seus objetivos. Todos os recursos físicos e financeiros que a empresa reúne precisam ser ativados e manejados para que consigam operar e proporcionar resultados. E isso é feito pelas pessoas. São elas que dão vida, inteligência, imaginação e criatividade, inovação, emoção e ação para a empresa. São elas que garantem a dinâmica do negócio mediante seus conhecimentos, habilidades e competências. Nenhuma empresa consegue funcionar sem as pessoas. Mais do que isso: são as pessoas que proporcionam excelência, qualidade, produtividade e competitividade para o empreendimento. Daí a sua importância vital para o sucesso do negócio. Além disso, convém não esquecer que o cliente avalia a sua empresa e o seu produto por meio das pessoas que o servem e o atendem. E a satisfação dele depende disso.

Provavelmente, o passo mais importante para o sucesso do empreendedor é a escolha da equipe certa para o seu negócio. Será a equipe que terá em suas mãos a tarefa de comprar, produzir, comercializar e garantir o sucesso financeiro e comercial do negócio. E equipe não significa apenas um grupo de pessoas que trabalha cada qual em sua atividade separada e isolada. Hoje, as pessoas não mais trabalham sozinhas e isoladas. Ao contrário, as empresas bem-sucedidas estão juntando – e não mais separando – as pessoas. O conceito de cargo está sendo substituído pelo trabalho em equipe. Quando as pessoas trabalham em equipe, podem trocar ideias e experiências, aprender e intercambiar soluções, experiências e conhecimento, bem como trabalhar em conjunto se ajudando reciprocamente. A união faz a força. O esforço em equipe proporciona responsabilidade solidária e transforma o trabalho em uma atividade social, não meramente técnica ou operacional. Nesse sentido, tanto o empreendedor como seus parceiros diretos precisam aprender a trabalhar em equipe, a aceitar diferentes pontos de vista, a confiar nas pessoas, a delegar responsabilidades, a permitir que as pessoas falhem e aprendam com os seus erros para evitá-los no futuro. E criar uma responsabilidade solidária.

Gestão de equipes é uma das tarefas mais importantes para o empreendedor, principalmente porque cada pessoa é única, com sua individualidade, sua personalidade, sua história e suas experiências, assim como seus objetos pessoais, suas habilidades etc. E a equipe bem construída e liderada produz um resultado excedente graças ao efeito multiplicador da colaboração e cooperação.

CHIAVENATO DIGITAL

Aumente seus conhecimentos sobre **Construa criteriosamente a sua equipe** na seção *Saiba mais* EMP 8.1

8.1 EMPRESA COMO UM SISTEMA SOCIOTÉCNICO

As empresas estão envolvidas em um processo de transformação de recursos e competências em produtos/serviços. Por ser constituída de pessoas, toda empresa constitui um sistema social. Ao analisar o trabalho empresarial como uma totalidade, pode-se perceber a existência de um sistema sociotécnico: toda organização consiste em uma combinação administrada de tecnologia e de pessoas, de tal forma que ambos os lados estão intimamente inter-relacionados.

Assim, o sistema sociotécnico é constituído por três subsistemas principais (Figura 8.1):[1]

1. **Subsistema técnico:** também denominado sistema tecnológico, inclui o fluxo de trabalho, as tarefas a serem executadas e a tecnologia existente. Máquinas, equipamentos, instalações e técnicas de produção estão aí inseridos. É o subsistema técnico que determina quais são os conhecimentos, as habilidades, as experiências, as aptidões, enfim, todas as características que as pessoas deverão possuir para ingressar e permanecer na empresa. É também o subsistema técnico que determina o que deve ser feito, como, quando e onde. Estabelece a chamada estrutura organizacional da empresa, que é a organização oficialmente aceita, representada pelo organograma da empresa.
2. **Subsistema social:** é um subsistema humano ou cultural por ser constituído pelas pessoas que ingressam e permanecem na empresa, com suas características próprias de personalidade, conhecimentos e habilidades, experiências e o trabalho que realizam de acordo com as exigências técnicas. São as pessoas que ocupam os cargos e executam as tarefas definidas pelo subsistema técnico. Na verdade, elas não se adaptam com passividade às imposições técnicas, mas atuam dinamicamente no sentido de alterá-las de maneira constante e contínua. Por outro lado, as pessoas não trabalham isoladamente nem são seres mecânicos. Elas são seres sociais, vivem em grupos sociais e compartilham ideias e expectativas entre si. Daí surge a organização informal, constituída pelos grupos sociais que naturalmente surgem dentro da empresa e pelos padrões de comportamento e normas de conduta que tais grupos aceitam ou rejeitam socialmente. A organização informal é a rede de grupos sociais que se forma naturalmente, as relações de amizade

ou de inimizade que predominam na empresa, o comportamento espontâneo das pessoas e de grupos. A organização informal não aparece no organograma e pode facilitar ou dificultar o funcionamento da organização formal O ideal é fazê-la colaborar, e não atrapalhar. Para tanto, é necessário levá-la em conta. Isso significa que as pessoas devem ser envolvidas em todo trabalho por meio de parceiras e colaboração, como sujeitos ativos, e não simplesmente como sujeitos passivos ou recursos inertes. Não se trata de impor soluções de cima para baixo, mas de fazer com que as pessoas participem ativamente da tarefa de organizar e desempenhar o seu trabalho de baixo para cima e de melhorar continuamente aquilo que fazem porque são elas que conhecem melhor do que ninguém as tarefas que executam no seu cotidiano.

3. **Subsistema gerencial:** constitui o aparato administrativo que cuida da gestão da empresa. Envolve os diretores, gerentes e supervisores que atuam no nível institucional, tático e operacional da estrutura organizacional das médias e grandes empresas. Nas pequenas empresas, esses três níveis constituem um só. É o sistema que garante a integração entre o componente humano e o tecnológico. Esses dois subsistemas – social e técnico – precisam ser devidamente integrados e coordenados para que possam funcionar em constante interação. Esse é o papel do sistema gerencial: proporcionar um elo estreito entre o subsistema social e o técnico.

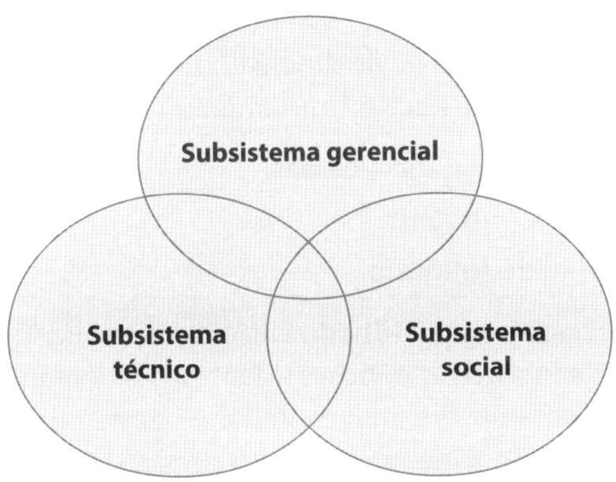

Figura 8.1 A empresa como um sistema sociotécnico.[2]

Assim, toda empresa constitui um sistema sociotécnico, ou seja, um sistema técnico e um sistema social que operam simultaneamente e integrados entre si pelo sistema gerencial. A integração desses dois subsistemas provoca um efeito multiplicador, que é denominado sinergia ou efeito sinérgico. Quando bem integrados, cada sistema auxilia o outro e alavanca seus resultados, provocando uma influência recíproca e positiva. Na realidade, o sistema técnico e o social não podem ser encarados isoladamente, mas no contexto total da organização. Qualquer alteração em um deles certamente provocará forte influência no outro.

CHIAVENATO DIGITAL

Aumente seus conhecimentos sobre **Como avaliar a eficiência de sua equipe?** na seção *Saiba mais* EMP 8.2

8.2 GESTÃO PARTICIPATIVA

O empreendedor deve fazer com quem sua equipe não fique limitada ou confinada em cargos isolados e superespecializados, com tarefas repetitivas e monótonas. Ao contrário, deve fazer com que cada atividade seja um evento coletivo e cooperativo, um trabalho de equipe e de colaboração entre as pessoas envolvidas. Deve delegar total responsabilidade à equipe para que melhore continuamente as tarefas e resolva os problemas operacionais, trazendo à tona as soluções encontradas, e não simplesmente os problemas ocorridos. Deve acostumar a equipe à mudança e à inovação, tendo em mente a melhoria contínua da qualidade e da produtividade e, sobretudo, o excelente atendimento ao cliente. Deve desenvolver padrões de excelência e de otimização das atividades. O empreendedor precisa fazer com que a preocupação e a resistência das pessoas com relação às mudanças sejam totalmente substituídas por cooperação, interesse e desejo para mudar. Para tanto, deve transformar uma mudança, que possa ser encarada como um risco pessoal, em algo que signifique realmente uma oportunidade pessoal de melhoria e de desenvolvimento.

A gestão participativa exige três aspectos fundamentais:[3]

1. Envolvimento mental e emocional das pessoas.
2. Motivação para colaborar e contribuir.
3. Aceitação da responsabilidade solidária.

A participação é um processo compartilhado entre o empreendedor e sua equipe de trabalho. O empreendedor deve incentivar continuamente a participação do pessoal por meio dos três aspectos fundamentais anteriormente citados. A gestão participativa, baseada nas pessoas, tem sido apontada como a alavanca para o progresso. Ela representa o envolvimento das pessoas na gestão do negócio, além de uma evolução do processo democrático. É importante ressaltar que ela não se baseia simplesmente na democracia da maioria – tão utilizada na nossa vida política e na atividade sindical –, mas na democracia do consenso. Na democracia da maioria prevalece a vontade da parcela que for maior em detrimento da parte que tiver o menor número de pessoas: quando a maioria ganha, a minoria perde. Na democracia por consenso prevalece o resultado das negociações entre todas as partes, incluindo também a vontade das minorias e de todas as partes envolvidas.

Para desenvolver uma equipe coesa e altamente eficiente, o empreendedor precisa conhecer os itens a seguir.

- **Como formar a equipe:** promova adequadamente o recrutamento e a seleção do pessoal, procurando sempre pessoas dinâmicas que possam agregar valor à empresa. Forme sua empresa com pessoas que você julgar serem melhores do que você, para que elas tragam resultados ao seu negócio. Considere-as suas parceiras no negócio.
- **Como preparar a equipe:** proporcione o contínuo treinamento e desenvolvimento das pessoas. Faça com que, diariamente, cada pessoa agregue mais valor às suas habilidades,

aos seus conhecimentos e ao seu trabalho. Ao investir na melhoria das pessoas, você estará apostando diretamente na melhoria do seu próprio negócio.

- **Como remunerar a equipe:** assegure salários e remunerações condizentes, além de benefícios materiais. Estabeleça objetivos desafiadores e oriente as pessoas em direção a eles, sem deixar de avaliar, reconhecer publicamente e recompensar o desempenho excelente. Cada conquista merece ser festejada, cada vitória precisa ser comemorada.
- **Como desenvolver clima e cultura:** crie uma atmosfera calorosa e agradável de trabalho e de espírito de equipe que possibilite a inovação, a melhoria contínua, a excelência, a participação e o comprometimento das pessoas.

Em suma, o empreendedor deve utilizar o que existe de mais importante em cada pessoa: o seu cérebro, a sua inteligência, as suas competências, a sua participação emocional. Saber gerenciar pessoas é saber extrair delas o que cada um tem de melhor para fazer um trabalho excelente, ser uma extensão do empreendedor na melhoria contínua do trabalho e na excelência do produto/serviço e no ótimo atendimento ao cliente.

CHIAVENATO DIGITAL

Aumente seus conhecimentos sobre **Afinal, quem são os seus parceiros?** na seção *Saiba mais* EMP 8.3

8.3 COMO FORMAR A EQUIPE DE TRABALHO

Uma equipe não surge pronta e acabada. Ela precisa ser construída e reconstruída ao longo do tempo. E isso exige uma ampla variedade de atividades que valem a pena. Por que elas fazem parte do sucesso de um negócio. Para formar uma equipe, é necessário recrutar, selecionar, integrar, treinar, liderar, incentivar, avaliar e recompensar pessoas pelo seu trabalho coletivo e cooperativo. Veja a Figura 8.2. Afinal, será a sua equipe, mesmo que ela seja constituída por uma ou duas pessoas, e não você que executará todo o trabalho a ser realizado.

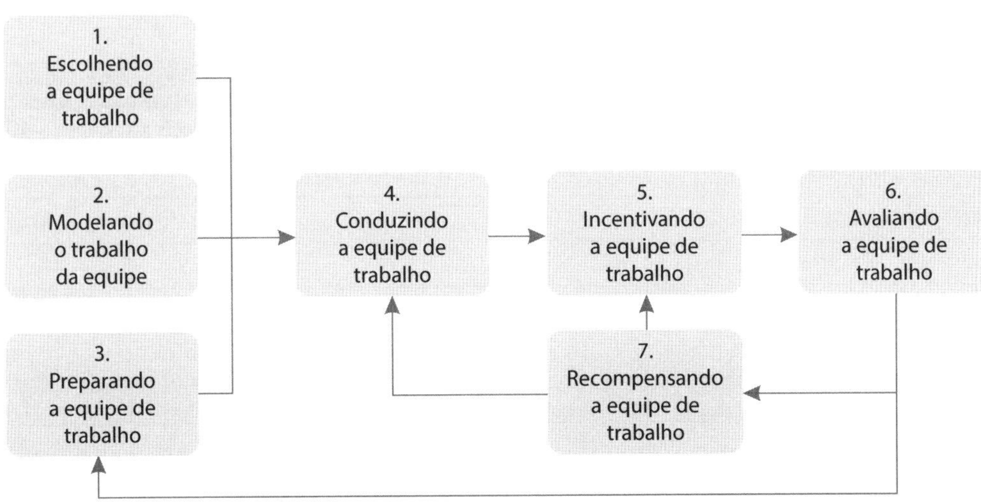

Figura 8.2 Etapas na formação de uma equipe.[4]

Recrutar significa buscar pessoas no mercado para fazer parte da empresa. O recrutamento é uma ferramenta para localizar talentos e trazê-lo à empresa. Isso pode ser feito pela *web*, por indicações de amigos e conhecidos, por anúncios em jornais locais e até por agências de recrutamento. No entanto, para que o recrutamento tenha eficácia e funcione realmente, é necessário saber onde recrutar, isto é, onde estão as fontes de recrutamento para o seu negócio: nas escolas ou universidades, em determinados locais de aglomeração de pessoas como metrô, linhas de ônibus, *shopping centers* etc. O fundamental é informar ao mercado que você precisa de gente para trabalhar e onde pode recebê-la e informar melhor. O recrutamento é eficaz quando traz candidatos para um contato presencial ou virtual. Essa eficácia pode ser aumentada quando o recrutamento traz candidatos realmente interessantes para a empresa. É importante que os candidatos preencham uma solicitação de emprego ou entreguem um *curriculum vitae* básico que pode ser enviado pela internet.

> CHIAVENATO DIGITAL
> Baixe um modelo de **curriculum vitae básico** na seção *Modelos* EMP 8.1

Selecionar significa escolher dentre os candidatos que se apresentam aqueles que realmente têm condições para serem admitidos na empresa. Essa escolha pode ser feita de várias maneiras, quase sempre adotadas em conjunto. O primeiro passo é uma entrevista de triagem dentre os candidatos para avaliar quem pode prosseguir no processo seletivo. A entrevista de triagem é relativamente rápida e superficial e pode obedecer à sequência dos dados do *curriculum vitae*. Sua função básica é separar os candidatos que têm condições de competir daqueles que não interessam no momento. Recomendam-se anotações no *curriculum vitae* para ambos os casos, pois pode aparecer algum candidato potencialmente interessante para o futuro e os seus dados devem ser arquivados para posterior avaliação. O segundo passo para quem superou a entrevista de triagem consiste em uma entrevista mais profunda para melhor conhecer o candidato. Em geral, o candidato é avaliado por meio de vários indicadores a respeito de seu trabalho futuro na empresa. Esses indicadores variam conforme a atividade e podem ser medidos em uma escala de 0 a 10, como no Quadro 8.1. Essa escala permite comparar os resultados dos vários candidatos entrevistados.

Quadro 8.1 Avaliação da entrevista com o candidato

Indicadores da entrevista pessoal										
	1	2	3	4	5	6	7	8	9	10
Relacionamento humano										
Espírito de equipe										
Facilidade de expressão										
Organização pessoal										
Atitude frente ao trabalho										
Atitude frente ao futuro										
Outros aspectos										

O terceiro passo é uma prova prática – escrita ou oral – a respeito dos conhecimentos e habilidades que se requer do candidato. Se a atividade é de balconista, nada melhor do que uma simulação de atendimento ao cliente; se é de costura, a alternativa é solicitar um trabalho desse tipo; se é de motorista, o melhor é avaliar o candidato na prática dessa função. O quarto passo consiste em comparar os resultados da avaliação dos vários candidatos e escolher o mais adequado às necessidades do empreendimento. Após a admissão do candidato escolhido, vem a integração dele na empresa. Integrar significa incluir e agregar o candidato ao negócio da empresa. Em outras palavras, conseguir engajá-lo nas atividades que vai realizar. Para tanto, deve conhecer os produtos/serviços da empresa, familiarizar-se com as normas e expectativas a respeito do seu trabalho, conhecer o perfil da clientela, entender as metas e objetivos esperados de sua atividade, saber como realizar seu trabalho de maneira excelente etc.

8.3.1 Como preparar a equipe

Toda equipe precisa de preparação intensiva e continuada. É o que chamamos de treinamento e desenvolvimento para alcançar a formação e capacitação das pessoas. Uma tarefa que não tem fim. E isso é de responsabilidade do empreendedor: saber treinar e preparar a sua equipe de trabalho e dotá-la das competências necessárias. Uma maneira de saber como preparar a equipe é definir antecipadamente quais as competências que cada membro dela necessita: as chamadas competências necessárias. E avaliar as competências disponíveis, isto é, as competências atuais de cada membro da equipe. E comparar o *gap* entre elas. A discrepância entre ambas define as carências de treinamento que devem compor o programa de treinamento a ser ministrado. O empreendedor tem dois caminhos pela frente: o primeiro é ele próprio ser o treinador ou *coach* de sua equipe; o segundo é fazer com que a equipe participe de algum programa externo de treinamento ou de alguma universidade. Uma equipe despreparada põe qualquer empreendimento em perigo, enquanto uma equipe preparada abre as portas para o sucesso de qualquer empreitada.

8.3.2 Como remunerar a equipe

Se a ideia é meramente fazer com que a equipe faça o seu trabalho de maneira rotineira e sempre igual um salário fixo, é necessário e suficiente. Contudo, se a ideia é alcançar e ultrapassar metas e objetivos, ele é necessário, mas não suficiente. É preciso estimular e incentivar as pessoas a trabalhar tendo em vista metas e objetivos que precisam ser cumpridos e ultrapassados dentro de certos prazos de tempo. Assim, a remuneração precisa variar de acordo com metas, objetivos e prazos para que as pessoas sintam que todo esforço a maior tem um retorno adequado. A remuneração variável pode envolver bônus no final do exercício ou participação no resultado de cada atividade da empresa (um percentual para a empresa e outro para o colaborador).

8.3.3 Como desenvolver clima e cultura

A empresa deve ter um ambiente de trabalho excelente, agradável e gostoso dentro do qual as pessoas gostam de permanecer e compartilhar. Se possível divertido. A isso se dá o nome de clima organizacional: a maneira pela qual as pessoas se sentem satisfeitas e percebem positivamente o seu ambiente de trabalho. O clima depende fortemente da cultura organizacional. Ela representa a maneira de pensar, sentir e agir dentro da empresa, o modo como as pessoas se relacionam, como elas são tratadas, como são consideradas e como são valorizadas. A cultura decorre da maneira como o empreendedor visualiza o seu negócio e a participação de sua equipe no seu sucesso. Daí a importância de uma cultura democrática, participativa, envolvente na qual as pessoas se sentem donas, sócias ou proprietárias do negócio. Engajamento das pessoas é o resultado disso tudo.

8.3.4 Como liderar a equipe

Com sua equipe, o empreendedor alcança metas e produz resultados. Para tanto, precisa saber como escolher sua equipe, como desenhar o trabalho para aplicar as competências da equipe, como treinar e preparar a equipe para aumentar sua excelência, como liderar e impulsionar a equipe, como motivar a equipe, como avaliar o desempenho da equipe para melhorá-lo cada vez mais e como recompensar a equipe para reforçar e reconhecer seu valor. Essa é a sua praia. Trabalhar com a equipe passa a ser a atividade principal do empreendedor que deve atuar como um verdadeiro gestor de pessoas. Para tanto, o empreendedor precisa ter os seguintes cuidados:

Quadro 8.2 Fatores de avaliação de equipes[5]

Objetivos claros	A missão e os objetivos da equipe devem ser claramente definidos e aceitos por todos os membros. O objetivo de cada membro da equipe deve também ser apoiado pela equipe toda. Cada um deve ajudar o outro.
Visão coordenada	Os participantes da equipe devem alcançar uma visão conjunta e coerente da situação. O grupo gera a definição da missão e da visão organizacional, determina as direções de seus movimentos, define seus propósitos e problemas e especifica suas atividades.
Distribuição de papéis	Os membros da equipe são designados para suas posições de acordo com suas propensões, habilidades, competências. Devem estar bem esclarecidos quanto aos seus papéis para poder desempenhar seus deveres com suas melhores habilidade e competências.
Decisões colaborativas	A equipe deve evitar formalidades e burocracia. O compromisso deve ser alcançado por meio da discussão e do consenso espontâneo entre os membros.
Liderança compartilhada	As funções de liderança devem passar de pessoa para pessoa dependendo da situação, necessidades do grupo e dos membros.
Novas ideias	A equipe aceita o desacordo como uma maneira de discutir novas ideias e resolver seus assuntos de maneira inovadora e criativa.
Avaliação de eficácia	A equipe avalia continuamente seu desempenho, como realiza as tarefas, alcança metas e constrói e mantém relacionamentos eficientes entre seus membros.

Uma equipe de trabalho de elevado desempenho requer claras definições a respeito de oito questões fundamentais (Figura 8.3), a saber:[6]

1. **Quem somos nós?** Cada membro traz diferentes forças para o esforço da equipe e ajuda a equipe a abordar problemas de maneira diferente. A equipe deve saber o que cada membro é capaz de fazer para que as diferenças individuais sejam utilizadas ao máximo.
2. **Onde estamos agora?** (Identidade da equipe.) Antes de planejar para onde a equipe deve ir, é necessário avaliar as forças, fraquezas, oportunidades e ameaças de sua equipe. Essa análise vai determinar quais são os recursos disponíveis para cumprir a missão.

3. **Para onde estamos indo?** (Orientação para a visão da equipe.) Para trabalhar com sinergia, compromisso e entusiasmo, a equipe precisa saber exatamente para onde está indo. Isso é fundamental para alinhar os membros da equipe para o alcance da visão.
4. **O que devemos fazer agora?** (Criação de uma visão.) Para que a visão se torne uma realidade, é preciso definir sistematicamente objetivos, planos de ação e medidas de desempenho. É importante fazer a rota de onde se está para onde se pretende ir.
5. **O que esperam de nós?** (Esclarecimento de objetivos e metas.) As pessoas não sabem desempenhar adequadamente se elas não sabem o que fazer. Todos os membros devem saber seus deveres, seu papel na equipe, quais são suas responsabilidades para que sejam eficientes e eficazes.
6. **Qual o apoio de que necessitamos?** (Busca de apoio e suporte.) Para alcançar a visão definida, os membros necessitam de apoio e suporte em termos de treinamento, desenvolvimento, orientação, aconselhamento, liderança, *coaching*, *mentoring*.
7. **Quanto somos eficientes?** (Avaliação do desempenho.) A equipe precisa avaliar regularmente sua eficácia e melhorar continuamente seu desempenho. Os *benchmarks* para o sucesso devem ser definidos e os procedimentos para aprendizagem implementados.
8. **Qual o reconhecimento que desejamos receber?** (Definição de recompensas.) Toda equipe necessita de reconhecimento para o trabalho de todos os seus membros. Isso pode ser feito por retroação, remuneração, benefícios, promoções etc.

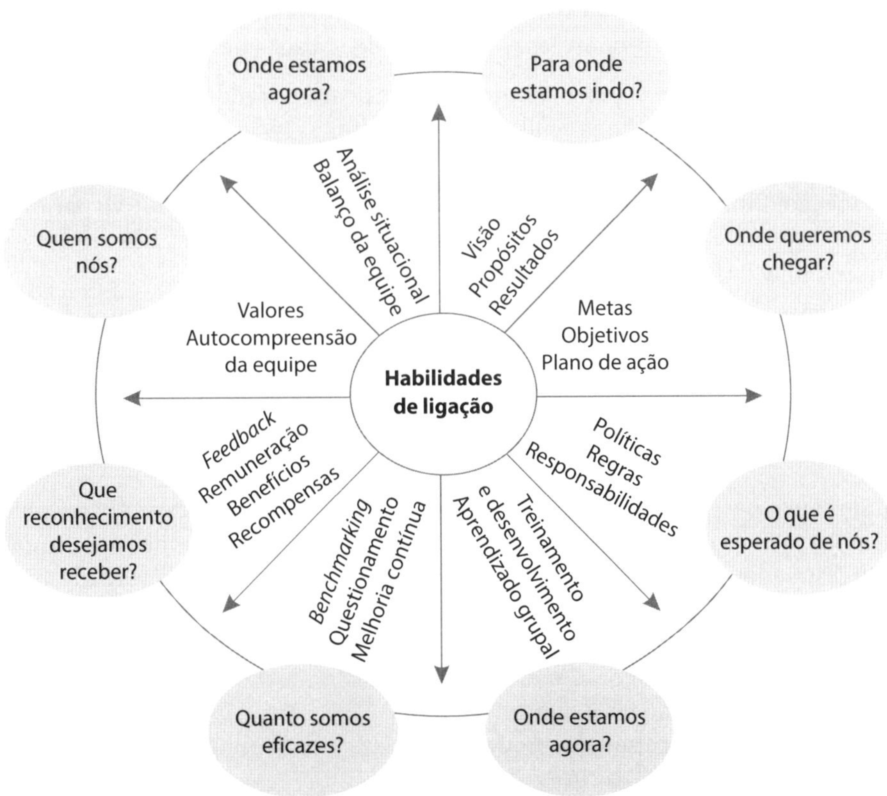

Figura 8.3 Modelo de equipes de alta competência.[7]

8.4 *EMPOWERMENT*

Para ter realmente a ajuda e colaboração irrestrita das pessoas, é preciso que isso seja recíproco. Dar e receber devem estar presentes no relacionamento com as pessoas. O importante é usar novas maneiras de trabalhar com as pessoas adotando o compartilhamento de ideias, conhecimentos e objetivos. Estamos nos referindo ao *empowerment*, que se fundamenta em cinco pilares, a saber:[8]

1. Delegação de responsabilidade às pessoas pelo alcance de metas e de resultados.
2. Liberdade e autonomia para que as pessoas escolham métodos e processos de trabalho, programas de ação com a ajuda e o apoio do empreendedor.
3. Atividade grupal e solidária e trabalho em equipe. Tudo deve ser feito em conjunto e a equipe precisa estar coesa, integrada, orientada e apoiada pelo empreendedor.
4. Participação da equipe nas decisões relacionadas com seu trabalho e com o negócio. Quando participam diretamente das decisões, as pessoas realmente se sentem responsáveis por elas.
5. Autoavaliação do desempenho pela própria equipe. A autoavaliação é um importante meio de retroação e de melhoria constante do trabalho.

Na tentativa de sintetizar, podemos dizer que o *empowerment* significa, entre outras coisas, a participação, delegação, responsabilidade pelo alcance de metas e resultados, liberdade, autonomia e autoavaliação do desempenho. Para tanto, o empreendedor precisa utilizar quatro alavancadores para proporcionar *empowerment* à sua equipe:

1. **Autoridade:** dar poder às pessoas para que elas possam tomar decisões independentes sobre ações e recursos. O empreendedor deve "soltar as rédeas", e não controlar pesadamente e obstruir o trabalho da equipe.
2. **Informação:** fomentar o acesso à informação e torná-la útil e produtiva para a equipe, além de disseminar a informação e facilitar a tomada de decisões, buscando novos caminhos e soluções.
3. **Recompensas:** proporcionar incentivos a fim de que promovam o alcance dos objetivos da equipe. Um dos maiores motivadores é a recompensa direta e rápida pelo trabalho bem feito.
4. **Competências:** ajudar as pessoas a aprender e a desenvolver habilidades e competências para melhor utilizar a informação e a autoridade.

Quando as pessoas trabalham separadas e isoladas em seus cargos respectivos, conseguem proporcionar apenas uma somatória de esforços. Mas quando trabalham em equipe, elas alcançam resultados multiplicados. É a sinergia resultante da equipe. Na verdade, o trabalho em equipe representa a multiplicação dos esforços dos membros na medida em que cada um deles ajuda e incentiva os demais.

CHIAVENATO DIGITAL

Aumente seus conhecimentos sobre **Existem coisas que podem ser administradas; outras, não** na seção *Saiba mais* EMP 8.4

8.5 COMO LIDERAR E MOTIVAR UMA EQUIPE DINÂMICA

As pessoas são capazes de realizar feitos incríveis. Mas é preciso saber conduzi-las e estimulá-las por meio da liderança e da motivação. Liderança e motivação constituem as bases da administração participava das pessoas. O empreendedor deve saber cultivar seu espírito de liderança e sua maneira de engajar, motivar e entusiasmar as pessoas que com ele trabalham. E transformar o seu negócio no melhor lugar para se trabalhar.

8.5.1 Liderança

A liderança é um tipo de influência pessoal por meio da qual o empreendedor - o líder - influencia o comportamento dos subordinados para direcioná-lo e impulsioná-lo rumo aos objetivos que se pretende alcançar. A preocupação maior das grandes empresas está em transformar gerentes e executivos em verdadeiros líderes para que suas equipes possam trabalhar melhor.

Existem três tipos tradicionais de liderança: a autocrática, a liberal e a democrática (Quadro 8.3). A primeira caracteriza-se pela condução coercitiva e impositiva das pessoas: o líder dá ordens e espera o seu cumprimento. A segunda caracteriza-se pela extrema liberalidade com relação às pessoas: o líder apenas sugere e não tem qualquer ascendência sobre as pessoas. A primeira é uma liderança extremamente dura, enquanto a segunda é uma liderança apagada, sem força. Na primeira, as pessoas são coagidas a fazer alguma coisa, enquanto na segunda as pessoas simplesmente fazem o que querem, sem nenhuma ação de coordenação do líder. O ideal é a terceira opção, a liderança democrática, na qual o líder expõe a situação atual e os objetivos pretendidos, delineia as alternativas e discute com a equipe os melhores cursos de ação. Os subordinados têm, então, plenas condições de participar ativamente nas decisões a respeito do seu trabalho, mas dentro da panorâmica traçada pelo líder.

Quadro 8.3 Tipos tradicionais de liderança

Liderança autocrática	Liderança liberal	Liderança democrática
O líder define os objetivos O líder comanda O líder é o responsável O líder ignora a equipe	A equipe define os objetivos A equipe faz o que quer A equipe é irresponsável A equipe ignora o líder	Líder e equipe definem objetivos Líder e equipe comandam juntos Líder e equipe corresponsáveis Líder e equipe compartilham

8.5.2 Motivação

O que leva as pessoas a se comportar de determinada maneira? O que as leva a lutar por objetivos pessoais de maneira incrivelmente constante e permanente? A motivação está por trás disso tudo e define a tônica do comportamento humano.

A motivação diz respeito à dinâmica do comportamento das pessoas. Ela é a mola propulsora do desempenho pessoal. Motivar significa estimular e incentivar as pessoas a fazer algo ou a se comportar rumo a determinada direção. A motivação está intimamente relacionada com a satisfação de necessidades pessoais que recebem o nome de motivos. Assim, as necessidades direcionam o comportamento no sentido de satisfazer carências, expectativas ou necessidades pessoais. Tudo o que leva a alguma satisfação dessas necessidades motiva o comportamento, isto é, provoca as atitudes das pessoas. As necessidades humanas básicas podem ser representadas em uma hierarquia que lembra uma pirâmide. Observe a Figura 8.4.

Figura 8.4 Pirâmide das necessidades humanas básicas de Maslow.[9]

A Figura 8.4 mostra que as necessidades que estão na base da pirâmide são as mais emergentes e cotidianas. As pessoas precisam comer, dormir, vestir-se, enfim, satisfazer suas necessidades do dia a dia. Quando essas necessidades inadiáveis atingem um grau de satisfação garantida, as necessidades de segurança afloram no comportamento das pessoas. A partir daí, as pessoas passam a se preocupar com a proteção contra o perigo (real ou potencial), a segurança no emprego, a estabilidade emocional etc. Quando esse nível está relativamente sob controle, emergem as necessidades sociais: a busca por amizades, amor, afeto, relacionamento humano, reconhecimento alheio, contato com as pessoas. Quando essas estão satisfeitas, surgem as necessidades de estima: autoapreciação, autoconfiança, autoestima, autoconceito, a maneira como cada pessoa se vê e se avalia, e finalmente, quando todas as demais necessidades estão relativamente satisfeitas, emerge a necessidade de autorrealização: a necessidade de realizar todo o potencial individual para crescer, criar, gerar, conquistar.

SAIBA MAIS

Cada pessoa tende a desenvolver um tipo de necessidade prioritária sobre as demais. Cabe ao empreendedor descobrir e localizar em cada pessoa as necessidades que lhes são mais importantes e levá-las à satisfação por meio do trabalho. Algumas pessoas dão maior importância à segurança e à estabilidade no trabalho, enquanto outras enfatizam o ambiente humano. Algumas preferem o reconhecimento pelo que fazem e outras ambicionam o poder. Porém, quase sempre o alcance de certos objetivos pessoais (objetivos finais) é conseguido por meio de objetivos intermediários.

Quando objetivos intermediários alavancam a concretização de objetivos finais, diz-se que eles têm elevada instrumentalidade. Se a cenoura mata a fome (objetivo final), o propósito é consegui-la (objetivo intermediário). Se o dinheiro (objetivo intermediário) traz segurança pessoal (objetivo final), ele é utilizado como instrumento para alcançar seus objetivos pessoais. O empreendedor precisa levar em conta todos esses aspectos da motivação humana. Isso tudo vale para as pessoas como para os clientes.

8.5.3 Reciprocidade

As pessoas agem para alcançar objetivos pessoais que são determinados pelas suas necessidades individuais. Na medida em que o trabalho conduz direta ou indiretamente ao alcance de seus próprios objetivos, as pessoas tendem a realizá-lo mais e melhor. Como o trabalho está voltado para o alcance dos objetivos empresariais, torna-se importante relacioná-lo também com o alcance dos objetivos pessoais daqueles que o realizam. À proporção que o alcance dos objetivos empresariais favoreça paralelamente o alcance dos objetivos pessoais, todos se desdobrarão para alcançá-los, pois as pessoas se esforçam desde que o seu empenho lhes traga algum retorno compensador. É uma espécie de reciprocidade: as pessoas investem seu trabalho e sua dedicação para obter retorno desse investimento (Figura 8.5). À medida que obtêm esse retorno, elas tenderão a manter ou aumentar seus investimentos. Da mesma forma, as empresas investem nas pessoas a fim de obter retorno de suas atividades. As empresas investem em remuneração, benefícios, incentivos, entre outras coisas, na expectativa de conseguir níveis mais elevados de trabalho e de produtividade das pessoas. Conforme vão obtendo retorno, tenderão a manter ou aumentar seus investimentos. O resultado é uma série de transações entre as empresas e as pessoas, cada qual querendo investir na outra parte e obter retorno de seus investimentos.

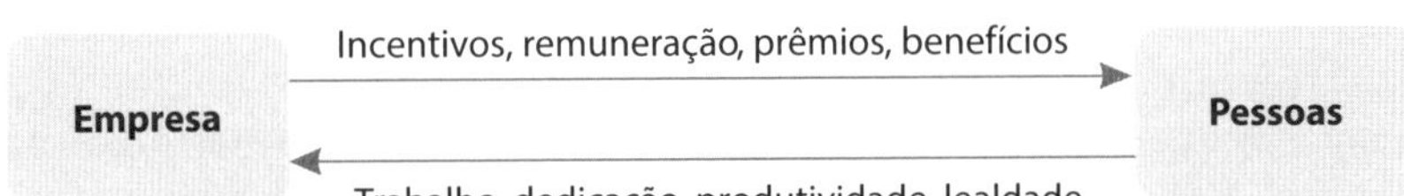

Figura 8.5 Relações de reciprocidade: investimento e retorno.[10]

O segredo para conquistar as pessoas (e os clientes) e transformá-las em verdadeiros parceiros do negócio é estimular seu comportamento para que deem o melhor de si mesmas em troca de incentivos que signifiquem, para elas, um excelente retorno do seu investimento pessoal. Isso é reciprocidade.

É dando que se recebe. E também é recebendo que se dá. A reciprocidade representa o aspecto mais dinâmico das transações que a empresa faz com as pessoas que nela trabalham. E qual a melhor maneira de garantir essa reciprocidade? É simples: por meio da conjunção dos objetivos empresariais do negócio com os objetivos individuais das pessoas que dele participam. Na medida em que as pessoas alcançam objetivos empresariais – lucro, produtividade, qualidade, satisfação do cliente –, elas também podem alcançar seus objetivos individuais – participação direta nos resultados imediatos, reconhecimento pelo trabalho, premiação pelo desempenho excelente e tudo o mais que possa reafirmar e reforçar o bom trabalho. Use sua criatividade para conquistar a mente das pessoas que trabalham com você e transformá-las em parceiros dinâmicos e proativos de seu negócio.

CHIAVENATO DIGITAL

Acesse conteúdo sobre **Você sabe o que é uma organização que aprende?** na seção *Tendências em EMP* 8.1

Em resumo, a equipe que o empreendedor constrói constitui o cerne do negócio e envolve a maneira como se produz serviços ou produtos, como o cliente é atendido e como o negócio conquista a liderança no mercado e ganha competitividade e sustentabilidade ao longo do tempo. O empreendedor precisa saber tirar proveito dessas características e provocar o entusiasmo pelo trabalho bem feito e realizado. Afinal, seu negócio não pode ser simplesmente um local de trabalho cotidiano, mas onde se realiza uma missão e se alcança uma visão de futuro. Não apenas do negócio, mas de todos os envolvidos nele.

Escolha a equipe
Desenhe suas atividades
Treine
Lidere
Motive
Remunere
Avalie o desempenho
Recompensa

Sistema sociotécnico

Subsistema gerencial
Subsistema social
Subsistema técnico

Gestão participativa

Envolvimento mental e emocional das pessoas
Motivação para colaborar e contribuir
Aceitação da responsabilidade solidária

Empowerment

Autoridade
Informação
Recompensas
Competências

Quem são seus parceiros de negócio?

Colaboradores
Investidores
Fornecedores
Distribuidores
Consumidores

Etapas na formação de uma equipe

Escolhendo a equipe
Modelando o trabalho
Preparando a equipe
Conduzindo a equipe
Avaliando a equipe
Recompensando a equipe

Fatores de avaliação de equipes

Objetivos claros
Visão coordenada
Distribuição de papéis
Decisões colaborativas
Liderança compartilhada
Novas ideias
Avaliação da eficácia

Modelo de equipe de alta competência

Quem somos nós
Onde estamos agora? (Identidade da equipe)
Para onde estamos indo? (Orientação para a visão da equipe)
O que devemos fazer agora? (Criação de uma visão)
O que esperam de nós? (Esclarecimento de objetivos e metas)
Qual o apoio de que necessitamos? (Busca de apoio e suporte)
Quanto somos eficientes? (Avaliação do desempenho)
Qual o reconhecimento que desejamos receber? (Definição de recompensas)

Figura 8.6 Mapa mental do Capítulo 8 – Gestão da equipe.

REFERÊNCIAS

1. CHIAVENATO, Idalberto. *Introdução à Teoria Geral da Administração*. 10. ed. São Paulo: Atlas, 2020.
2. CHIAVENATO, Idalberto. *Introdução à Teoria Geral da Administração*, *op. cit.*, p. 231-232.
3. CHIAVENATO, Idalberto. *Gerenciando com as pessoas*: como transformar um executivo em um excelente gestor de talentos. Barueri: Manole, 2014. p. 53.
4. CHIAVENATO, Idalberto. *Gerenciando com as pessoas*: como transformar um executivo em um excelente gestor de talentos, *op. cit.*
5. CHIAVENATO, Idalberto. *Gerenciando com as pessoas*: como transformar um executivo em um excelente gestor de talentos, *op. cit.*
6. MARGERISON, C. J.; MCCANN, D. J. *High energy teams workbook*. London: Management Books 2000 Ltd, 1997.
7. MARGERISON, C. J.; McCANN, D. J. *High energy teams workbook*, *op. cit.*
8. CHIAVENATO, Idalberto. *Gerenciando com as pessoas*: como transformar um executivo em um excelente gestor de talentos, *op. cit.*, p. 64.
9. CHIAVENATO, Idalberto. *Introdução à Teoria Geral da Administração*, *op. cit.*
10. CHIAVENATO, Idalberto. *Recursos humanos*: o capital humano das organizações. 11. ed. São Paulo: Atlas, 2020.

9 GESTÃO DA PRODUÇÃO

O QUE VEREMOS ADIANTE

- Projetando a localização e a área de trabalho.
- Capacidade instalada e capacidade de produção.
- Como planejar e programar a produção.
- Armazenamento e rotação de estoques.
- Compras.
- O processo operacional.

Toda empresa existe para produzir algo. Para fazê-la funcionar e produzir algo, é preciso gerenciar sua produção. Esse é o núcleo do negócio. O gerenciamento da produção está relacionado aos trabalhos de compra e recepção das matérias-primas, seu processamento em atividade predominantemente industrial, acabamento e disponibilidade para a comercialização (marketing). A tônica está na transformação de materiais em produtos acabados. Se o negócio do empreendedor está voltado para a industrialização, este capítulo terá enorme utilidade. Caso o negócio do empreendedor não seja industrial, sugerimos uma breve leitura das partes relacionadas à atividade não industrial.

É por meio do processo de produção que os produtos (bens ou mercadorias) são fabricados e os serviços prestados. Em uma indústria, a produção fabrica os produtos ou mercadorias. Em empresas prestadoras de serviços, a produção encarrega-se da prestação dos serviços aos usuários. A produção representa a parte mais íntima da empresa, o seu núcleo técnico em que se utiliza a tecnologia disponível para fabricar os bens ou prestar os serviços. Quando tratamos de tecnologia, queremos nos referir ao aparato de máquinas, equipamentos e processos de produção utilizados. Assim, existem dois tipos de tecnologia: a incorporada e a não incorporada:

- **Tecnologia incorporada:** representa-se por máquinas, equipamentos, instalações etc. É a tecnologia fisicamente visível, ou seja, é o produto, o resultado final da tecnologia, também é denominada *hardware*. O avanço da tecnologia tem oferecido robotização, automação, impressão em três dimensões, aprendizagem de máquinas e um sem-número de inovações que estão mudando intensamente o chão das fábricas.

- **Tecnologia não incorporada:** consiste em conhecimentos, habilidades, métodos e processos de trabalho, programas etc.; também é denominada *software*. Nessa área, o avanço da tecnologia tem trazido inovações como o tratamento analítico e preditivo de grandes volumes de dados, algoritmos, inteligência artificial, inteligência avançada, internet das coisas etc.

A primeira é física e concreta, já a segunda é abstrata e conceitual, mas ambas constituem dois aspectos distintos da tecnologia. Quando um volume grande de máquinas e equipamentos (*hardware*) é empregado nas operações, costuma-se dar o nome de produção de capital intensivo. Ao contrário, quando se utilizam pouco equipamento e muita mão de obra (*software*) - o que ocorre nas empresas manufatureiras –, dá-se o nome de produção de mão de obra intensiva. Toda empresa utiliza alguma forma de tecnologia para suas operações. A tecnologia pode ser avançadíssima (usando o computador, a tecnologia da informação, a eletrônica etc.) ou rudimentar (usando a vassoura e o esfregão, a roda e a cremalheira). Quando bem escolhida e selecionada, a tecnologia permite utilização e aplicação infinitamente melhores dos demais recursos empresariais.

9.1 PROJETANDO A LOCALIZAÇÃO E A ÁREA DE TRABALHO

A localização da empresa refere-se ao local específico escolhido para as instalações da empresa, seja fábrica, oficina, loja ou escritório de serviços. A escolha de um local para situar as instalações depende de vários fatores, os quais variam se a empresa é produtora de bens ou prestadora de serviços, se é industrial ou comercial etc.

Quadro 9.1 Fatores de localização industrial e localização comercial

Localização industrial	Localização comercial
■ Proximidade de mão de obra.	■ Proximidade dos clientes.
■ Proximidade de matérias-primas.	■ Facilidade de acesso.
■ Proximidade dos mercados.	■ Facilidade de transporte.
■ Facilidade de transporte.	■ Facilidade de estacionamento.
■ Infraestrutura energética.	■ Infraestrutura para recreação.
■ Incentivos fiscais.	■ Adequação do local.
■ Custo do terreno.	■ Visibilidade.
■ Facilidade de localização.	■ Baixos custos imobiliários.
■ Adequação do local.	■ Baixos custos condominiais.
■ Infraestrutura urbana.	■ Aparência do local.

A localização ideal é aquela em que todos os fatores acima – ou quase todos – são satisfeitos total ou parcialmente. Muitas vezes, pode existir um fator predominante ao qual os demais estão subordinados, como geralmente acontece com a proximidade de matérias-primas ou disponibilidade de mão de obra. Em uma indústria de papel, a disponibilidade de eletricidade, a facilidade de transporte pesado e a proximidade das matérias-primas constituem os três fatores de localização predominantes. Os fatores de localização devem ser avaliados objetivamente para que se pondere sobre o local em que empresa será instalada.

CHIAVENATO DIGITAL

Aumente seus conhecimentos sobre **A escolha do ponto é fundamental** na seção *Saiba mais* EMP 9.1

9.1.1 Arranjo físico

O projeto da área de trabalho é denominado arranjo físico e é o planejamento do espaço físico a ser ocupado para as operações do negócio. Representa a melhor disposição possível das máquinas e equipamentos, das mesas e móveis e de todos os recursos materiais ao longo do processo de produção, para implementá-lo e facilitá-lo. Em geral, é o fluxo do trabalho que determina qual é o melhor arranjo das coisas e pessoas ao seu redor. O arranjo físico é retratado por meio do *layout*, que, em inglês, significa dispor, ordenar, esquematizar em um gráfico de tamanho proporcional o mapa da situação. O *layout* assemelha-se a uma planta baixa (desenho simples) de um apartamento ou casa com seus os respectivos cômodos e a localização dos móveis e utensílios. Veja um exemplo na Figura 9.1.

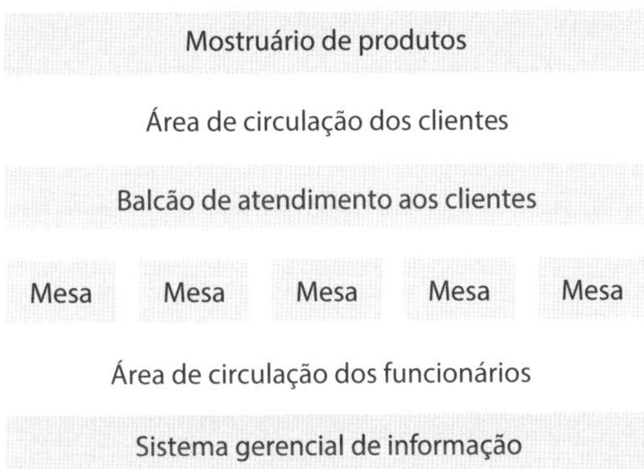

Figura 9.1 Exemplo de *layout*.

Antes de instalar definitivamente as máquinas, os equipamentos e as mesas de trabalho, convém elaborar ou simular um *layout* em papel para analisar o arranjo físico, as áreas de passagem de pessoas e materiais, os locais de contato com terceiros, bem como os locais de armazenamento. Certamente, o *layout* evitará mudanças de instalação de máquinas ou equipamentos e esforços físicos de transferência de local para melhor adequação das partes.

CHIAVENATO DIGITAL

Aumente seus conhecimentos sobre **O *layout* de uma loja** na seção *Saiba mais* EMP 9.2

9.2 CAPACIDADE INSTALADA E CAPACIDADE DE PRODUÇÃO

A capacidade instalada representa todo o potencial que a empresa possui para produzir produtos/serviços com as suas instalações, máquinas e equipamentos. Representa a capacidade máxima que a empresa pode atingir com a plena utilização de todos os seus recursos, tendo por base as instalações e os equipamentos. Dificilmente, a empresa consegue manter-se no limite máximo de sua capacidade, isto é, em 100%, pois isso exige total utilização de seu potencial, o que nem sempre é possível. Imagine que o empreendedor possa contar com dez operários na atividade produtiva: qualquer atraso ou falta de um deles poderá comprometer seu objetivo; qualquer problema de manutenção ou reparo em máquinas ou equipamentos impossibilitará seu objetivo de manter-se no limite de 100% da capacidade instalada.

Quando a empresa utiliza apenas uma pequena parte de sua capacidade instalada, ocorre a capacidade ociosa, que é uma utilização parcial da capacidade instalada. Quando o objetivo for a utilização da capacidade instalada em 85%, significa que a empresa tem ainda 15% de produção potencial que poderia realizar. A capacidade instalada determina a capacidade de produção por meio de máquinas, equipamentos e instalações disponíveis.

Enquanto a capacidade instalada é definida pelo arsenal de instalações e equipamentos – que são dados estáticos –, a capacidade de produção representa a produção possível com a capacidade instalada, mais os recursos materiais (matérias-primas), os recursos humanos (pessoal e mão de obra) e os recursos financeiros (disponibilidade de capital para financiar as operações da empresa). Não se deve esquecer que a capacidade instalada é estática. Ela precisa ser dinamizada pelas pessoas e alimentada por recursos materiais e financeiros. Assim, o conceito de capacidade de produção envolve o de capacidade instalada e os recursos necessários para fazer que a produção funcione adequadamente.

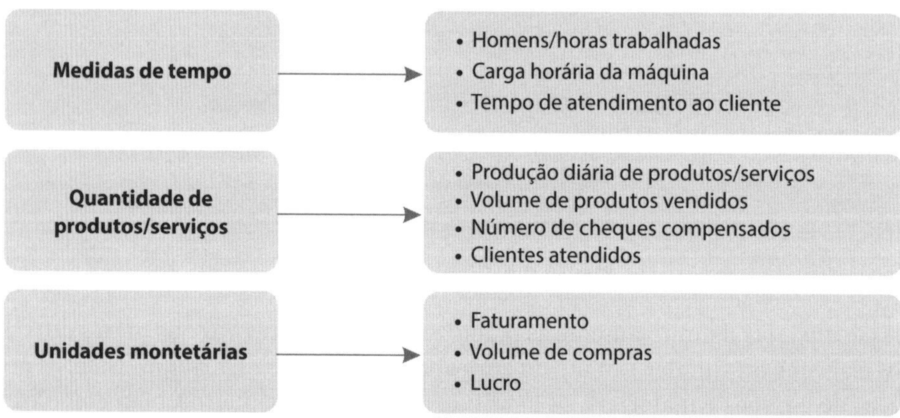

Figura 9.2 Unidades de medida da capacidade de produção.

A Figura 9.2 ilustra as unidades de medida da capacidade de produção. Cada empresa escolhe a unidade de medida mais adequada às suas características para determinar sua capacidade de produção. Em geral, as empresas utilizam indicadores de desempenho relacionados a essas unidades de medida para avaliar a performance da empresa.

9.3 COMO PLANEJAR E PROGRAMAR A PRODUÇÃO

O planejamento determina antecipadamente quais são os objetivos a serem atingidos e o que deve ser feito para alcançá-los da melhor maneira possível. O planejamento está voltado para a continuidade da empresa e focaliza o futuro. A sua importância é esta: definir os cursos de ação necessários para alcançar os objetivos da empresa. Sem o planejamento, a empresa fica perdida no caos. O mesmo ocorre com o planejamento da produção: sua finalidade é planejar a produção a fim de aumentar sua eficiência e eficácia (Figura 9.3).

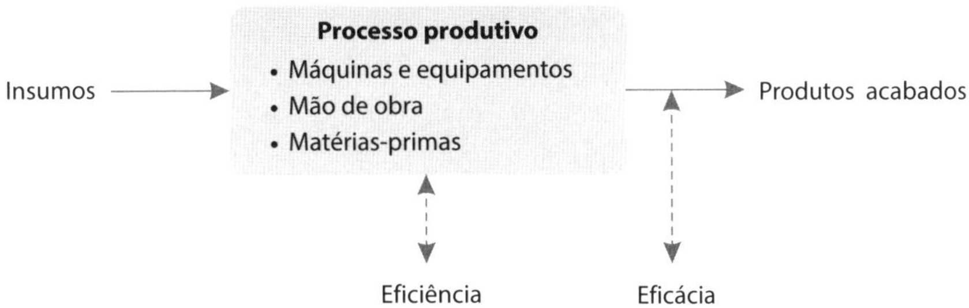

Figura 9.3 Eficiência e eficácia do processo produtivo.

Eficiência refere-se ao modo de fazer as coisas, aos meios utilizados, aos métodos e aos processos aplicados. A eficácia refere-se aos resultados obtidos e aos objetivos alcançados. A eficiência está relacionada aos meios; a eficácia está voltada para os fins. Ambas são importantes para o sucesso do empreendimento: fazer bem e chegar aos resultados. Observe a Figura 9.4.

Eficiência		Eficácia
• Buscar a realização de maneira correta.	→	• Realizar corretamente.
• Enfatizar os meios.	→	• Enfatizar os fins.
• Focar os métodos e os processos.	→	• Focar as metas e os objetivos.
• Não desperdiçar tempo ou materiais.	→	• Aumentar os resultados finais.
• Cuidar de máquinas e equipamentos.	→	• Otimizar a utilização das máquinas.
• Fazer a manutenção das máquinas.	→	• Garantir o funcionamento das máquinas.
• Resolver os problemas cotidianos.	→	• Produzir alternativas criativas.
• Cumprir as tarefas dentro dos prazos.	→	• Obter resultados.
• Reduzir os custos.	→	• Aumentar os lucros.
• Atender os pacientes.	→	• Curar os pacientes.
• Ter e manter o crédito.	→	• Pagar pontualmente.
• Obter educação rural.	→	• Aumentar a colheita.
• Jogar futebol com arte.	→	• Ganhar o jogo.

Figura 9.4 Diferenças entre eficiência e eficácia.[1]

O plano de produção representa aquilo que a empresa pretende produzir em determinado período de tempo, geralmente um exercício fiscal ou um ano. O plano de produção baseia-se na previsão de vendas, no estoque anterior e na capacidade de produção. Se houver estoque de produtos acumulados no depósito de produtos acabados, ele representa uma produção já executada no período anterior. A previsão de vendas é a estimativa do volume de vendas que a empresa pretende atingir em dado período de tempo, geralmente um ano. Assim, o plano de produção deve levar em conta esses três aspectos: a capacidade produtiva da empresa, o nível de estoque disponível e a previsão de vendas, conforme ilustra a Figura 9.5. A finalidade do plano de produção é disponibilizar produtos acabados para fazer frente às vendas previstas pela capacidade produtiva e pelo estoque atual de produtos acabados.

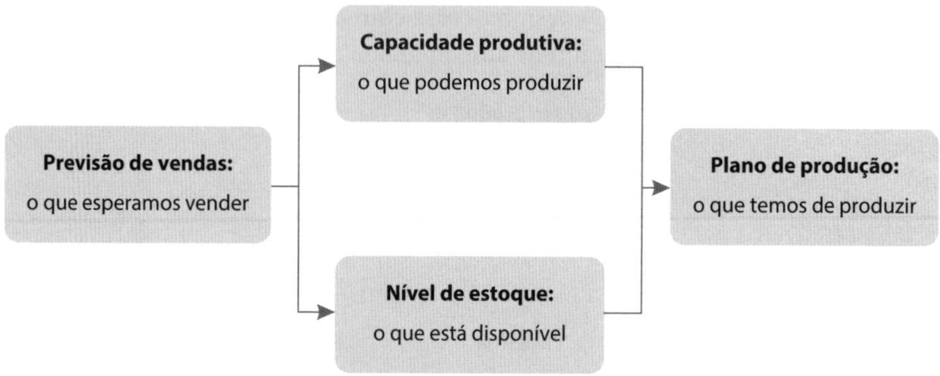

Figura 9.5 Elaboração do plano de produção.[2]

Como o plano de produção é amplo e genérico, deve-se detalhá-lo com a programação da produção. A programação da produção é um desdobramento do plano de produção para que ele possa ser executado de modo integrado e coordenado pelas diversas pessoas ou áreas produtivas envolvidas no processo produtivo da empresa. Isso significa que as entradas para o processo produtivo, como compras e abastecimento, estoque de materiais, bem como fornecedores, deverão ser também detalhadas para que ele possa funcionar adequadamente.

Programar a produção é determinar quando deverão ser realizadas as tarefas e as operações de produção e o quanto deverá ser produzido. Na verdade, programar a produção é estabelecer uma agenda de compromissos para as diversas seções ou pessoas envolvidas no processo produtivo. Observe a Figura 9.6.

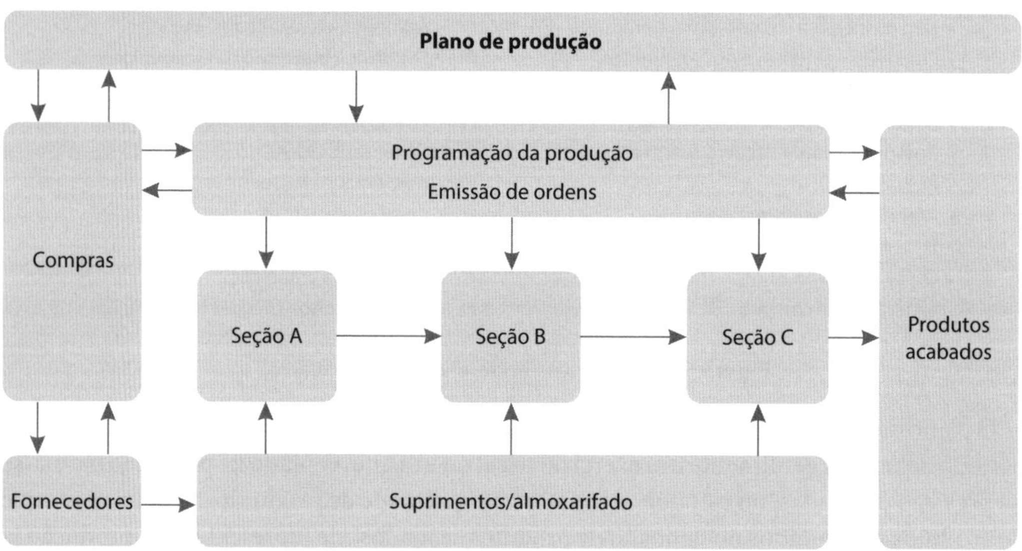

Figura 9.6 Funcionamento da programação da produção.[3]

Com a emissão das diversas ordens – ordens de produção, ordens de compra e ordens de serviços e requisições de materiais –, a programação da produção faz com que todas as pessoas e as seções envolvidas direta ou indiretamente no processo produtivo passem a trabalhar em conjunto.

CHIAVENATO DIGITAL

Aumente seus conhecimentos sobre **Opções de crédito para compra de equipamentos e desconto de títulos** na seção *Saiba mais* EMP 9.3

9.4 ARMAZENAMENTO E ROTAÇÃO DE ESTOQUES

Algumas empresas costumam ter um setor especializado ou uma área específica para o recebimento, guarda, controle e distribuição de materiais e mercadorias, sejam matérias--primas iniciais compradas (para uso interno da empresa ou para abastecer a sua produção), sejam produtos acabados para vender no mercado. Isso significa que, após a entrada das matérias-primas, elas são armazenadas e, antes da saída dos produtos acabados, eles também são armazenados.

No primeiro caso, temos o almoxarifado. No segundo, o depósito (Figura 9.7). Ambos representam materiais ou produtos estáticos ou estacionários, custam dinheiro (espaço, riscos de incêndio ou estragos, seguros, pessoal envolvido etc.) e não agregam nenhum valor ao produto. Procure evitá-los sempre que possível ou, pelo menos, reduzi-los ao máximo.

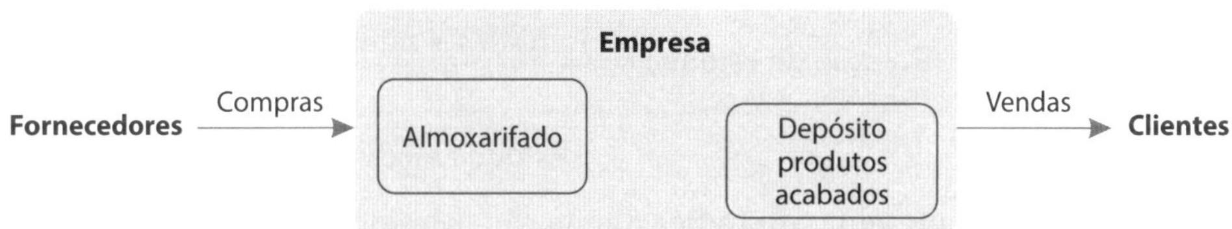

Figura 9.7 Almoxarifado e o depósito na empresa.

O almoxarifado é o setor encarregado de receber, guardar, controlar e distribuir mercadorias (matérias-primas, componentes, materiais, ferramentas, equipamentos, materiais de escritório etc.) que a empresa comprou no mercado e que serão consumidos internamente, seja nas áreas produtivas (fábrica, oficinas, agências etc.), seja nas áreas administrativas (escritórios).

O depósito é o setor encarregado de receber, guardar, controlar e distribuir os produtos acabados que a empresa produziu e que serão vendidos no mercado, aguardando a sua comercialização. O depósito de produtos acabados também pode ser dispensado no caso de a empresa trabalhar com qualidade assegurada para seus clientes, desde que sejam clientes industriais.

O almoxarifado de materiais está na porta de entrada da empresa, e o depósito de produtos acabados está na porta de saída. Ambos lidam com itens. Chamaremos de item mercadorias, matérias-primas, materiais de escritório, produtos acabados, enfim, todo e qualquer tipo de material. O almoxarifado e o depósito recebem, guardam e fornecem itens, isto é, tanto no almoxarifado quanto no depósito há entrada, estoque e saída de itens. A entrada é o ingresso de mercadoria no setor; o estoque é a quantidade de mercadoria armazenada; a saída é a mercadoria entregue ao usuário quando deixa de ser estocada. Torna-se muitas vezes necessário prever antecipadamente esse fluxo de entradas e saídas de cada item para que sempre exista um nível mínimo de estoque a fim de suprir as necessidades da empresa. Esse fluxo contínuo de entradas e saídas de cada item chama-se rotação de estoque. Veja a Figura 9.8.

Aumente seus conhecimentos sobre **O sistema enxuto de produção** na seção *Saiba mais* EMP 9.4

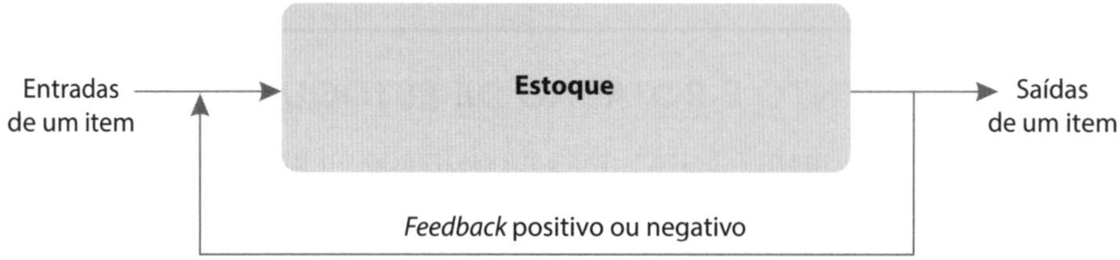

Figura 9.8 Rotação de estoque de um item.

A rotação de estoque é o fluxo ou o movimento de entradas e saídas de determinado item no estoque, seja do almoxarifado ou do depósito. Quanto maior a rotação de estoque de um item, tanto maior será o seu número de compras e de entregas. A rotação de estoque indica o número de vezes que o estoque de um item é renovado, durando determinado período de tempo, isto é, quantas vezes o estoque gira naquele período de tempo. Para calcular a rotação de estoque, há o índice de rotação de estoque, obtido pela seguinte fórmula:

$$\text{Rotação de estoque} = \frac{\dfrac{\text{Entradas} + \text{saídas}}{2}}{\text{Estoque médio}}$$

Assim, se um item apresenta um índice de rotação de estoque de 3,0 em determinado período de tempo (que pode ser um mês ou um ano), significa que nesse período o estoque está girando três vezes no período. Para renovar o estoque três vezes no período de tempo considerado, tanto as entradas como as saídas do item devem ser feitas com certa antecipação, a fim de não prejudicar o giro adequado do estoque. Quando a rotação de estoque é muito lenta, os itens permanecem muito tempo dentro das instalações da empresa sem serem processados, representando custos adicionais de estocagem que precisam ser eliminados.

Existe também o índice de estoque médio, que calcula a média de estocagem de determinado item em determinado período de tempo, que pode ser um mês ou um ano. Esse índice é calculado pela soma do estoque inicial mais o estoque final, e o resultado é dividido por dois. O índice de estoque médio permite indicar qual é a quantidade média que permanece estocada, apesar da rotação. Assim, tanto as entradas como as saídas de um item proporcionam uma quantidade média de estoque que, se subir ou baixar muito, indica alguma irregularidade. Um estoque muito baixo pode comprometer o funcionamento da empresa pelo risco da falta de mercadoria ou matéria-prima. Um estoque muito alto significa capital empatado desnecessariamente e sem nenhuma remuneração.

No processo de produção, os materiais não ficam parados. Eles seguem um movimento incessante, que vai desde o recebimento do fornecedor, passando pelas diversas etapas do processo produtivo até chegar ao depósito de produtos acabados. Em outros termos, os materiais entram na empresa, fluem, transitam por ela e saem pelo depósito, com destino aos clientes como produtos acabados. A essa movimentação incessante dá-se o nome de fluxo de materiais. Veja a Figura 9.9.

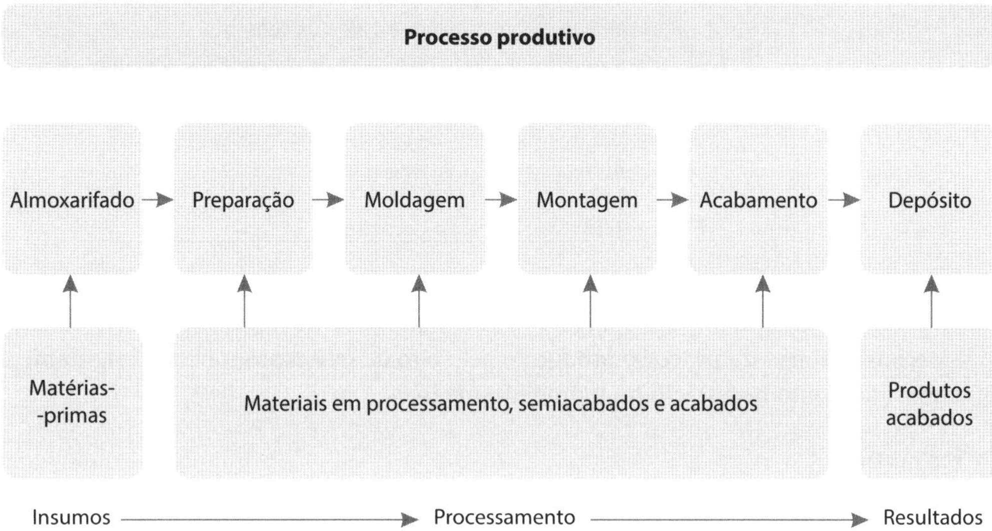

Figura 9.9 Fluxo dos materiais.[4]

Por causa do seu fluxo dentro da empresa, os materiais podem ser classificados em cinco diferentes tipos, a saber (Figura 9.10):

1. **Matérias-primas:** são os insumos e os materiais básicos que ingressam no processo de produção.
2. **Materiais em processamento:** também denominados materiais em vias, vão sendo processados ao longo das diversas seções que compõem o processo produtivo.
3. **Materiais semiacabados:** são os materiais parcialmente acabados, cujo processo está em estágio intermediário de acabamento e ao longo das diversas seções.
4. **Materiais acabados:** também são denominados componentes, porque constituem peças isoladas ou componentes já acabados e prontos para serem anexados ao produto. São, na realidade, partes prontas que, quando unidas, constituirão o produto acabado.
5. **Produtos acabados:** são os produtos já prontos, cujo processamento foi completado.

Esse fluxo incessante faz com que os materiais passem gradativamente de uma classe para a outra na medida em que sofrem acréscimos e transformações ao longo do processo produtivo. Assim, toda empresa tem continuamente um estoque que não está apenas em seu almoxarifado ou em seu depósito de produtos acabados, mas em processamento.

Estoques de:

- Matérias-primas.
- Materiais em processamento.
- Materiais semi-acabados.
- Materiais acabados ou componentes.
- Produtos acabados.

Figura 9.10 Classificação dos estoques de materiais.

Os estoques representam custos para a empresa e encarecem os custos de produção dos produtos. A Figura 9.11 demonstra os custos dos estoques.

Custos dos estoques:	• Aluguel do espaço para almoxarifado ou depósito. • Salários e encargos sociais do pessoal do almoxarifado/depósito. • Seguro contra incêndio e roubo. • Máquinas e equipamentos de movimentação de materiais. • Despesas financeiras geradas pelo estoque parado.

Figura 9.11 Os custos de estocagem.[5]

Para reduzir ao máximo os custos de estocagem, os japoneses partiram para modalidades como a produção enxuta por meio do *just-in-time*, que nada mais é do que a minimização dos materiais ao longo do processo produtivo pelo fato de serem programados rigidamente para chegar ao ponto necessário no momento preciso.

9.5 COMPRAS

O setor de compras tem uma importante função dentro da empresa: supri-la de todos os itens necessários ao seu funcionamento no tempo certo, na quantidade necessária, na qualidade adequada e ao melhor preço possível. Para tanto, o setor de compras desenvolve um processo de compras que deve ser seguido para conseguir todas as vantagens possíveis. O processo de compras tem sete fases principais, como alinhamos a seguir.

1. **Pesquisa do mercado de fornecedores:** é a fase que antecede o processo de compra do item requisitado, em que o comprador – encarregado do setor de compras – pesquisa, em seus arquivos, os possíveis fornecedores qualificados e devidamente cadastrados a quem enviará os futuros pedidos de compra.
2. **Recebimento da ordem de compra:** a ordem de compra (OC) é um formulário que deve ser preenchido pelo setor que requisita determinado item para suprir suas necessidades. O setor requisitante deve encaminhar a OC ao seu nível superior, para ser apreciada e aprovada pela diretoria, que a encaminha ao setor de compras para que seja efetivada a requisição.
3. **Cotação de preços e de condições de pagamento:** feita a OC, o setor de compras faz a pesquisa de preços com os fornecedores cadastrados e prepara o mapa de cotação de preços. Muitas vezes, torna-se necessária a abertura de concorrência de preços, quando não há fornecedores cadastrados para determinado item.
4. **Escolha do fornecedor mais adequado:** com o mapa de cotação de preços, o comprador verifica e compara as condições oferecidas pelos diversos fornecedores, no que se refere a:
   - Capacidade de fornecimento do item considerado.
   - Preço.
   - Condições de pagamento, à vista ou a prazo.
   - Prazo de entrega do item.
   - Qualidade do material.

O mapa de cotação de preços é uma tabela de dupla entrada feita para cada item a ser comprado. Nas linhas laterais estão os diversos fornecedores disponíveis e nas colunas seguem os cinco elementos de comparação citados. Feitas as comparações, o comprador pode determinar qual é o fornecedor mais adequado dentre os disponíveis no mercado.

1. **Pedido de compra:** escolhido o fornecedor, o comprador emite o pedido de compra, definindo os itens, as características e as especificações, as quantidades, os preços, as condições de pagamento e o prazo de entrega. O pedido de compra representa o contrato de compra de determinado item a determinado fornecedor, no qual a empresa se compromete a receber e a pagar pela compra e pela entrega do referido item.
2. **Acompanhamento do pedido de compra:** feito o pedido de compra ao fornecedor, o comprador precisa certificar-se de que ele será realmente cumprido, para não expor a empresa ao perigo de não receber o item na hora certa, prejudicando o seu funcionamento. O acompanhamento (*follow-up*) também recebe o nome de ativação de compras, e nada mais é do que monitorar e cobrar o fornecedor continuamente, a fim de assegurar os prazos de entrega dos fornecedores.
3. **Recebimento do material:** é a fase final do processo de compras, na qual o item é recebido pela empresa, inspecionado e conferido em relação à quantidade e à qualidade. Isso requer a existência de um setor no almoxarifado que inspecione o recebimento dos materiais comprados para verificar se eles estão de acordo com as especificações solicitadas e conforme as quantidades compradas. Para evitar a inspeção de qualidade e de quantidade, algumas empresas adotam um esquema denominado qualidade assegurada, no qual os fornecedores se comprometem, mediante contrato, a seguir fielmente as especificações solicitadas pela empresa, responsabilizando-se pelos possíveis prejuízos decorrentes da entrega de itens fora das especificações contratadas.

O processo de compras pode ser representado conforme a Figura 9.12.

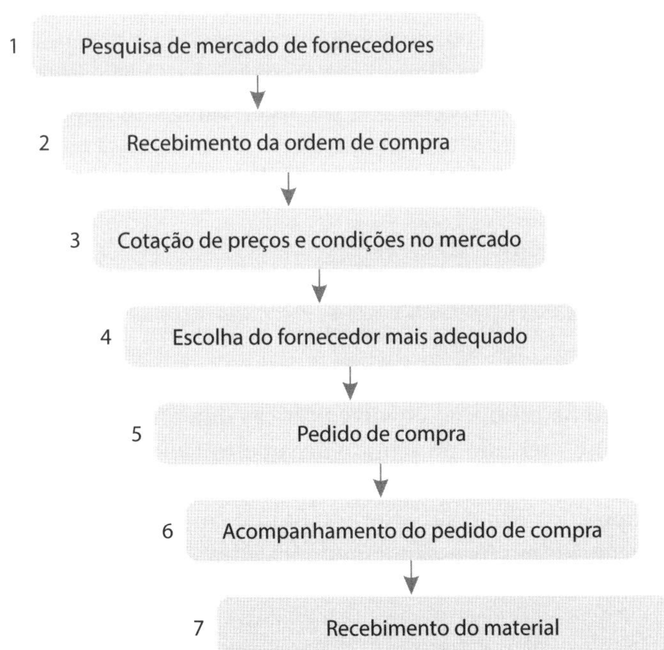

Figura 9.12 Fases do processo de compras.[6]

O processo de compras representa também um custo que pode ser reduzido ou eliminado por meio do *just-in-time* ou da qualidade assegurada.

9.6 PROCESSO OPERACIONAL

O processo operacional nada mais é que a maneira como a empresa opera, isto é, o conjunto de processos e operações para produzir determinado produto/serviço. Refere-se ao fazer, o realizar, o produzir com materiais, com informações, com tecnologia, máquinas e equipamentos, com métodos e processos de trabalho. Também se relaciona com a maneira como os produtos/serviços serão produzidos e/ou comercializados e com a capacidade de oferta do seu empreendimento.

Na indústria, o processo operacional descreve o processo produtivo desde a chegada da matéria-prima até o produto acabado, os equipamentos envolvidos, incluindo quantidades e custos de manutenção e os demais insumos (tipos e quantidades). O processo produtivo deve incluir as políticas de compra e estoque, o *layout* dos equipamentos (em linha ou em células de produção), as tecnologias utilizadas, o ritmo de fabricação (por encomenda, por escala ou por etapas), o pessoal necessário (salários e encargos sociais), os sistemas de controle de qualidade etc. Além disso, deve conter o levantamento dos fornecedores para comparar preços, qualidade e condições de entrega.

No caso de comércio e prestação de serviços, a definição do processo operacional é mais simples e se resume na descrição de como será feito o atendimento ao cliente, as políticas de vendas e de financiamento, os sistemas de entregas, o relacionamento com o público, a seleção de fornecedores, as políticas de compras e de estoques etc.

É interessante verificar as alternativas possíveis em relação a todos esses itens, visando sempre à qualidade e à produtividade. Recomenda-se adotar o processo de *benchmarking* para verificar o que os melhores concorrentes estão fazendo e observar suas práticas comerciais a fim de saber o que de melhor existe no mercado. O *benchmarking* não é apenas uma cópia daquilo que os outros fazem. Na verdade, trata-se de ir além dos concorrentes para superá-los. O importante é saber aprender com a experiência alheia e utilizá-la como um patamar para a melhoria contínua do empreendimento.

CHIAVENATO DIGITAL

Aumente seus conhecimentos sobre **Você sabe fazer benchmarking** na seção *Saiba mais* EMP 9.5

Em resumo, a gestão da produção envolve práticas que precisam ser definidas levando em conta o que existe no mercado no sentido de superar tudo o que os concorrentes estão fazendo. Escolher a equipe de trabalho e os processos produtivos representam os dois passos iniciais para um empreendimento superior e capaz de competitividade e sustentabilidade em um mundo de negócios em incessante mudança e transformação.

Localização industrial

Proximidade de mão de obra
Proximidade de matérias-primas
Proximidade dos mercados
Facilidade de transporte
Infraestrutura energética
Incentivos fiscais
Custo do terreno
Facilidade de localização
Adequação urbana
Infraestrutura urbana

Localização comercial

Proximidade dos clientes
Facilidade de acesso
Facilidade de transporte
Facilidade de estacionamento
Infraestrutura para recreação
Adequação do local
Visibilidade
Baixos custos imobiliários
Baixos custos condominiais
Aparência do local

Eficiência

Fazer as coisas corretamente
Enfatizar os meios
Focar métodos e processos
Não desperdiçar tempo ou material
Cuidar de máquinas e equipamentos
Fazer a manutenção das máquinas
Resolver problemas cotidianos
Cumprir tarefas dentro dos prazos
Reduzir custos
Atender os pacientes
Ter e manter crédito
Obter educação
Jogar futebol com arte

Eficácia

Fazer as coisas corretas
Enfatizar os fins
Focar metas e objetivos
Aumentar os resultados finais
Otimizar a utilização das máquinas
Garantir seu funcionamento
Produzir alternativas criativas
Obter resultados
Aumentar os lucros
Curar os pacientes
Pagar pontualmente
Aumentar a competência
Ganhar o jogo

Elaboração do plano de produção

Classificação de materiais

Matérias-primas
Materiais em processamento
Materiais semiacabados
Materiais acabados
Produtos acabados

Processo de compra

Pesquisa do mercado de fornecedores
Recebimento da ordem de compra
Cotação de preços e de condições de pagamento
Escolha do fornecedor mais adequado
Pedido de compra
Acompanhamento do pedido de compra
Recebimento do material

Figura 9.13 Mapa mental do Capítulo 9 – Gestão da produção.

REFERÊNCIAS

1. CHIAVENATO, Idalberto. *Introdução à Teoria Geral da Administração.* 10. ed. São Paulo: Atlas, 2020.
2. CHIAVENATO, Idalberto. *Iniciação à gestão de materiais:* uma abordagem introdutória. Barueri: Manole, 2015.
3. CHIAVENATO, Idalberto. *Planejamento e controle da produção.* Barueri: Manole, 2015.
4. CHIAVENATO, Idalberto. *Gestão de materiais, op. cit.*
5. CHIAVENATO, Idalberto. *Gestão de materiais, op. cit.*
6. CHIAVENATO, Idalberto. *Gestão de materiais, op. cit.*

10 GESTÃO DO MARKETING

O QUE VEREMOS ADIANTE

- Conceito de marketing.
- Identificando o cliente e o mercado.
- O dinâmico processo de vendas.
- Previsão de vendas.
- Propaganda: a alma do negócio.
- O atendimento ao cliente.
- Preço.

De nada adianta saber fabricar um bom produto ou prestar um bom serviço. Esse pode ser um bom começo. É preciso também saber colocá-lo no mercado e conseguir convencer as pessoas a comprá-lo. O marketing constitui o principal elo entre o empreendedor e o cliente. É por meio do marketing que o cliente recebe o produto/serviço no momento certo, com as características que lhe interessam e o preço adequados. Contudo, o mercado de clientes é finito e mutável. Ele tem determinado tamanho e até pode ser aumentado se você reduzir custos e oferecer preços mais baixos para ampliar o número de clientes potenciais e reais. Contudo, infelizmente, você não está sozinho. Há uma infinidade de empreendedores tentando fazer exatamente o mesmo que você. Isso significa competição. Aliás, o que caracteriza o moderno mundo dos negócios é a enorme competitividade. Não se esqueça disso. Para ser competitivo nesse mundo, é preciso saber manejar as ferramentas do marketing.

SAIBA MAIS **Ganhadores e perdedores**

Muitos produtos deram certo, enquanto muitos outros fracassaram e seus negócios perderam muito dinheiro. A diferença entre os ganhadores e os perdedores, segundo Blank, é muito simples: produtos desenvolvidos com uma gestão com foco no consumidor quase sempre vencem logo cedo. Por outro lado, produtos manufaturados em uma superorganização de vendas ou marketing apenas tangencialmente envolvida com o processo de desenvolvimento do novo produto perdem, principalmente quando o contato com o consumidor não existe. O passo do desastre está no modelo de desenvolvimento do produto sem o foco no consumidor. Os quatro passos da epifania do marketing, segundo Blank, são: descoberta do consumidor, validação do consumidor, criação do consumidor e construção do negócio.[1] O consumidor deve estar sempre no centro do negócio. Ele precisa validar o produto, isto é, torna-se necessário sempre obter o seu *feedback* – positivo, por sinal – para lançar o produto ou serviço.

10.1 MARKETING

A palavra *marketing* vem do inglês *market*, que significa mercado. O marketing corresponde a todas as atividades da empresa que visam à colocação de seus produtos/serviços no mercado. Assim, o marketing está focado completamente no mercado e no cliente. Sua função básica é fazer com que os produtos/serviços da empresa cheguem da melhor forma possível ao consumidor final. A palavra *marketing* tem sido traduzida por alguns autores como mercadologia, mas preferimos mantê-la devido ao seu conceito abrangente.

Marketing é também o conjunto de ações destinadas a criar produtos/serviços e colocá-los à disposição do mercado, no local, tempo e volume adequados. Ele está totalmente centrado no foco do cliente, o que significa absorver a visão que o cliente tem a respeito dos produtos que precisa comprar. Os componentes do marketing são: criação e/ou desenvolvimento de produtos/serviços, localização e/ou distribuição, propaganda e promoção, preço e embalagem. Eles devem estar sempre orientados para o cliente e para as suas necessidades e expectativas.

Para alcançar tal objetivo - encantar o cliente, ultrapassar as suas expectativas e fidelizá-lo –, adota-se o chamado composto mercadológico (*marketing mix*), que envolve os seguintes componentes:

- **Produto/serviço:** criação, desenvolvimento e adequação às necessidades do mercado.
- **Marca:** identificação e caracterização do produto/serviço.
- **Embalagem:** criação, desenvolvimento e adequação tanto às necessidades do mercado, como para efeito logístico (armazenamento e transporte).
- **Preço:** estabelecimento do preço de acordo com o mercado e a concorrência.
- **Pesquisa de mercado:** conhecimento do mercado consumidor e da concorrência.
- **Propaganda:** divulgação por meio de campanhas de propaganda.
- **Venda:** comercialização do produto/serviço com o usuário final.
- **Promoção:** planejamento e desenvolvimento de eventos promocionais.
- **Distribuição:** colocação do produto/serviço nos pontos de venda adequados.
- ***Merchandising*:** apresentação e disposição da mercadoria no ponto de venda.
- **Atendimento ao cliente:** realização do pós-venda, também conhecido como assistência técnica ou assistência ao cliente.

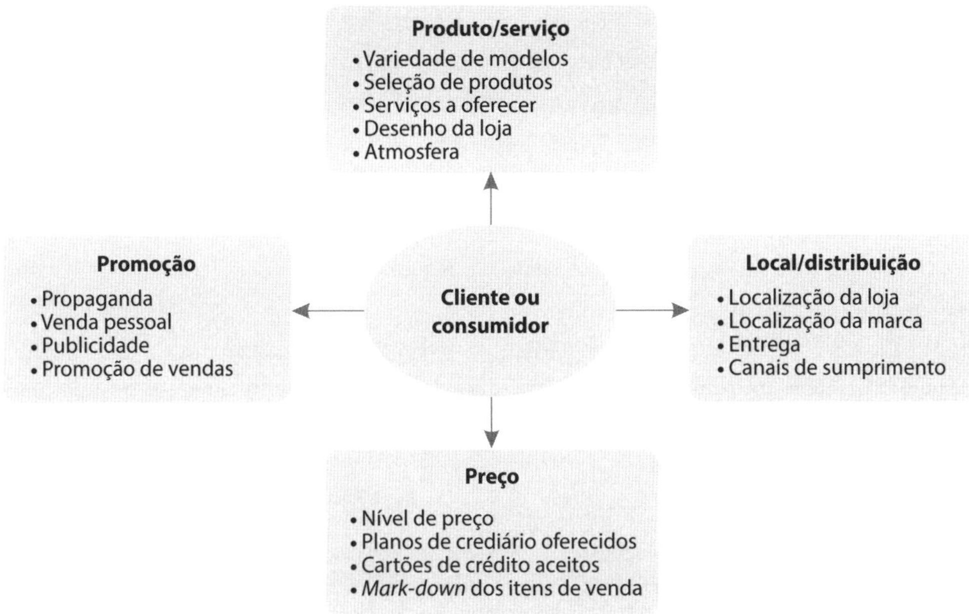

Figura 10.1 Elementos do *mix* de marketing para varejo.[2]

O marketing permite à empresa concentrar-se na satisfação das necessidades do cliente e, como retorno, o cliente fornece os meios suficientes para garantir o seu ciclo produtivo.

CHIAVENATO DIGITAL

Aumente seus conhecimentos sobre **Definindo os fatores de sucesso do seu empreendimento** na seção *Saiba mais* EMP 10.1

10.2 IDENTIFICANDO O CLIENTE

A principal razão de ser de qualquer empreendimento empresarial é o cliente. É ele quem define se o negócio será bem-sucedido ou não e também determina o grau de sucesso de qualquer negócio. Todo negócio existe para atender às necessidades do mercado e, mais especificamente, às necessidades e conveniências do cliente. De nada adianta produzir um produto perfeito se ele não serve para o mercado nem satisfaz necessidades ou aspirações dos clientes. Todo negócio é extremamente dependente do seu cliente e está envolvido com a concorrência, principalmente quando o mercado é restrito e os concorrentes disputam os clientes existentes.

Em função disso, é preciso que a jornada do cliente – a sua experiência de compra do seu produto como empreendedor – seja sempre interessante, agradável, hospitaleira e frutífera para ele. É preciso criar um ciclo de construção do cliente (Figura 10.2) para torná-lo fiel ao seu negócio. A fidelização do consumidor depende da sua experiência na compra e no uso do produto. E a assistência técnica pós-venda influencia profundamente na sua fidelização.

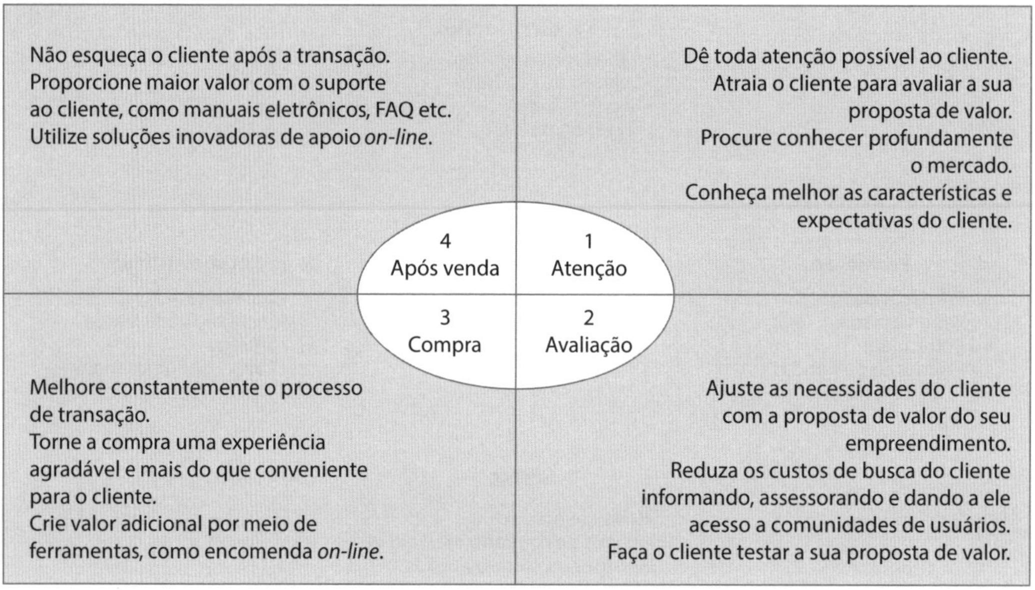

Figura 10.2 Ciclo de construção do cliente.[3]

Nesse sentido, é necessário construir um amplo canal de vendas (Figura 10.3) para que o cliente possa navegar nele com desenvoltura, prazer e satisfação.

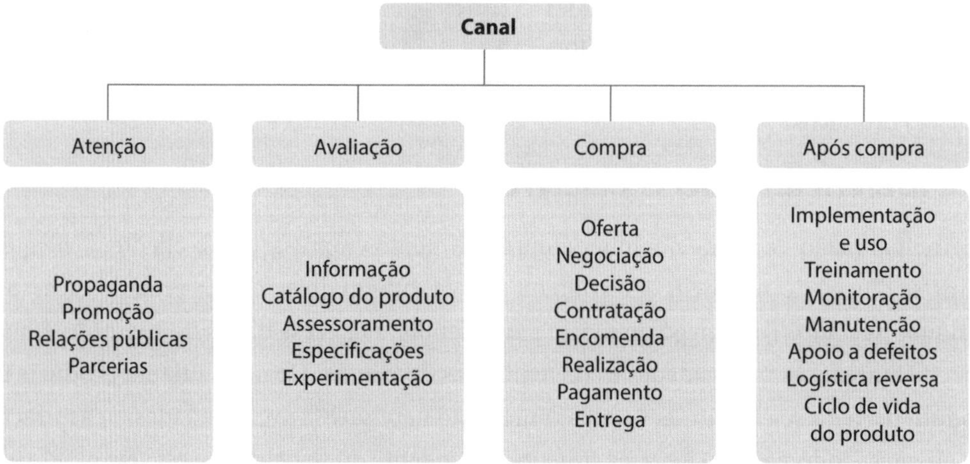

Figura 10.3 Funções do canal de vendas.[4]

Além disso, pense no ciclo de vida de sua oferta de valor (Figura 10.4). Ela pode ter um ciclo de vida curto e requerer mudanças e inovações ao longo do tempo.

Figura 10.4 Ciclo de vida da oferta de valor ao cliente.[5]

A focalização do cliente é fundamental para definir adequadamente um negócio. Cada funcionário trabalha com entradas ou insumos e com saídas ou resultados. Em uma ponta, deve ter pleno conhecimento de quem recebe o seu trabalho:

- Quem é o meu cliente?
- O que tem valor para ele?
- Quais são as suas necessidades?
- De que o cliente realmente necessita?
- Como persuadi-lo e ultrapassar suas expectativas e aspirações?

Na outra ponta, cada funcionário deve ter conhecimento total de quem lhe fornece as entradas para seu trabalho:

- Quem é o meu fornecedor?
- Como ele atende às minhas necessidades?
- Quais são realmente as minhas necessidades?
- O que fazem os outros fornecedores?
- De que eu necessito realmente dos meus fornecedores?
- Como devo comunicar minhas necessidades ao meu fornecedor?

Essas são as principais questões para que cada funcionário identifique o cliente e o fornecedor interno. Dessa maneira, você criará um negócio no qual seus funcionários estarão perfeitamente sintonizados, trabalhando dentro de uma cadeia de valor.

CHIAVENATO DIGITAL

Baixe um modelo de **Planilha de despesas mensais – custos de comercialização** na seção *Modelos* EMP 10.1

10.2.1 Quem é o cliente

O cliente é capaz de impulsionar ou derrubar um negócio, na medida em que está disposto a comprar ou não comprar. Um cliente pode ser uma organização, uma empresa, um distribuidor ou atacadista, um usuário dos produtos/serviços ou um consumidor final. O consumidor final é quem compra os produtos/serviços oferecidos pela empresa na ponta final da cadeia de transações e que põe toda ela para funcionar. É ele quem determina direta ou indiretamente se o negócio será bem-sucedido ou não. Por essa razão, o cliente deve ser encarado como o principal patrimônio da empresa. Por essa razão, o capital de relacionamento com o cliente deve ser estimulado e incentivado.

SAIBA MAIS

A medida de satisfação e da insatisfação

Phillip Kotler salienta que os clientes sempre experimentam o desempenho ou resultado de um produto e quando o comparam com suas expectativas têm um sentimento de prazer quando a comparação é positiva e um desapontamento enorme quando a comparação é negativa. Ponha-se sempre na posição do consumidor. É ele quem dirá se o seu produto é aceitável ou ótimo.

Mas onde estão os clientes? Milhares de empresas não vendem diretamente aos seus consumidores. Existem bens ou serviços industriais, que são itens ou materiais que são consumidos por empresas ou organizações para seus negócios cotidianos. Há empresas que vendem produtos diversos – como matérias-primas, bens semiprocessados e produtos acabados – para diferentes clientes, como indústria, comércio, escolas e universidades, bancos, hospitais, repartições públicas e milhares de outros estabelecimentos ou instituições. Esses produtos diferem dos bens e serviços de consumo, que são destinados ao consumidor final, seja diretamente ou por meio de canais de distribuição, como agentes, atacadistas, varejistas etc. Assim, os especialistas em marketing fazem distinção entre marketing industrial e marketing de consumo (Quadro 10.1), tendo por base o tipo de consumidor que está sendo considerado. O marketing industrial focaliza clientes que precisam produzir bens ou serviços, enquanto o marketing de consumo focaliza clientes que precisam consumir bens ou serviços.

Quadro 10.1 Diferenças entre marketing industrial e marketing de consumo

Marketing	Cliente	Tipo de produto/ serviço
Industrial	Indústria	Produtos como prensas, máquinas operatrizes, tornos mecânicos, matérias-primas industriais etc. Serviços como assistência técnica, propaganda, manutenção, consultoria, contabilidade etc.
Consumo	Consumidor final	Produtos como roupas e vestuário, artigos de higiene e beleza, alimentos em geral, remédios, eletrodomésticos etc. Serviços como bancos, financeiras, hospitais, restaurantes, televisão, cinema e teatro etc.

Mais do que saber quem é o cliente, o importante é saber como ele é: quais são as suas características, seus hábitos de compra, suas preferências, suas expectativas e exigências etc. Por que conhecer o cliente? É para ele que você está trabalhando. Ponha-se no lugar dele e perceba o que você faz pelo ponto de vista do cliente. Esse é o segredo de um excelente produtor.

10.3 O DINÂMICO PROCESSO DE VENDA

Conhecendo o cliente e suas características, você pode se preparar melhor para vender a ele os seus produtos/serviços. Dominar o alvo facilita a pontaria de qualquer bom atirador. O setor de vendas tem uma importante função na empresa: colocar os produtos/serviços produzidos pela empresa no mercado de clientes ou consumidores, satisfazendo as necessidades do mercado e alcançando os objetivos da empresa. O setor de vendas representa a interface entre a empresa e os seus clientes ou consumidores.

Em primeiro lugar, deve-se conhecer profundamente o produto/serviço a ser vendido. É importante que todas as características e vantagens do produto/serviço sejam realçadas na sua apresentação ao cliente. Para conseguir alcançar esses objetivos, o setor de vendas deve seguir um processo de vendas, composto de sete fases:

1. **Pesquisa de mercado de consumidores:** é a fase inicial do processo de vendas. A pesquisa de mercado procura obter informações sobre os consumidores e sua relação com os produtos/serviços que a empresa pretende colocar no mercado: onde estão localizados, em que quantidade, seus hábitos de compra, seu poder aquisitivo, suas características socioeconômicas, como podem ser abordados etc. A pesquisa de mercado procura avaliar o comportamento dos consumidores diante das características do produto/serviço (seu preço, tamanho, cor, embalagem, durabilidade etc.).
2. **Propaganda:** é a fase em que a empresa procura fixar uma imagem do seu produto/serviço, sua marca, seu conceito, sua utilidade, suas vantagens diante dos produtos/serviços dos concorrentes, para ganhar a preferência dos clientes ou consumidores. Não é chavão dizer que a propaganda é a alma do negócio, porque ela pode aumentar as vendas da empresa. A propaganda é a comunicação de massa, ou seja, difunde-se para o grande público. Ela pode ser divulgada por vários meios de comunicação, como rádio, televisão, jornais, revistas, cinema, cartazes etc.
3. **Venda:** trata-se da venda propriamente dita, ou seja, é a fase fundamental do processo de vendas. Consiste na transferência do produto/serviço para o cliente ou consumidor. A venda pode ser:
   - **Pessoal**, quando realizada por meio de um contato direto entre o vendedor e o comprador, seja no estabelecimento comercial, seja em visita em domicílio, no balcão, pelo telefone etc.
   - **Impessoal**, quando a venda ocorre sem intervenção direta do vendedor, como no autosserviço do supermercado, na compra por catálogo, no *telemarketing* feito pela televisão ou pelo jornal, por meio de mala-direta, nas máquinas de vendas etc.
   - **Virtual**, quando a venda é feita pela internet. Trata-se de um formato de negócios que permite uma incrível redução de custos e um aumento de eficiência e eficácia.
4. **Promoção de vendas**. É a fase do processo de vendas que procura promover ou acelerar as vendas do produto/serviço. A promoção de vendas pode ser feita por meio de: treinamento dos vendedores, fornecimento de manuais, catálogos e folhetos contendo informações sobre o produto/serviço, detalhes técnicos etc. Também pode ser feita por meio de material fornecido aos revendedores (catálogos, folhetos, bandeiras, painéis, boletins etc.), ou ainda diretamente sobre os clientes ou consumidores por meio de demonstrações, amostras, sorteios, amostras grátis, brindes, ofertas, feiras e exposições, mala-direta, descontos por volume de compras etc.

   As promoções são frequentemente utilizadas quando há:
   - Estoque elevado de produtos.
   - Lançamento de novos produtos.
   - Sucesso da concorrência.
   - Sazonalidade ou ciclicidade das vendas.

5. **Canais de distribuição**. Os canais de distribuição (Figura 10.5) representam os meios pelos quais os produtos/serviços fluem da empresa em direção aos clientes ou consumidores, para atingi-los da melhor forma possível. Na verdade, os canais de distribuição são os intermediários entre a empresa e os seus clientes ou consumidores. Muitas vezes, a empresa coloca diretamente seus produtos/serviços no mercado. Outras, além do representante, ela requer um atacadista. Em certos casos, o elo também depende de um varejista para chegar ao consumidor final.

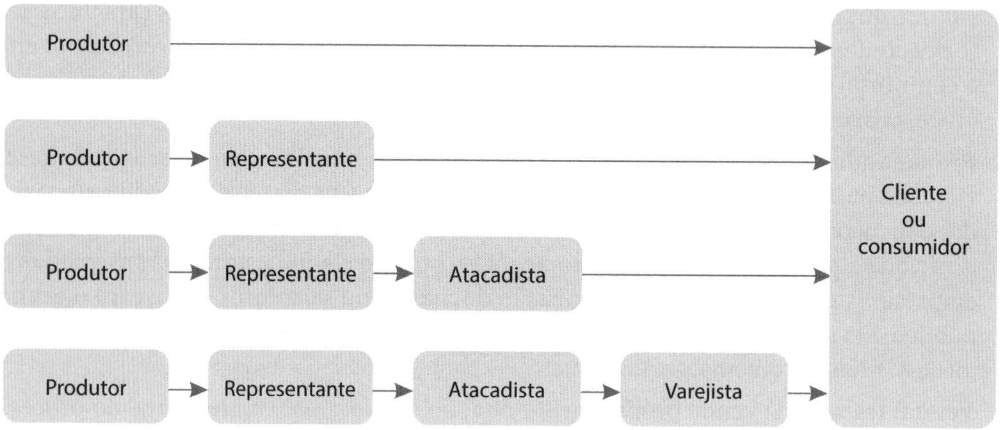

Figura 10.5 Canais de distribuição.

A maneira de distribuir o produto influencia o preço. As principais alternativas de venda são: venda direta ao consumidor, por meio de representantes comissionados, por atacadistas ou revendedores, variando conforme a atividade do negócio. O importante é conhecer os vários *mark-ups* das diferentes etapas da distribuição para calcular o preço final do produto, a fim de mantê-lo competitivo. Muitos empreendedores temem contratar intermediação por achar que ela reduz a lucratividade unitária. Mas vender diretamente ao consumidor pode levar tempo e requerer custos de promoções e vendas. Convém avaliar se os intermediários compensam seus custos, já que têm estrutura e clientela.

1. ***Merchandising***. A palavra *merchandising* vem do inglês *merchandise*, que significa mercadoria. No caso, o *merchandising* envolve todos os aspectos relacionados com a apresentação do produto/serviço que a empresa pretende colocar no mercado: características, tamanho, nome, marca, embalagem etc., ou seja, todos os aspectos relacionados com o produto/serviço. O *merchandising* pretende dar personalidade e individualidade ao produto para que ele seja identificado pelo consumidor em sua apresentação, facilitando e aumentando as vendas.

2. **Pós-venda**. É a fase posterior à venda ao cliente. Pode receber vários nomes, como assistência técnica, atendimento ao consumidor, atendimento ao cliente etc. Na realidade, é a fase em que se pretende monitorar o cliente quanto ao uso e apreciação do produto/serviço que adquiriu, para verificar se ele está satisfeito com a compra feita e com o tratamento recebido. Trata-se de atender às reclamações do cliente, sanando eventuais falhas do produto/serviço, corrigindo os aspectos relacionados com qualidade, com a atenção recebida do vendedor, com a clareza das explicações do manual de utilização etc.

Assim, o processo de vendas é constituído das sete fases que acabamos de verificar, ilustradas na Figura 10.6. Todas elas são importantes para a satisfação do cliente e para a garantia de novas vendas.

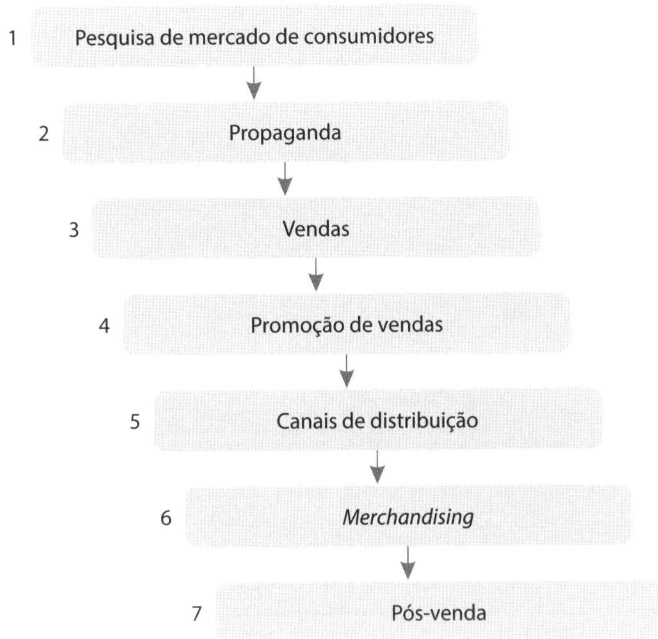

Figura 10.6 Fases do processo de vendas.[6]

10.3.1 Previsão de vendas

Para vender seu produto/serviço e produzi-lo na quantidade adequada às necessidades do mercado, a empresa precisa prever antecipadamente as suas vendas, para planejar suas atividades de produção e de comercialização. A previsão de vendas é a base para o planejamento da produção e da comercialização. Saber qual é a quantidade semanal, mensal ou anual de produtos/serviços a serem produzidos, e como tudo isso será vendido, são fatores que dependem da previsão de vendas.

A previsão de vendas representa a quantidade de produtos/serviços que a empresa pretende vender ou colocar no mercado durante um determinado período, geralmente um mês ou um ano, dividido em meses. Constitui, portanto, uma estimativa ou uma expectativa de vendas. Pode ser feita em unidades físicas ou em valores monetários. Veja um exemplo no Quadro 10.2.

Quadro 10.2 Previsão de vendas de dois produtos

Produtos:	Jan.	Fev.	Mar.	Abr.	Maio	Jun.	Jul.	Ago.	Set.	Out.	Nov.	Dez.
ABC	100	100	100	100	100	100	120	130	140	150	170	180
ZYX	200	200	200	200	200	220	240	260	280	300	340	400

A previsão de vendas pode ser detalhada ou desdobrada por território ou por vendedor, a fim de proporcionar melhor acompanhamento e controle das regiões e da equipe de vendas. Pode ainda ser multiplicada pelo preço dos produtos/serviços e transformada em previsão de receita de vendas. A previsão de vendas é estimada pelas informações de vendas anteriores ou pela pesquisa de outras empresas equivalentes ou concorrentes e pelas tendências do mercado. Todos esses dados podem ser obtidos por meio da análise do mercado, que já vimos anteriormente.

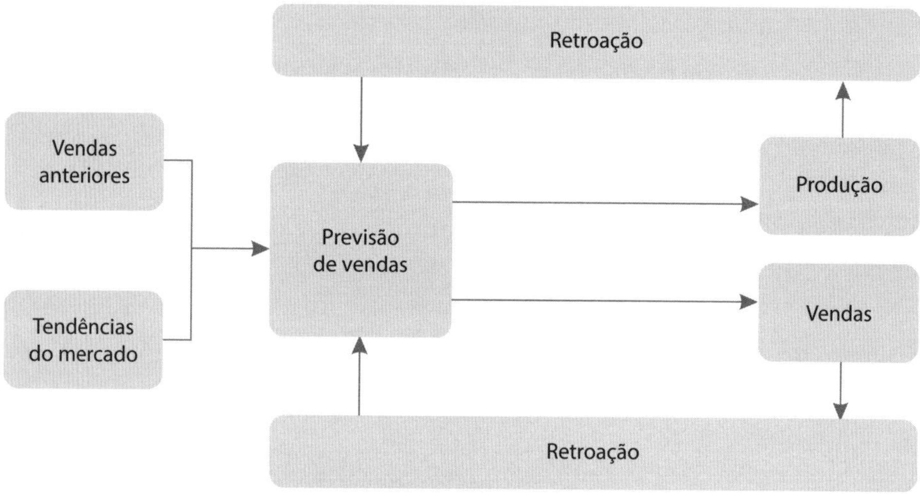

Figura 10.7 Esquema da previsão de vendas.[7]

CHIAVENATO DIGITAL

Baixe um modelo de **Planilha de receita operacional mensal** na seção *Modelos* EMP 10.2

10.4 PROPAGANDA: A ALMA DO NEGÓCIO

Quando tratamos do processo de vendas, citamos a sua segunda fase, a propaganda, a alma do negócio. Verificamos que ela é a comunicação de massa, ou seja, a comunicação da empresa focada no grande público. A American Marketing Association define a propaganda como qualquer forma paga de apresentação de produtos, serviços, pessoas ou ideias, abertamente patrocinada pelo anunciante.

Assim, na propaganda, há sempre um anunciante identificado que paga a divulgação do produto, serviço ou ideia. Muitas pessoas confundem propaganda com publicidade, mas são duas vertentes diferentes. A publicidade corresponde à divulgação de notícias ou informações sobre produtos, serviços, pessoas, ideias sem qualquer pagamento por parte do patrocinador.

A propaganda pode ser classificada em duas formas: a propaganda direta e a indireta. Vejamos cada uma delas.

- **Propaganda direta** é aquela em que o patrocinador entra em contato direto com o consumidor ou o cliente. É o caso da remessa de catálogos, listas de preços, folhetos, prospectos etc. Geralmente, a propaganda direta é realizada pelo correio, recebendo o nome de propaganda por mala-direta.

- **Propaganda indireta** é aquela realizada por meio de outros veículos, tais como jornais, revistas, televisão, cartazes ao ar livre (*outdoor*), rádio etc., que recebem o nome de veículo de propaganda, porque esses meios transportam os anúncios dirigidos aos consumidores dos produtos/serviços. Um anúncio é qualquer aviso, notícia ou esclarecimento endereçado ao público.

O objetivo da propaganda é predispor o cliente ou o consumidor em potencial para a compra do produto/serviço anunciado. Para a maioria dos produtos/serviços que são colocados no mercado, a propaganda tem o objetivo de influenciar o cliente de maneira a confirmar ou a alterar a sua atitude de compra.

Existem também mais dois tipos de propaganda: a institucional – que vende a imagem da empresa sem qualquer pretensão de vender – e a comercial – que visa especificamente vender o produto/serviço no mercado.

10.4.1 Atendimento ao cliente

O atendimento ao cliente é um dos aspectos de maior importância do negócio. O cliente representa o principal objetivo do negócio – a sua razão de ser e de existir. Todo negócio deve estar voltado para o cliente – ainda que potencial – e somente se mantém se o cliente estiver decidido a continuar comprando o produto/serviço, seja para sua satisfação pessoal ou para suas necessidades básicas. Para que o negócio possa ser bem-sucedido, é imprescindível que o cliente fique satisfeito com o produto/serviço oferecido. Dessa forma, os produtos e os serviços devem ser continuamente ajustados e sintonizados com as preferências do cliente. Isso faz parte do que se poderia denominar orientação para o cliente (*client centered*), ou ainda mentalidade mercadológica (*marketing minded*).

Na realidade, o marketing representa uma inversão na forma de raciocínio: é a resolução do problema de trás para frente. Parte do resultado final desejado – que é um cliente satisfeito – para verificar quais ações devem ser realizadas para chegar a tal resultado. Em vez de olhar para dentro do próprio negócio, deve-se olhar para fora, tendo o foco no cliente: abrir portas e janelas e ver o que o mercado faz, o que os concorrentes fazem e o que o cliente deseja e precisa. E o que você deve fazer. Uma pesquisa superficial de mercado geralmente conduz a uma constatação óbvia: os clientes estão à procura de um produto bom, bonito e barato e por um bom preço. E que funcione bem e sem problemas. Com as informações obtidas, você terá condições de criar produtos/serviços e desenvolver um espírito de equipe entre seu pessoal para atender bem ao cliente, sempre oferecendo um excelente serviço, que certamente será o diferencial da sua empresa diante das demais.

10.5 PREÇO

O empreendedor deve gerenciar os preços de seus produtos/serviços por meio da estrutura que montou e dos custos que assumiu, levando sempre em conta o que se pratica no mercado. De um lado, existe o preço que o empreendedor pede por seu produto/serviço; de outro, o preço que o cliente se dispõe a pagar. E ainda existe o preço com que o mercado opera normalmente. A composição de preços deve levar tudo isso em consideração para que o empreendedor saiba exatamente em que território está pisando.

Para tornar-se mais competitivo, o empreendedor pode reduzir a margem de lucro em 1 ou 2%. Mas surge a pergunta: compensa trabalhar com uma margem de lucro menor? Por outro lado, ele deve tomar uma decisão bem ponderada, porque é possível que o empreendedor fique totalmente desocupado em sua empresa, à espera de um cliente que certamente não aparecerá. Ter jogo de cintura é importante.

Nesse caso, convém relembrar o Quadro 4.2, que apresentamos no Capítulo 4, para que você use o bom senso no momento da fixação de preços.

Quadro 10.3 Como os preços são visualizados pelo cliente e pela empresa

Como o cliente estima o preço	Como a empresa determina o preço
■ Objetivos desejados pelo cliente	■ Objetivos almejados pela empresa
■ Grau de utilidade do produto/serviço	■ Custos de produção e de vendas
■ Grau de qualidade percebida	■ Margem de lucro pretendida
■ Valor determinado pela empresa	■ Valor que o cliente atribui
■ Nível de serviço e atendimento	■ Restrições legais quanto ao preço
■ Preço dos similares concorrentes	■ Preços fixados pela concorrência

O cálculo dos preços de venda pode ser feito com base nos custos e na margem de lucro desejada. Existem dois métodos: o *mark-up* e a margem de lucro.

O *mark-up* é um valor ou uma porcentagem adicionada ao preço de custo (custos totais, diretos e indiretos) para chegar ao preço de venda. Contudo, o preço definido pela fórmula de *mark-up* pode ser alto demais em relação ao que a clientela se dispõe a pagar. Algumas vezes, o preço praticado pelo mercado pode ser baixo e insuficiente para pagar os custos da produção e resultar em algum lucro. Este é o cálculo do *mark-up*:

$$\textit{Mark-up}\ (\%) = \frac{(\text{preço de venda - preço de custo})}{\text{preço de custo}} \times 100$$

A margem de lucro é o valor do lucro que se obtém em cada item. O cálculo da margem de lucro é o seguinte:

$$\text{Margem}(\%) = \frac{(\text{preço de venda - preço de custo})}{\text{preço de venda}} \times 100$$

Obviamente, o *mark-up* e a margem de lucro variam conforme o negócio e os vários pontos da cadeia de fornecimento. Uma alternativa para resolver o problema é verificar o que fazem os concorrentes ou consultar a associação comercial ou seus contatos.

CHIAVENATO DIGITAL

Baixe um modelo de **Planilha de formação de preços** na seção *Modelos* EMP 10.3

Com todas essas ferramentas de marketing – e não são poucas –, você já tem condições de tomar decisões a respeito do produto/serviço que deseja colocar no mercado. Não se esqueça de contemplar um equilíbrio entre todos os aspectos mencionados para oferecer um marketing *mix* interessante e vencedor. Mais uma vez, boa sorte!

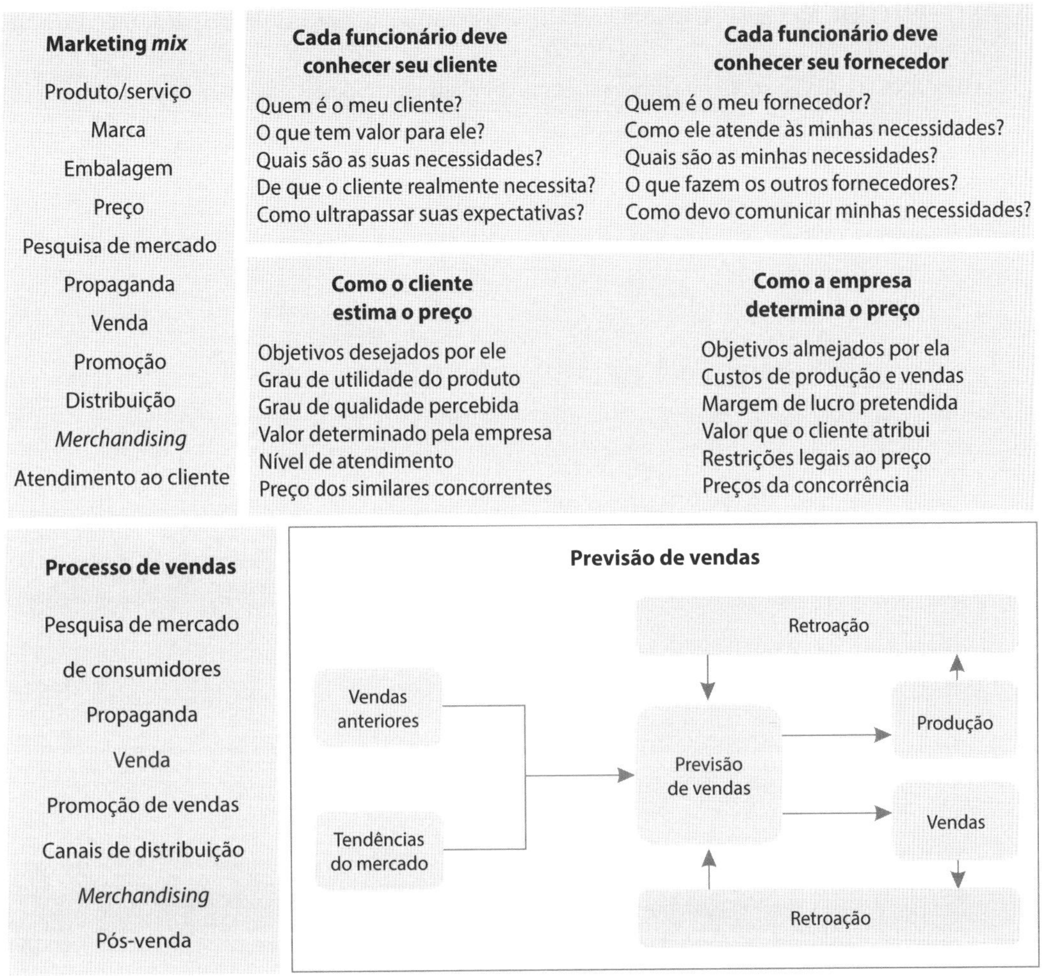

Figura 10.8 Mapa mental do Capítulo 10 – Gestão do marketing.

REFERÊNCIAS

1. BLANK, Steve G. *The four steps to the epiphany*: successful strategies for products that win. Stanford, CA: University of Stanford Press, 2006. *Vide*: https://web.stanford.edu/group/e145/cgi-bin/winter/drupal/upload/handouts/Four_Steps.pdf. Acesso em: 4 dez. 2020.
2. ZIKMUND, William G.; D'AMICO, Michael. *Basic marketing*. Saint Paul, Minn.: West Publishing, 1996. p. 209.
3. OSTERWALDER, Alexander. *The business model ontology*: a proposition in a design science approach. Tese de Doutoramento para a Ecole des Hautes Etudes Comerciales da Université de Lausanne, 2004, p. 66. *Vide*: http://www.hec.unil.ch/aosterwa/PhD/Osterwalder_PhD_BM_Ontology.pdf. Acesso em: 4 dez. 2020.
4. OSTERWALDER, Alexander. *The business model ontology*: a proposition in a design science approach, *op. cit.*, p. 67.

5. OSTERWALDER, Alexander. *The business model ontology*: a proposition in a design science approach, *op. cit.*, p. 67.
6. CHIAVENATO, Idalberto. *Gestão de vendas*: uma abordagem introdutória. Barueri: Manole, 2015.
7. CHIAVENATO, Idalberto. *Gestão de vendas*: uma abordagem introdutória, *op. cit.*

11 GESTÃO DAS FINANÇAS

O QUE VEREMOS ADIANTE

- Como gerenciar as finanças.
- Fontes de financiamento.
- Capital de giro do empreendimento.
- Fluxo de caixa.
- Ativos circulantes.
- Como entender as demonstrações financeiras.

Não basta ter uma excelente equipe, saber gerenciar a produção e o marketing. Para funcionar, as empresas precisam de dinheiro. O simples fato de uma empresa precisar de um imóvel para se instalar, máquinas e equipamentos para produzir, pessoas para trabalhar, matérias-primas para processar revela, na verdade, a necessidade de recursos financeiros que permitam alugar ou comprar o imóvel, adquirir as máquinas e equipamentos, pagar os salários da equipe, comprar as matérias-primas, recolher os impostos e ter um retorno do investimento. Nenhum empreendimento pode ser aberto sem um mínimo de capital inicial nem pode funcionar sem algum capital de giro.

As empresas são organizações sociais que utilizam recursos para atingir objetivos. Quanto ao objetivo que perseguem, existem empresas lucrativas, nas quais o objetivo final é o lucro, e empresas não lucrativas, nas quais o objetivo final é a prestação de algum serviço público, independentemente do lucro. O lucro constitui o excedente entre a receita obtida e a despesa efetuada em determinada operação. Também é a remuneração do empreendedor que assume os riscos do negócio. É, portanto, o resultado da ação sinérgica do empreendimento.

SAIBA MAIS **Erros mais comuns na captação de fundos**[1]

Quem inicia seu próprio negócio deve evitar os seguintes erros fatais:

- Iniciar o negócio sem recursos suficientes para o bom andamento da empresa.
- Contar com vendas maiores ou mais rápidas do que o provável.

- Não prever uma opção ou alternativa para possíveis emergências financeiras.
- Tomar empréstimos elevados e ficar refém dos juros e do pagamento da dívida.
- Colocar ativos sob riscos desnecessários por não considerar outras alternativas.
- Não contar com recursos financeiros para poder expandir a empresa.
- Subestimar o valor necessário para as despesas pessoais.
- Não se preparar para possíveis sobressaltos da conjuntura econômica.
- Não prever os efeitos de desembolsos regulares, como pagamento de impostos.
- Imaginar que a captação de recursos constitui a etapa mais difícil na implantação do negócio.

11.1 COMO GERENCIAR AS FINANÇAS

A maioria dos pequenos e médios empresários costuma administrar custos e finanças de maneira intuitiva e amadorística, por não terem formação nessas áreas. Até um determinado momento, essa intuição pode até permitir obter um bom desempenho. No entanto, quando o empreendimento começa a crescer, as coisas ficam mais complicadas, e é necessário buscar novos conhecimentos ou contratar profissionais especializados para fazer a gestão financeira. É a hora em que o empreendedor necessita de maior informação para avaliar os resultados e o desempenho do negócio, pois começa a perder dinheiro sem saber exatamente por quais razões.

11.1.1 Rentabilidade *versus* liquidez

A gestão financeira é a área do negócio que cuida dos recursos financeiros. Como veremos adiante, a gestão financeira preocupa-se com dois aspectos importantes: a rentabilidade e a liquidez. Isso significa que gerenciar as finanças é tentar fazer com que os recursos financeiros sejam lucrativos (rentabilidade) e líquidos (liquidez) ao mesmo tempo. Na realidade, esses são os dois objetivos principais das finanças: o melhor retorno possível do investimento (rentabilidade ou lucratividade) e a sua rápida conversão em dinheiro (liquidez). Tendo esses dois objetivos em mente, o empreendedor pode tocar tranquilamente as suas finanças.

A rentabilidade é alcançada à medida que o negócio do empreendimento proporciona a maximização dos retornos dos investimentos feitos pelos proprietários ou acionistas. Contudo, a rentabilidade máxima pode comprometer a liquidez da empresa, pois os retornos estão submetidos a diferentes períodos. Daí surge o conflito entre máxima rentabilidade e máxima liquidez: não é possível conseguir a maximização dos dois objetivos simultaneamente. A máxima rentabilidade sacrifica a liquidez, e a máxima liquidez sacrifica a rentabilidade. Quase sempre, a rentabilidade deve ter prioridade sobre a liquidez. Deve-se aplicar boa parte dos fundos disponíveis e manter inativa outra parte como proteção ou defesa contra os riscos de não conseguir pagar algum débito. Esses fundos inativos não produzem retorno ao investidor. Assim, a maximização da rentabilidade e da liquidez não é possível simultaneamente. Em vez da maximização, procura-se a satisfação, ou seja, um meio-termo entre ambas.

Um dos principais desafios da gestão financeira é manter tanto a rentabilidade como a liquidez da empresa em nível satisfatório e equilibrado, já que ambas em nível máximo não é possível. Para alcançar rentabilidade e liquidez satisfatórias, o empreendedor deve procurar obter recursos financeiros do mercado e utilizar e aplicar os recursos financeiros em seu negócio ou em atividades paralelas.

Como se pode perceber e observar na Figura 11.1, as três principais atribuições do gerenciamento financeiro são:

1. **Obter recursos financeiros** para que a empresa possa funcionar ou para expandir suas atividades; a obtenção ou captação de recursos financeiros pode ser feita no mercado de capitais, seja por aumento de capital, financiamento ou condições de pagamento aos fornecedores, empréstimos bancários etc.
2. **Utilizar recursos financeiros** para suprir as operações comuns da empresa, em vários setores e áreas de atividade, como compra de matérias-primas, aquisição de máquinas e equipamentos, pagamento de salários, impostos etc.
3. **Aplicar recursos financeiros excedentes**, como aplicações no mercado de capitais ou no mercado monetário, aquisição de imóveis ou terrenos etc.

Figura 11.1 Três áreas de decisão da gestão financeira.[2]

A Figura 11.2 permite uma visão simplificada dessas três áreas de decisão financeira, mostrando as diversas entradas e saídas de recursos financeiros da empresa e sua destinação.

O processo de gestão financeira resumido na Figura 11.2 é cíclico e repetitivo, precisa ser constantemente monitorado e avaliado para que a rentabilidade e a liquidez da empresa sejam preservadas a todo momento. Para tanto, as principais ferramentas da gestão financeira estão listadas no Quadro 11.1.

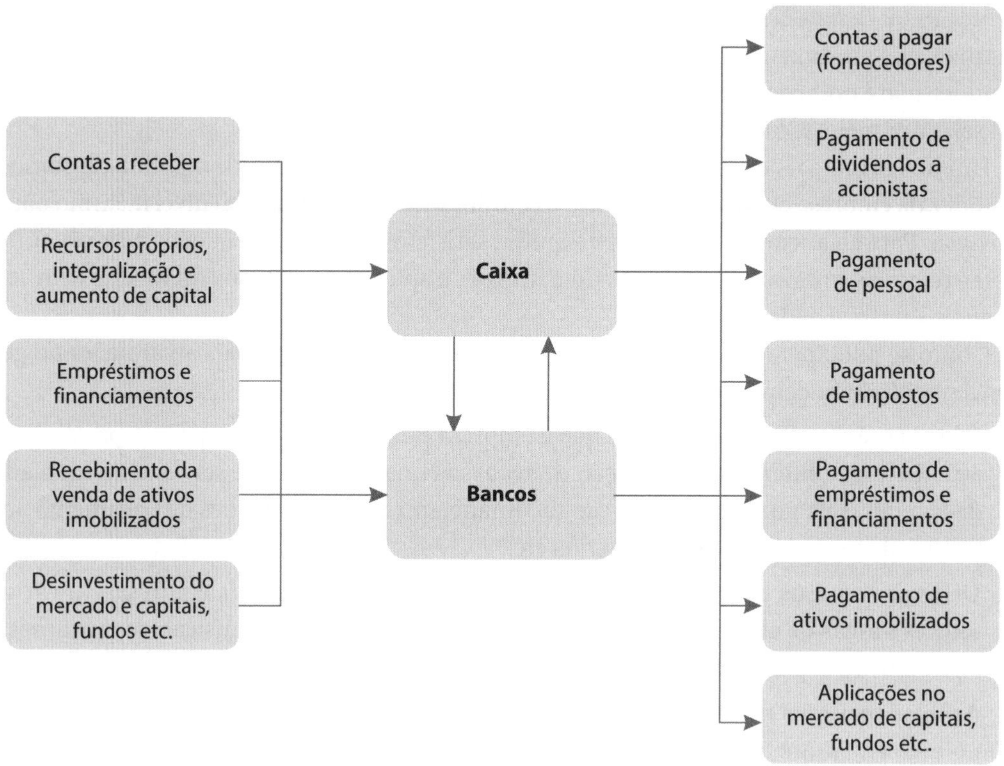

Figura 11.2 Processo de gestão financeira.[3]

Quadro 11.1 Principais ferramentas da gestão financeira

Controle de caixa: a tesouraria deve saber a todo momento o seu saldo bancário.	**Controle de conta corrente:** extrato elaborado pela tesouraria por meio do movimento diário de caixa e bancos, com créditos, débitos e respectivas datas.
Conciliação bancária: compara o extrato da tesouraria com o do banco para verificar pendências ou erros.	**Contas a pagar:** agendamento diário feito por segmento: fornecedores, tributos, despesas administrativas, comerciais e industriais, provisões etc.
Contas a receber: agendamento da cobrança em carteira com a cobrança bancária.	**Fluxo de caixa:** resumo das contas a receber e a pagar e a projeção do saldo positivo ou negativo em caixa, para efeito de aplicação ou obtenção de crédito.
Controle dos ativos circulantes: acompanhamento do nível dos estoques e das contas a receber.	**Arquivo de documentos:** documentos já lançados devem ser guardados em um arquivo, separados dos tributos, para envio à contabilidade no final de cada mês.

A adequada gestão financeira da empresa exige um trabalho permanente com todas essas ferramentas em conjunto.

CHIAVENATO DIGITAL

Baixe um modelo de **Planilha de investimento inicial** na seção *Modelos* EMP 11.1

11.2 FONTES DE FINANCIAMENTO

O financiamento é uma operação por meio da qual o empreendimento obtém recursos financeiros de terceiros para garantir o capital de giro ou para os ativos circulantes temporários ou permanentes, bem como para o investimento inicial. O financiamento pode ser classificado em dois tipos: curto prazo, médio e de longo prazo. Vejamos cada um deles.

11.2.1 Financiamento de curto prazo

O financiamento de curto prazo (CP) é uma operação por meio da qual a empresa levanta recursos financeiros por um período inferior a um ano, a fim de proporcionar ativos circulantes da empresa, como caixa, títulos negociáveis, contas a pagar, estoques ou ainda destinados ao financiamento aos clientes. O financiamento de CP é obtido com:

- Bancos comerciais privados e públicos.
- Sociedades de crédito, financiamento e investimento (também denominadas financeiras).

O financiamento de CP consiste em obrigações que devem ser cumpridas dentro de um ano ou menos. Assim, pode ser efetuado mediante quatro tipos de operações financeiras: desconto de duplicadas, empréstimo bancário em conta corrente, crédito direto ao consumidor e crédito mercantil. A seguir, veremos cada um desses tipos de financiamento de CP.

- **Desconto de duplicatas:** as duplicatas são títulos exatamente iguais, em valor e em outras características, às faturas emitidas pela empresa, ou seja, são as cópias das faturas. Quando vende a prazo, a empresa permanece em posição de espera até a data de vencimento da fatura, momento em que poderá receber a importância vendida ao cliente. Se, porém, a empresa tiver necessidade de recursos para o giro de suas operações, ela pode descontar duplicatas em um banco comercial, recebendo dele um empréstimo de recursos, cujo prazo vai desde o momento em que a empresa recebe o empréstimo bancário até a data do vencimento da fatura. A empresa faz uma cessão de direitos sobre os valores a receber dos seus clientes e paga antecipadamente os juros e o desconto bancário de praxe, recebendo recursos com relativa rapidez para o financiamento de capital de giro temporário. O banco comercial geralmente exige como garantia:
    - Solidez dos títulos submetidos ao desconto.
    - Saldo médio, ou seja, a obrigação de a empresa manter uma proporção dos seus saldos em conta corrente.
    - Reciprocidade em substituição ao saldo médio, ou seja, a atribuição ao banco de todas as operações de recolhimento de tributos ao poder público federal, estadual e municipal.
- **Empréstimos bancários em conta corrente:** é um serviço denominado linha de crédito ou adiantamento em conta corrente. Trata-se de um compromisso pelo qual o banco comercial concede à empresa um crédito em uma conta corrente que pode ser movimentada

à vista. No desconto de duplicatas, os recursos são entregues integralmente, mas, nesse caso, os fundos são obtidos pela empresa gradativamente, segundo as necessidades e a disponibilidade de saldo em sua conta bancária. A empresa pode efetuar depósitos para reduzir a dívida. Os juros fixados não incidem sobre o valor máximo colocado à disposição da empresa, mas são calculados sobre o movimento diário dos saltos devedores. O banco comercial geralmente exige como garantia:

- Saldo médio.
- Taxa de juros.
- Entrega em caução de títulos para garantir a devolução do valor do principal na data de vencimento da operação.

- **Crédito direto ao consumidor:** é uma operação de financiamento destinada ao comprador final dos produtos da empresa. O comprador assina um contrato de financiamento com uma sociedade de crédito, financiamento e investimento (financeira), que paga o valor da compra à empresa vendedora, com a alienação fiduciária do produto à financeira até o pagamento da última prestação pelo comprador. É uma operação que facilita ao comprador a aquisição de um bem durável (como um automóvel ou um eletrodoméstico) e permite maior volume de vendas para a empresa que produz ou comercializa.
- **Crédito mercantil:** enquanto as três modalidades de financiamento a CP anteriormente mencionadas são efetuadas por intermediários financeiros (como os bancos comerciais e as financeiras), o crédito mercantil é uma fonte espontânea de recursos financeiros proporcionada pelos fatores de produção que a empresa utiliza sem o pagamento instantâneo. No caso da mão de obra, os salários são pagos quinzenal ou mensalmente, alguns dias após o final do mês. No caso de compras de mercadorias ou matérias-primas com os fornecedores, a empresa pode obter um prazo de pagamento, permitindo-lhe processá-las e transformá-las em produtos acabados que podem ser vendidos, proporcionando recebimentos antes do pagamento aos fornecedores. O custo do crédito mercantil pode ser avaliado pelo desconto que o fornecedor efetuaria se a venda fosse à vista.

11.2.2 Financiamentos de médio e de longo prazo

Os financiamentos de médio prazo (MP) e de longo prazo (LP) destinam-se à obtenção de recursos de terceiros a prazos superiores a seis meses ou a um ano, respectivamente. É, em geral, efetuado por meio de organismos ou programas geridos pelo poder público, bancos de desenvolvimento etc. Existem também alternativas de linhas de financiamento para as micro e pequenas empresas.

Os financiamentos de MP ou de LP podem ser obtidos por meio de fundos especiais de instituições públicas, por meio de recursos captados no exterior, debêntures e recursos próprios. Vejamos rapidamente cada um desses tipos de financiamentos de MP ou de LP.

- **Fundos especiais de instituições públicas:** são fundos especiais que os órgãos governamentais disponibilizam para investimentos públicos ou para as empresas privadas. Os organismos que concedem financiamentos de MP ou de LP utilizando fundos especiais são bancos federais ou estaduais e agências de financiamento industrial ou comercial.
- **Recursos captados no exterior:** são constituídos pelas operações de empréstimos em moeda com recursos captados no exterior e aprovados previamente pelo Banco Central

e pelos financiamentos de importações, isto é, os financiamentos de compras da empresa por fornecedores estrangeiros.

- **Debêntures:** são títulos de dívida emitidos pela empresa para levantar grandes volumes de dinheiro a longo prazo de diversos grupos de emprestadores ou de aplicadores. A emissão e a venda de debêntures proporcionam – como no caso das ações – flexibilidade na utilização dos recursos, pois permitem a obtenção de financiamento a longo prazo para suas operações. Os debêntures podem ser nominativos ou ao portador. São certificados que dão ao seu comprador o direito de receber juros prefixados no próprio título, correção monetária variável e valor nominal na data de resgate (data de vencimento previamente estabelecida). Difere da ação preferencial pela fixação do prazo e do valor de resgate pela empresa. É uma alternativa de financiamento a longo prazo e a um custo prefixado.
- **Recursos próprios:** os recursos próprios da empresa são o capital social, as reservas e os lucros acumulados, itens que integram o patrimônio líquido do balanço. A obtenção de recursos externos para aumentar o capital social se faz com o lançamento de novas ações ao público ou com a oferta de direitos de subscrição aos acionistas atuais, no caso das sociedades anônimas.

O Quadro 11.2 reúne as classificações de financiamentos.

Quadro 11.2 Classificações de financiamentos

Financiamento de curto prazo	Financiamentos de médio e de longo prazo
1. Desconto de duplicatas. 2. Empréstimos bancários em conta corrente. 3. Crédito direto ao consumidor. 4. Crédito mercantil.	1. Fundos especiais de instituições públicas. 2. Recursos captados no exterior. 3. Debêntures. 4. Recursos próprios.

O financiamento de CP serve para cobrir insuficiências de caixa e propicia condições para administrar as contas a pagar e os estoques. Já os financiamentos de MP e de LP servem para angariar recursos de terceiros por prazos superiores a seis meses ou um ano e propicia condições para aumentar a capacidade de produção e consequentemente das vendas da empresa, para atender os planos de expansão ou de desenvolvimento tecnológico da empresa.

Por essas razões, a obtenção de financiamentos externos é uma das funções cruciais do gerenciamento financeiro, por exigir cuidadoso estudo do mercado financeiro e das opções referentes às condições de custo e de pagamento.

SAIBA MAIS

Fontes de recurso para começar um novo negócio[4]

A maioria dos novos negócios realiza uma captação de recursos financeiros em mais de uma fonte. Em geral, os bancos participam com mais de 50% do capital, mas, no caso de franquias, esse investimento inicial pode chegar a 70%. A seguir, demonstramos a composição do investimento total necessário em porcentagens.

Caso	Capital próprio	Investimento/ garantia	Empréstimo bancário	Crédito automático
Se o projeto é pequeno e não se dispõe de capital, o banco pode oferecer crédito automático, com as garantias necessárias.	–	–	–	100%
Se o empreendedor tem o capital inicial, o banco pode oferecer o crédito automático para completá-lo.	50 a 100%	–	–	0 a 50%
O investimento bancário pode ser elevado com a garantia adequada.	50 a 100%	0 a 50%		
O empreendedor investe metade do capital necessário, e o banco o restante, uma parte como empréstimo e outra como crédito automático.	50 a 100%	–	0 a 50%	
Se for franquia, o banco pode emprestar de 60 a 70% do capital necessário.	30 a 100%	–	0 a 70%	
Uma sociedade anônima com ações negociadas em bolsa pode atrair investidores externos ou ainda um capitalista de risco.		50 a 100%	0 a 50%	

11.3 CAPITAL DE GIRO DO EMPREENDIMENTO

É o capital necessário para as operações cotidianas do negócio. O capital da empresa pode ser classificado quanto à sua utilização em dois tipos: o capital fixo e o capital de giro (ou capital circulante). O capital fixo e o capital de giro complementam-se.

11.3.1 Capital fixo

É constituído de ativos imobilizados. Os investimentos em ativos imobilizados são efetuados a longo prazo, são estáveis e sofrem poucas alterações. É o caso de edifícios, fábricas, instalações, máquinas, equipamentos, tecnologias etc.

11.3.2 Capital de giro

O capital de giro representa a quantidade de dinheiro que a empresa utiliza para movimentar cotidianamente os seus negócios. Envolve estoques, dinheiro em caixa e em bancos, financiamentos a clientes por meio de contas a receber, salários e encargos, aluguel, contas de luz, água, telefone etc. (Quadro 11.3).

Quadro 11.3 Fatores de aumento ou diminuição da necessidade de capital de giro[5]

O que aumenta a necessidade de capital de giro:	O que diminui a necessidade de capital de giro:
■ Vendas com prazos longos de pagamento. ■ Cobrança ineficiente dos clientes em atraso. ■ Compras à vista. ■ Prazos menores para pagamento de fornecedores. ■ Investimento elevado em estoques. ■ Giro lento dos estoques. ■ Compra de ativos não operacionais. ■ Retiradas excessivas.	■ Vendas à vista. ■ Cobrança eficiente dos clientes. ■ Reinvestimento dos lucros. ■ Prazos longos para pagamento de fornecedores. ■ Maior lucratividade do negócio. ■ Giro mais rápido dos estoques. ■ Venda de ativos desnecessários ao negócio. ■ Aumento de capital com recursos próprios.

O capital de giro é constituído de ativos circulantes, também chamados ativos correntes. Os investimentos em ativos circulantes sofrem alterações constantes, quase cotidianas, pois o capital de giro está relacionado principalmente às vendas, que são realizadas diariamente e que sofrem oscilações frequentes. Esses investimentos são efetuados no curto prazo por causa do ciclo de operações da empresa. Boa parte das aplicações dos fundos da empresa estão destinadas ao seu capital de giro. Existe uma diferença entre capital de giro bruto e o capital de giro líquido.

- **Capital de giro bruto** (CGB) é constituído dos seguintes itens:
  - Disponibilidades (disponível em caixas e bancos).
  - Investimentos temporários (títulos e valores mobiliários).
  - Contas a receber.
  - Estoque (matérias-primas, materiais em vias e produtos acabados).
- **Capital de giro líquido** (CGL) é o capital de giro bruto sem os compromissos de curto prazo com fornecedores, funcionários, fisco etc.

O capital de giro envolve as contas circulantes da empresa, inclusive os ativos e os passivos circulantes. Como os ativos circulantes representam praticamente a metade do ativo total e os passivos circulantes, geralmente um terço do faturamento – nas empresas industriais, por exemplo –, a gestão do capital de giro constitui um dos itens mais importantes do gerenciamento financeiro. Toda empresa precisa manter um nível razoável de capital de giro, pois os ativos circulantes devem ser suficientes para cobrir os passivos circulantes com alguma margem de segurança.

A gestão do capital de giro tem por objetivo administrar cada um dos ativos e dos passivos circulantes da empresa, para garantir um nível aceitável de capital circulante líquido.

Os ativos circulantes mais importantes são: caixa, títulos negociáveis, duplicatas a receber e estoques. Cada um deles deve ser bem gerido a fim de garantir a liquidez da empresa e, simultaneamente, evitar um nível muito elevado para qualquer um deles.

Os passivos circulantes mais importantes são: duplicatas a pagar, títulos a pagar e despesas provisionadas a pagar – como provisões de passivos, salários a pagar, juros a pagar etc. –, ou seja, despesas já incorridas no regime de competência, mas ainda não pagas. Os passivos circulantes devem ser bem dosados para garantir que cada uma das fontes de financiamento de curto prazo seja utilizada adequadamente.

Na realidade, o dia a dia do empreendedor é quase totalmente tomado pela gestão dos ativos correntes. O planejamento e a operação das entradas e das saídas do caixa constituem talvez a parte mais representativa da operação financeira da empresa. O capital de giro funciona no curto prazo. E o curto prazo é definido como um período igual ao de um exercício social, que na maioria dos casos correspondem a um ano.

CHIAVENATO DIGITAL

Baixe um modelo de **Planilha de capital de giro** na seção *Modelos* EMP 11.2

11.3.3 Fluxo de caixa

Os ativos circulantes constituem o capital da empresa que gira até que se transformem em dinheiro em um ciclo de operações que varia de empresa para empresa, conforme a natureza de suas operações. Esse ciclo constitui o tempo necessário para que uma aplicação de dinheiro em insumos circule inteiramente, desde a compra de matérias-primas e o pagamento do pessoal até o recebimento pela venda do produto/serviço ao cliente. Esse ciclo é denominado ciclo de operações da empresa ou, simplesmente, ciclo de caixa. Cada empresa tem o seu ciclo de caixa, que pode variar enormemente. A empresa de ciclo de caixa curto e rápido tem um capital de giro capaz de circular mais vezes durante o ano. Os pequenos negócios caracterizam-se por um ciclo de caixa curto e rápido. A empresa de ciclo de caixa longo e demorado não tem condições de fazer circular mais rapidamente o seu capital de giro. É o caso de empresas de grande porte, como construtoras de navios, hidrelétricas ou de imóveis. A Figura 11.3 dá uma ideia resumida do ciclo de caixa.

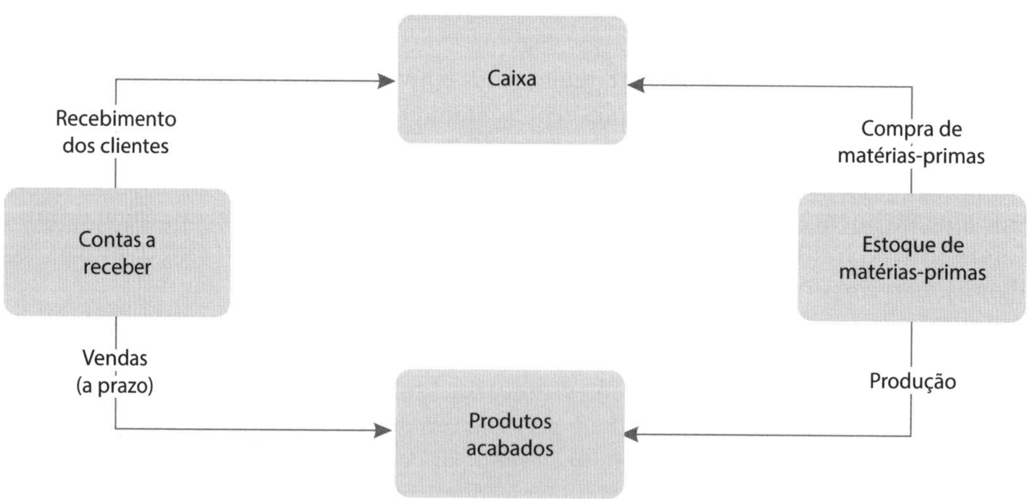

Figura 11.3 Ciclo de caixa.[6]

A previsão e o controle de gastos são feitos mediante o fluxo de caixa. O fluxo de caixa é o movimento de entradas e saídas de recursos financeiros do caixa, isto é, das origens e das aplicações de caixa. As origens de caixa são os fatores que aumentam o caixa da empresa, enquanto as aplicações de caixa são os itens que o reduzem. Assim, tratam de entradas (recebimentos) e saídas (pagamentos) do caixa.

Para evitar surpresas desagradáveis, o caixa precisa ser devidamente planejado, de acordo com o ciclo de caixa do empreendimento. Em geral, a previsão do fluxo de caixa é feita em uma planilha de computador, bem como parte do boletim diário da tesouraria (Quadro 11.4), que deve indicar o fluxo diário das entradas e saídas de recursos financeiros.

Quadro 11.4 Boletim diário da tesouraria

Contas	Movimento do dia	Acumulado	Orçado no mês
Saldo inicial:			
Entradas: Vendas à vista Vendas a prazo Cobrança bancária Financiamentos Receitas financeiras			
Total de entradas:			
Saídas: Fornecedores Impostos Despesas com pessoal Despesas comerciais Despesas de produção Despesas financeiras Despesas tributárias Imobilizações Despesas gerais			
Total de saídas:			
Saldo final			

O boletim diário da tesouraria passa a ser ampliado para o boletim mensal da tesouraria, bastando apenas acrescentar os dias úteis do mês no Quadro 11.4. Com os dados obtidos no decorrer do mês, pode-se projetar o resultado mensal da empresa, como no Quadro 11.5.

Quadro 11.5 Projeção do resultado mensal da empresa

1. Receita bruta de vendas	R$
2. Impostos sobre vendas (%)	R$
3. Receita liquida de vendas	R$
4. Custo direto dos produtos vendidos	R$
5. Lucro bruto	R$
6. Despesas operacionais	R$
a. Despesas administrativas	R$
b. Despesas de vendas	R$
7. Lucro operacional	R$

A previsão do fluxo de caixa permite prever e planejar as necessidades de caixa de curto prazo, pois proporciona uma visão dos recebimentos e dos pagamentos previstos que ocorrerão durante certo período. O processo de orçar é importante para que a empresa saiba o que acontecerá com suas contas no futuro. Quando a previsão do fluxo de caixa indica algum excesso de caixa (mais recebimentos do que pagamentos), podem-se planejar aplicações financeiras de curto prazo. Quando, ao contrário, a previsão do fluxo de caixa indica um *deficit* (mais pagamentos do que recebimentos) deve-se planejar um financiamento de curto prazo ou um empréstimo bancário para cobri-lo.

Assim, a previsão do fluxo de caixa retrata as estimativas de entradas e saídas de dinheiro do caixa. Vimos que o ciclo de caixa é o período de tempo que vai desde o ponto em que a empresa faz um desembolso para adquirir matérias-primas até o ponto em que recebe o dinheiro da venda do produto acabado produzido com aquelas matérias-primas. A previsão do fluxo de caixa deve cobrir o ciclo de caixa, porém, geralmente ela cobre o exercício de um ano e pode ser montada para qualquer período e ainda ser subdividida em intervalos menores, que variam de dias a semanas. A estrutura básica de uma previsão de fluxo de caixa pode ser observada no Quadro 11.6.

Quadro 11.6 Composição da previsão de fluxo de caixa

	Itens	Jan.	Fev.	Mar.	Abr.	Maio	Jun.	Jul.	Ago.	Set.	Out.	Nov.	Dez.
	Recebimentos												
(menos)	Pagamentos												
(igual)	Fluxo líquido de caixa												
(mais)	Saldo inicial de caixa												
(igual)	Saldo final de caixa												
(menos)	Saldo mínimo de caixa												
(igual)	Financiamento necessário												
(ou)	Saldo de caixa excedente												

O item recebimentos inclui todas as entradas de caixa no período, como vendas à vista, cobrança de vendas a crédito e outros recebimentos.

A informação fundamental para qualquer previsão de fluxo de caixa é a estimativa de vendas (entradas) que a empresa pretende realizar. Tendo por base essa estimativa, podem-se calcular as entradas e as receitas da empresa e os gastos (saídas) relacionados com produção, estoques e distribuição, isto é, o fluxo das entradas e saídas de dinheiro. Também é possível determinar o nível de imobilizado necessário e o financiamento a ser captado para assegurar a previsão de produção e vendas.

A primeira tarefa na elaboração da previsão de fluxo de caixa é a projeção dos recebimentos. A previsão de vendas é um item inicial meramente informativo e serve como subsídio para dimensionar as receitas operacionais da empresa em decorrência das vendas esperadas dos produtos/serviços produzidos. As vendas à vista devem ser colocadas mês a mês no orçamento de caixa.

Suponhamos que tradicionalmente as vendas sejam realizadas nas seguintes proporções: 20% das vendas são à vista, 50% com faturamento para 30 dias e 30% com faturamento para 60 dias. Deve-se, então, projetar com essas expectativas. Se a previsão de vendas, em termos monetários, for R$ 100.000 em setembro, R$ 200.000 em outubro e R$ 300.000 em novembro, então a projeção dos recebimentos para o orçamento de caixa será como a demonstração do Quadro 11.7.

Quadro 11.7 Programação dos recebimentos da previsão de fluxo de caixa

Itens	Set.	Out.	Nov.	Dez.
Recebimentos:				
Vendas à vista (20%)	20.000	40.000	60.000	–
Cobranças após 30 dias (50%)	50.000	100.000	150.000	–
Cobranças após 60 dias (30%)	30.000	60.000	90.000	–
Outros recebimentos (0%)	–	–	–	–
Total de recebimentos:	100.000	200.000	300.000	–

Projetados os recebimentos, a segunda tarefa na elaboração da previsão do fluxo de caixa é projetar os pagamentos. Os pagamentos incluem todos os desembolsos de caixa no decorrer do período considerado. Os pagamentos mais comuns são, entre outros:

- Compras à vista.
- Pagamento de duplicatas.
- Pagamento de dividendos a acionistas.
- Aluguéis.
- Salários do pessoal.
- Recolhimento de impostos.
- Aquisição de equipamentos.
- Pagamento de juros.

Todos os pagamentos deverão ser incluídos no período considerado.

Para facilitar a apresentação do assunto, ignoraremos os demais itens de pagamentos e nos concentraremos nas compras. Suponhamos que as compras representem tradicionalmente 50% das vendas da empresa, sendo 10% delas pagas à vista, 50% com faturamento para 30 dias e os 40% restantes com faturamento para 60 dias. Deixando de lado, provisoriamente, os demais itens de pagamentos, podem-se programar os pagamentos de compras no orçamento de caixa da seguinte maneira que observamos no Quadro 11.8.

Quadro 11.8 Programação dos pagamentos para o orçamento de caixa

Itens	Set.	Out.	Nov.	Dez.
Pagamentos:				
Compras à vista (20%)	10.000	20.000	30.000	–
Duplicatas para 30 dias (50%)	25.000	50.000	75.000	–
Duplicatas para 60 dias (30%)	15.000	30.000	45.000	–
Outros pagamentos (0%)	–	–	–	–
Total de pagamentos:	50.000	100.000	150.000	–

Projetados os recebimentos e os pagamentos, a terceira tarefa na elaboração da previsão de fluxo de caixa é calcular o fluxo líquido de caixa, subtraindo-se os pagamentos dos recebimentos em cada mês. A seguir, soma-se o saldo inicial de caixa de cada mês ao fluxo líquido de caixa para se chegar ao saldo final de caixa de cada mês. Finalmente, subtrai-se do saldo final de caixa o saldo mínimo de caixa, para saber se há excesso (saldo positivo) ou insuficiência de caixa (saldo negativo). Se o saldo final de caixa for menor que o saldo mínimo de caixa, há necessidade de um financiamento. Se o saldo final de caixa for superior ao saldo mínimo de caixa, existe um saldo de caixa excedente, que deve ser aplicado no mercado financeiro.

O objetivo fundamental da previsão do fluxo de caixa é operar de modo a requerer sempre um mínimo de dinheiro em caixa, isto é, um pequeno saldo positivo, bem como evitar a necessidade de financiamento externo para cobrir eventuais *deficits*. Cada um dos itens da previsão do fluxo de caixa pode ser desdobrado e detalhado de acordo com as necessidades de cada empresa.

Ao longo das operações da empresa, na medida em que a previsão de fluxo de caixa vai ocorrendo, o fluxo de caixa passa a ser real. Deve-se comparar o previsto com o realizado para verificar possíveis distorções e aprender com os erros feitos para evitá-los no futuro. Nos períodos seguintes, é interessante comparar o estimado e o real para que as futuras previsões de fluxo de caixa sejam mais realistas. Veja um exemplo de fluxo de caixa no Quadro 11.9.

Quadro 11.9 Exemplo de um fluxo de caixa[7]

	Itens	Jan.	Fev.	Mar.	Abr.	Maio	Jun.	Jul.	Ago.	Set.	Out.	Nov.	Dez.	Total
	Entradas													
1.	Vendas		5.000	5.000	5.000	6.000	6.000	6.000	6.000	6.000	7.000	8.000	10.000	75.000
2.	Empréstimos bancários	4.000												4.000
3.	Capital dos sócios	10.000												10.000
4.	Outras entradas													
	TOTAL DE ENTRADAS	14.000	5.000	5.000	5.000	6.000	6.000	6.000	6.000	6.000	7.000	8.000	10.000	89.000
	Saídas													
5.	Aluguel	200	200	200	200	200	200	200	200	200	200	200	200	2.400
6.	Retirada dos sócios	1.000	1.000	1.000	1.000	1.000	1.000	1.000	1.000	1.000	1.000	1.000	2.000	13.000
.	Honorários													
.	Despesas com veículos	30	30	30	30	30	30	30	30	30	30	30	50	380
.	Combustível	30	30	30	30	30	30	30	30	30	30	30	50	380
.	Propaganda e promoção	50	50	50	50	50	50	50	50	50	50	50	100	650
.	Seguro	300												300
.	Custos comerciais			200		200		200		200		200		1.000
.	Limpeza													
.	Luz/Água/Gás	50		50		50		50		50		50		300
.	Juros bancários			100		100		100		100		100		500
.	Custos financeiros													
.	Correio													
.	Manutenção e reparos													
.	Outras despesas	50	50	50	50	50	50	50	50	50	50	50	50	600
.	Salários dos funcionários	1.000	1.000	1.000	1.000	1.000	1.000	1.000	1.000	1.000	1.000	1.000	2.000	13.000
.	Encargos sociais e trabalhistas	280	280	280	280	280	280	280	280	280	280	280	280	3.360
.	Material de escritório													
.	Estoque e matérias-primas	2.000	2.000	2.000	2.000	3.000	3.000	3.000	4.000	5.000	5.000	6.000	9.000	46.000
.	Telefone/Internet	80	80	80	80	80	80	80	80	100	100	100	100	1.040
.	Despesas de viagens													
.	Impostos e taxas	100	100	100	100	100	100	100	100	100	100	100	100	1.200
.	Gastos de capital													
	TOTAL DE SAÍDAS	5.170	4.820	5.170	1.820	6.170	5.820	6.170	6.820	8.190	7.840	8.190	13.930	67.000
	Fluxo de caixa líquido	8.830	180	–170	180	–170	180	–170	–820	2.190	–840	–190	–3.930	
	Balanço inicial		8.830	9.010	8.840	9.020	8.850	9.030	8.860	8.040	5.850	5.010	4.820	
	Balanço final	8.830	9.010	8.840	9.020	8.850	9.030	8.860	8.040	5.850	5.010	4.820	890	

Nesse sentido, a administração do caixa requer alguns cuidados básicos, a saber:

- Adiamento dos pagamentos de duplicatas sem prejudicar o conceito de crédito da empresa.
- Aproveitamento de quaisquer descontos financeiros nos pagamentos.
- Giro dos estoques com a maior rapidez possível, evitando as faltas de estoques que podem interromper a linha de produção ou provocar perdas de vendas.
- Recebimento das duplicatas no menor tempo possível, sem perder vendas por cobrar rigidamente; esse objetivo pode ser alcançado por meio de descontos financeiros adequados para incentivar o pagamento antecipado.

A Figura 11.4 permite a visualização do fluxo de caixa com suas entradas e saídas.

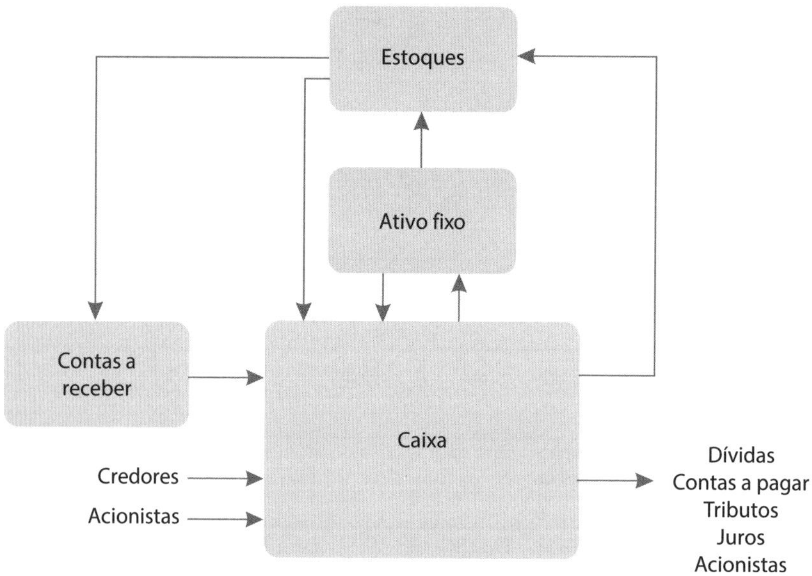

Figura 11.4 Fluxo de caixa.[8]

O fluxo de caixa constitui o termômetro do dia a dia da empresa, ou seja, mostra o comportamento da empresa quanto aos recebimentos e aos pagamentos de suas operações cotidianas.

CHIAVENATO DIGITAL — Aumente seus conhecimentos sobre **Dicas para montar a previsão do fluxo de caixa** na seção *Saiba mais* EMP 11.1

11.4 ATIVOS CIRCULANTES

Ao contrário dos ativos fixos, os ativos circulantes estão sempre girando ao redor do negócio. Os principais ativos circulantes são as contas a receber e os estoques, que constituem cerca de aproximadamente 80% de todos os ativos circulantes da maioria das empresas industriais de porte médio. Daí a extrema importância da gestão dos ativos circulantes da empresa, que será analisada separadamente da gestão das contas a receber e da gestão financeira dos estoques.

CHIAVENATO DIGITAL — Aumente seus conhecimentos sobre **Qual é o risco do negócio?** na seção *Saiba mais* EMP 11.2

A Figura 11.5 ilustra a gestão dos ativos circulantes.

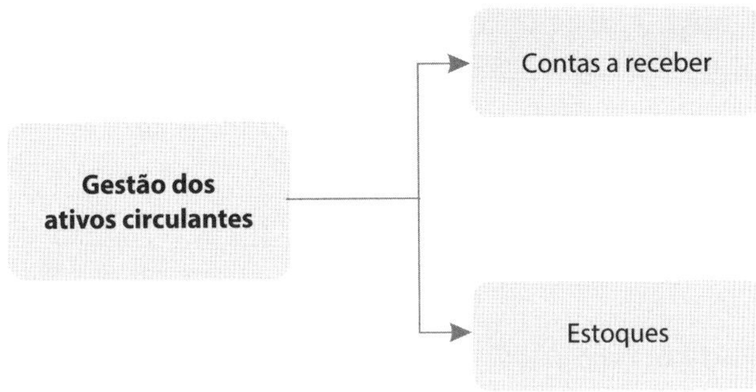

Figura 11.5 Gestão dos ativos circulantes.

11.4.1 Contas a receber

Nem todo cliente paga as contas à vista. O empreendedor certamente tem clientes que pagam suas compras posteriormente e exigem créditos durante certo período de tempo. As contas a receber – e principalmente as duplicatas a receber – representam a concessão de créditos em conta corrente aos clientes. Na realidade, as contas a receber existem para conservar os atuais clientes e atrair novos e são necessárias em quase todas as atividades comerciais no mundo moderno. A gestão das contas a receber deve ser feita de modo a minimizar o investimento e, ao mesmo tempo, manter um nível adequado de serviço aos clientes.

Existem três aspectos importantes da gestão de contas a receber: as políticas de crédito, as condições de crédito e as políticas de cobrança. Vejamos cada um deles.

1. **Políticas de crédito:** a política de crédito serve para indicar as bases para a concessão de crédito ao cliente e qual o valor máximo desse crédito. Em outras palavras, a política de crédito fornece os padrões de crédito para o atendimento aos clientes. Os padrões de crédito definem os critérios mínimos para a concessão de crédito ao cliente, como as classificações de crédito, referências de crédito, prazos médios de pagamento, índices financeiros etc. As políticas de crédito dependem de certas variáveis que podem afrouxar ou apertar os padrões de crédito (Figura 11.6). Essas variáveis são:
   - **Volume de vendas:** depende, muitas vezes, dos padrões de crédito; a mudança nos padrões de crédito pode provocar um aumento ou diminuição das vendas, se os padrões forem afrouxados ou apertados.
   - **Período médio de cobrança:** há um custo de manutenção de contas a receber em carteira; quanto maior o volume de duplicatas a receber, tanto maior será o custo de mantê-las; quando a empresa afrouxa seus padrões de crédito, tende a ocorrer um aumento das duplicatas a receber e do custo de sua manutenção; ao passo que, quando a empresa arrocha os padrões de crédito, tende a ocorrer uma diminuição das duplicatas a receber e do custo de mantê-las.
   - **Perda com devedores incobráveis:** o risco de uma conta tornar-se incobrável tende a aumentar quando os padrões de crédito são afrouxados e tende a diminuir quando os padrões se tornam mais seletivos ou restritivos.

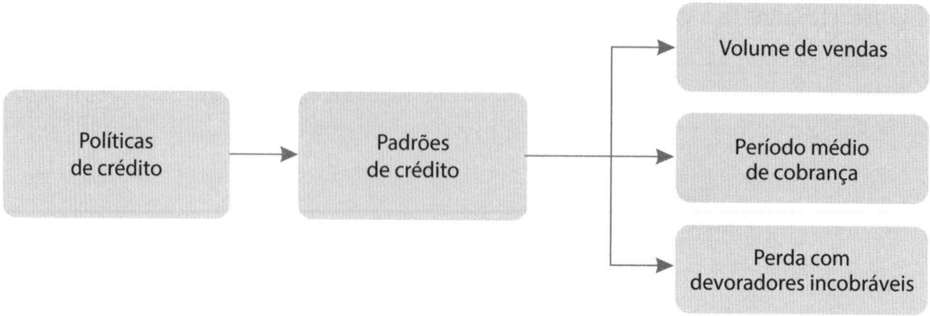

Figura 11.6 Principais variáveis que afetam a política de crédito.[9]

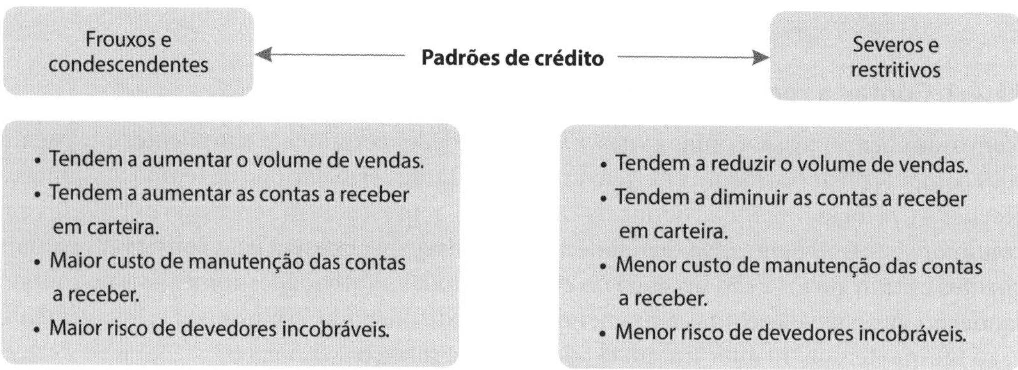

Figura 11.7 Influência dos padrões de crédito.[10]

Definidos os padrões de crédito, a empresa precisa de procedimentos para analisar e avaliar cada um dos clientes que solicitam crédito (credibilidade) e qual será o montante máximo de crédito que cada cliente pode receber, de acordo com a política de crédito estabelecida. Com os procedimentos de análise de crédito, a empresa pode determinar uma linha de crédito (montante máximo de crédito) que cada cliente pode receber em qualquer época, independentemente de nova avaliação.

A análise do crédito destinado a cada cliente depende de informações e referências bancárias e comerciais, demonstrações financeiras etc., além do próprio histórico do cliente quanto às compras e pagamentos já efetuados.

2. **Condições de crédito:** as condições de crédito (Figura 11.8) constituem as condições de pagamento exigidas dos clientes que compram a prazo. Elas costumam especificar:
   - Desconto financeiro para pagamento antecipado ou para pagamento à vista.
   - Período de desconto no qual o cliente pode pagar com o desconto financeiro.
   - Período de crédito, ou seja, prazo determinado para o cliente efetuar o pagamento.
   - Condições de crédito que afetam a lucratividade da empresa: quanto maiores os descontos financeiros, os períodos de descontos e os prazos de crédito concedidos, tanto menor a lucratividade da empresa.
3. **Políticas de cobrança**. As políticas de cobrança representam os procedimentos adotados pela empresa para o recebimento das contas a receber nas datas de seus vencimentos. Elas podem ser avaliadas pelo número de clientes inadimplentes ou incobráveis. Na realidade,

esse número depende também das políticas de crédito, nas quais a empresa se baseou para conceder crédito aos clientes.

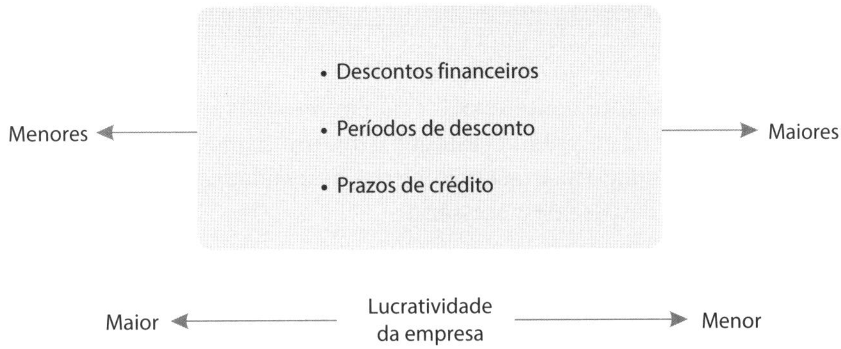

Figura 11.8 Influência das condições de crédito na lucratividade da empresa.

Para reduzir o nível dos devedores incobráveis, a empresa precisa aumentar os gastos com cobrança. Esses gastos adicionais de cobrança deverão reduzir as perdas com os devedores incobráveis, caso contrário, os esforços adicionais de cobrança representarão simplesmente um gasto a mais, sem nenhum retorno para a empresa.

Assim, a gestão das contas a receber deve basear-se em critérios fundamentados em políticas de crédito, condições de crédito e políticas de cobrança adequadas às necessidades da empresa (Figura 11.9).

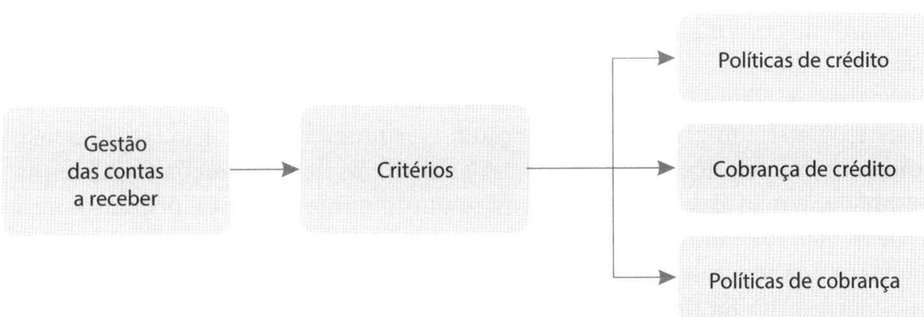

Figura 11.9 Três fundamentos básicos da gestão das contas a receber.

CHIAVENATO DIGITAL

Baixe um modelo de **Planilha de resultados operacionais mensais** na seção *Modelos* EMP 11.3

11.4.2 Gestão financeira dos estoques

Os estoques constituem um ativo circulante necessário para que a empresa possa produzir e vender com um mínimo de risco ou preocupação. Representam um meio de investimento de recursos e podem alcançar uma proporção enorme dos ativos totais.

A gestão dos estoques apresenta aspectos financeiros que exigem um estreito acompanhamento dos setores da empresa que cuidam dos estoques – como a produção, o almoxarifado ou as vendas. Os setores que cuidam dos estoques sempre estão voltados para a facilitação do fluxo físico de produção e de comercialização, enquanto a gestão financeira se preocupa com o lucro, com a liquidez da empresa e com a boa aplicação dos recursos empresariais. Assim, a gestão dos estoques precisa também atender a um objetivo financeiro, e não apenas a um objetivo logístico, produtivo ou de comercial.

Deve-se verificar constantemente se não existem recursos investidos em demasia em todos os tipos de estoque da empresa. O estoque é um investimento que consome dinheiro e que precisa ser dimensionado na exata medida das necessidades da empresa. Quando mal planejado, torna-se uma despesa desnecessária.

11.5 COMO ENTENDER AS DEMONSTRAÇÕES FINANCEIRAS

Além de ter um bom contador, o empreendedor precisa ter um mínimo conhecimento sobre as demonstrações financeiras. Ao fim de cada exercício social, a empresa – dependendo de sua forma jurídica e do seu tamanho – deverá elaborar as seguintes demonstrações financeiras, tendo por base a sua escrituração mercantil:

- Balanço patrimonial.
- Demonstrações do resultado do exercício (DRE).
- Demonstrações das origens e aplicações de recursos (DOAR).

Todas essas demonstrações financeiras deverão ser complementadas por notas explicativas e quadros analíticos ou demonstrações contábeis para o esclarecimento da situação patrimonial e dos resultados do exercício. As demonstrações financeiras de cada exercício deverão ter a indicação dos valores correspondentes às demonstrações do exercício anterior como base para melhor comparação com o passado.

O balanço patrimonial e a demonstração do resultado do exercício (DRE) constituem as demonstrações financeiras primárias. A análise e as demonstrações financeiras – ou, simplesmente, a análise do balanço – formam um conjunto de meios, primários ou secundários pelos quais as condições financeiras e operacionais de uma empresa são examinadas e avaliadas. A finalidade da análise das demonstrações financeiras é proporcionar uma visão ampla e comparativa da situação financeira e do desempenho da empresa.

A análise das demonstrações financeiras é importante tanto do ponto de vista interno quanto do externo da empresa. Do ponto de vista interno, permite à própria empresa diagnosticar sua situação financeira e tomar as medidas necessárias para melhorá-la ou para corrigi-la. Do ponto de vista externo, oferece a terceiros as condições para avaliar o desempenho financeiro e operacional da empresa e tomar decisões sobre suas transações com ela. É o caso de bancos e instituições financeiras, de investidores, acionistas ou fornecedores que precisam constantemente conhecer as condições financeiras das empresas a fim de tomarem suas decisões sobre as transações e intercâmbios com elas.

11.5.1 Balanço patrimonial

O balanço patrimonial é uma demonstração financeira que reflete com clareza a situação do patrimônio da empresa em determinado momento. É montado no final de cada exercício social da empresa e constitui a representação sintética dos elementos que compõem o patrimônio em determinada data.

Como o patrimônio da empresa é constituído de bens, direitos e obrigações, a estrutura do balanço patrimonial é composta de dois grandes grupos. Por definição, a soma deles deve ser equivalente:

- **Ativo:** o lado esquerdo do balanço é composto de bens e direitos pertencentes à empresa, ou seja, as aplicações de recursos em bens e direitos; o ativo mostra a natureza dos valores nos quais a empresa aplicou seus recursos, como dinheiro, estoques, créditos, valores mobiliários, bens em uso etc.
- **Passivo:** o lado direito do balanço é composto de obrigações com credores e terceiros, ou seja, as várias fontes de recursos que permitem as aplicações no ativo; o passivo mostra a origem dos recursos da empresa, como capital, lucros, fornecedores, bancos etc.

A estrutura do balanço patrimonial costuma ser apresentada conforme podemos ver no Quadro 11.10.

Quadro 11.10 Estrutura simplificada do balanço patrimonial

Ativo		Passivo	
Ativo circulante		**Passivo circulante**	
Disponível em caixa/bancos	______	Dívidas com fornecedores	______
Créditos com clientes	______	Dívidas com instituições financeiras	______
Estoques	______	Contribuições a pagar	______
Títulos e valores mobiliários	______	Impostos a pagar	______
Despesas do exercício seguinte	______	Título e contas a pagar	______
Realizável a longo prazo		**Exigível a longo prazo**	
Empréstimos a sócios e diretores	______	Crédito de sócios e diretores	______
Empréstimos a firmas interligadas	______	Créditos de firmas interligadas	______
Futuros	______	**Resultados de exercícios**	
		Rendas antecipadas	______
Ativo permanente			
Investimentos	______	**Patrimônio líquido**	
Participações em empresas	______	Capital	______
Imóveis	______	Capital subscrito e a realizar	______
		Reservas de capital	______
Imobilizado		Reservas de reavaliação	______
Bens de uso	______	Reservas de lucros	______
Bens de valores	______	Lucros (ou prejuízos) acumulados	______
Diferido	______		
Total do ativo	______	**Total do passivo**	______

O balanço patrimonial pode ser resumido pela equação:

$$A = PE + PL$$

em que:

- **A = ativo total:** é a soma dos bens e direitos da empresa, o total de recursos à disposição;
- **PE = passivo exigível:** é a soma das obrigações e dívidas com terceiros;

- **PL = patrimônio líquido:** é a soma do capital, das reservas, dos lucros acumulados menos a soma do capital a integralizar e dos prejuízos acumulados; é o capital próprio, isto é, o capital que pertence aos proprietários ou acionistas e que mede a riqueza da empresa.

Os valores enumerados no balanço patrimonial constituem os saldos das várias contas do plano de contas de ativo e de passivo em determinado dia. Nessa data, o balanço especifica qual é o estoque existente, quanto a empresa vendeu no período, quanto pagou de salários, quanto deve de impostos etc.

11.5.2 Demonstração do resultado do exercício (DRE)

A demonstração do resultado do exercício (DRE) é um demonstrativo financeiro que serve para exprimir com clareza o resultado que a empresa obteve no exercício social. A DRE mostra as consequências – o lucro ou o prejuízo – das operações da empresa realizadas em determinado período, bem como os fatores – despesas e receitas – que determinaram esse resultado positivo ou negativo. A DRE é também denominada demonstração dos lucros ou prejuízos acumulados.

A DRE começa com a receita bruta (valor do faturamento das vendas ou dos serviços, isto é, a receita total da empresa) e, mediante sucessivas adições e subtrações, chega ao resultado líquido do exercício.

A estrutura da DRE pode ser esquematizada como no Quadro 11.11.

Quadro 11.11 Estrutura da demonstração do resultado do exercício

Demonstração do resultado no exercício		
	Receita bruta	
(menos)	Deduções da receita bruta	______
(igual a)	**Receita líquida**	
(menos)	Custo da receita	______
(igual a)	**Lucro bruto**	
(mais)	Outras receitas operacionais	______
(menos)	Despesas operacionais	______
(igual a)	**Lucro operacional**	
(menos)	Despesas extraoperacionais	______
(mais)	Receitas extraoperacionais	______
(mais ou menos)	Resultado da correção monetária	______
(igual a)	**Resultado antes do imposto de renda**	
(menos)	Provisão para imposto de renda	______
(menos)	Participações diversas (diretores/empregados)	______
(igual a)	**Lucro ou prejuízo líquido**	
	Lucro líquido por operação	______

O lucro líquido representa o resultado do exercício depois de descontada a provisão para o imposto de renda. Se dividirmos o lucro líquido pela receita e multiplicarmos por 100, teremos a margem de lucro sobre as vendas. A margem de lucro sobre as vendas mede o quanto a empresa lucrou para cada 100 reais faturados.

É importante monitorar o desempenho do negócio a partir de todas essas ferramentas financeiras para poder comparar não somente o histórico dos resultados ao longo dos anos, como também utilizar os índices financeiros como métricas comparativas em relação aos concorrentes. É bom ressaltar que aquilo que não se pode medir não se pode administrar. Essas métricas financeiras devem guiar as decisões e o rumo dos negócios do empreendedor.

Com todo esse conteúdo, o empreendedor tem à sua disposição um elenco de instrumentos de avaliação e controle – uma espécie de sala de operações – que permitem uma visão do desempenho financeiro do negócio que possa nortear com mais segurança as suas decisões atuais e futuras.

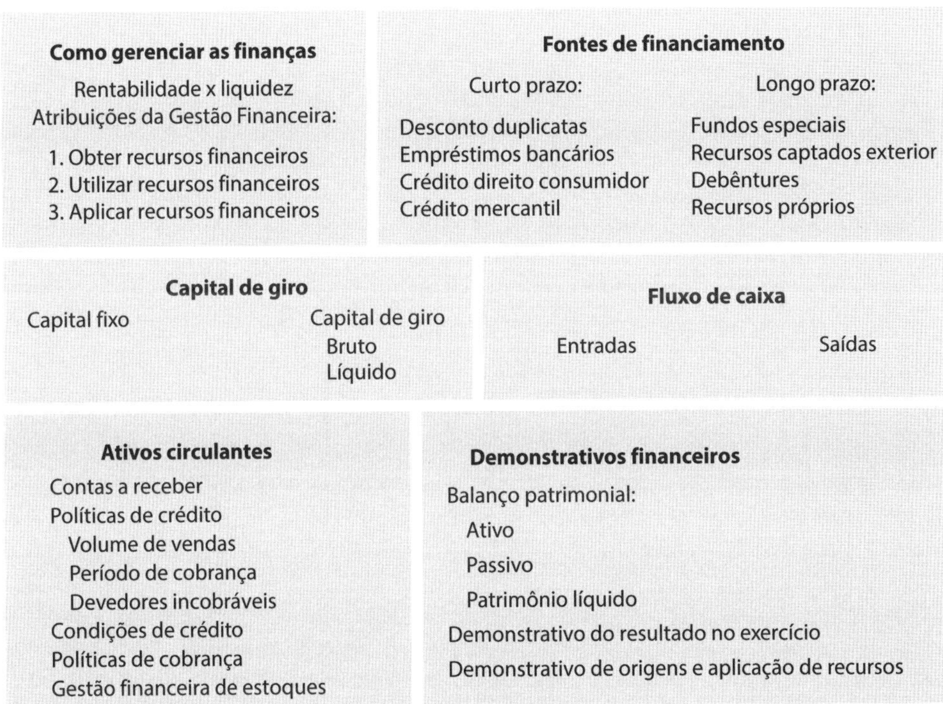

Figura 11.10 Mapa mental do Capítulo 11 – Gestão das finanças.

REFERÊNCIAS

1. Baseado em HINGSTON, Peter. *Como abrir e administrar seu próprio negócio*. São Paulo: Publifolha, 2001. p. 66.
2. CHIAVENATO, Idalberto. *Gestão financeira*: uma abordagem introdutória. Barueri: Manole, 2015.
3. CHIAVENATO, Idalberto. *Gestão financeira, op. cit.*
4. CHIAVENATO, Idalberto. *Gestão financeira, op. cit.*, p. 67
5. Extraído de *Guia PEGN*: como montar seu próprio negócio. Rio de Janeiro: Globo, 2002. p. 64.

6. SANVICENTE, Antonio Zoratto. *Administração financeira*. São Paulo: Atlas, 1988. p. 121.
7. CHIAVENATO, Idalberto. *Gestão financeira, op. cit.*
8. CHIAVENATO, Idalberto. *Gestão financeira, op. cit.*
9. CHIAVENATO, Idalberto. *Gestão financeira, op. cit.*
10. CHIAVENATO, Idalberto. *Gestão financeira, op. cit.*

PARTE V QUESTÕES ESTRATÉGICAS

O empreendedor precisa ter uma visão estratégica do seu negócio. Quase sempre, o que predomina no mundo dos negócios é o empreendedor que possui uma visão típica de estrategista daquilo que pretende empreender. Em geral, são pessoas que sabem fazer algo muito bem – como produzir determinado produto ou prestar dado serviço e com elevada qualidade e até melhor do que os concorrentes.

Isso é importante e altamente desejável, pois se alguém se põe a fazer algo que não sabe fazer bem, logo mais será facilmente vencido pela concorrência. E essa é a visão operacional que muitos empreendedores apresentam. Contudo, se apenas oferecerem isso, continuarão ao longo do tempo sendo meros produtores de produtos ou meros prestadores de serviços. Simples fornecedores para um mercado já repleto deles.

Um empreendimento deve ser muito mais do que isso. Muito mais do que um simples negócio que produz algo bem-feito. Não basta apenas visualizar o produto ou o serviço que se pretende produzir. Essa visão internalizada e introspectiva sobre o produto/serviço ajuda muito, mas é insuficiente para concorrer nos dias de hoje.

Em um patamar mais elevado está o empreendedor que sabe gerenciar o seu negócio, além de ter profundo conhecimento do produto ou serviço que vai oferecer. Além da visão operacional, ele precisa possuir uma visão estratégica do negócio. Ele deve saber como reunir recursos e competências em uma integração capaz de multiplicar efeitos e produzir resultados sinérgicos. E consegue apoio externo de fornecedores (nas entradas) e intermediários como atacadistas e varejistas (nas saídas). Assim, com essas facilidades externas, ele pode ir muito mais longe do que ao fazê-lo sozinho ou isolado.

O que realmente está conduzindo empreendedores ao sucesso, ao crescimento e à competitividade é a visão estratégica do negócio, capaz de conjugar não apenas a visão operacional, como também a visão tática em função da realidade do mercado e das oportunidades e desafios que o mundo apresenta a cada instante. O estrategista tem uma mente ampla e descortinada.

É o que veremos nesta última parte do livro.

Quadro V.1 Estrutura do livro

PARTE I	PARTE II	PARTE III	PARTE IV	PARTE V
Tomando as primeiras decisões	**Providências iniciais**	**Planejando o voo**	**Gerenciando recursos e competências**	**Questões estratégicas**
1. Espírito empreendedor 2. Entendendo o mundo dos negócios 3. Focalizando o novo negócio	4. O que fazer? Por onde começar? 5. Quem serão os meus aliados? 6. Quais serão os passos iniciais?	7. Plano de negócio	8. Gestão da equipe 9. Gestão da produção 10. Gestão do marketing 11. Gestão das finanças	**12. Novas abordagens ao empreen-dedorismo**

12 NOVAS ABORDAGENS AO EMPREENDEDORISMO

O QUE VEREMOS ADIANTE

- Difícil, mas não impossível.
- Estratégias a seguir.
- O que as *startups* podem nos ensinar.
- Por que as *startups* falham.
- O que está vindo por aí.
- Conselhos finais.

Várias pesquisas têm investigado a influência dos diversos fatores e processos empreendedores-chaves que orientam um novo negócio. No entanto, nem todas as questões estão respondidas. Questões estratégicas ainda estão sendo discutidas no âmbito acadêmico para avaliar as aplicações práticas que estão sendo adotadas pelas grandes organizações.

Tangenciando o que vimos da contribuição de Schumpeter, Peter Drucker[1] alega que a inovação é a função específica do empreendedorismo, seja em um negócio já existente em uma instituição de serviços ou em um novo empreendimento iniciado por um único indivíduo na cozinha ou na garagem da família. Drucker sugere que a inovação é a maneira pela qual o empreendedor cria novos meios de produzir riqueza ou utiliza recursos existentes com maior potencial para criar riqueza.

Dessa forma, o empreendedorismo e a inovação resultante dele são fundamentais para empresas tanto grandes como pequenas competirem no cenário dinâmico e turbulento que denominamos: volátil, incerto, complexo e ambíguo, com tendências exponenciais. Nesse cenário, aquilo que se fez no passado ou se faz no presente tem curta validade. Esse mundo novo que vem pela frente exige novas e diferentes formas de solução e uma nova e diferente maneira de ver e sentir o mundo. Exige imaginação, criatividade, inovação e ao mesmo tempo, saber utilizar as modernas tecnologias que permitem entender esse mundo e suas tendências obscuras e latentes de maneira direta e objetiva.[2]

No fundo, o empreendedorismo não trata apenas de pequenas empresas ou de novos empreendimentos. Não aborda apenas a criação de novos produtos ou serviços, mas, sim, inovações em todos os âmbitos do negócio – produtos, processos, modelos de negócios, ideias, aplicações –, enfim, uma enorme variedade de utilidades inovadoras que ainda estão longe de serem esgotadas.

As grandes corporações têm um papel importante no empreendedorismo e estão partindo definitivamente para o que chamam de intraempreendedorismo ou empreendedorismo corporativo. Ou ainda buscando aflitivamente novas áreas de negócios. Elas estão retornando às suas raízes no sentido de remontar ao seu período inicial de pequenas empresas e revigorar o espírito empreendedor de seu nascimento. Segundo Hitt, Ireland e Hoskisson,[3] o intraempreendedorismo é um processo em que um indivíduo ou equipe de uma organização já existente cria um novo espírito empreendedor ou desenvolve uma inovação. Outra perspectiva importante é que o intraempreendedorismo é a soma dos esforços focados na renovação e revitalização de uma empresa em busca de novos negócios ou inovação. E isso exige uma nova mentalidade e um tipo de engajamento humano que supera desafios e chega aonde se pretende chegar. As pesquisas sugerem que práticas de intraempreendedorismo são facilitadas pela efetiva utilização da visão estratégica.

A inovação social é a maneira de inovar por meio da engenhosidade dos colaboradores e recompensá-los por isso. No entanto, é pouco utilizada pelas grandes empresas, apesar de muitos esforços em planos de sugestões pouco estimulados. Quando somada à inovação aberta, que é a forma de interagir intensamente com fornecedores (entradas) e consumidores e intermediários – atacadistas e varejistas – (saídas) para inovar conjuntamente, os resultados são impressionantes. O *feedback* em tempo real dessas interações múltiplas traz um retorno de ideias e sugestões que produzem uma enorme riqueza. Esse é um dos desafios de quem pretende gerir um negócio realmente empreendedor.

Muitas empresas procuram ser reconhecidas como bem-sucedidas pela inovação e pela prática do intraempreendedorismo na busca de soluções inovadoras para solucionar problemas ou satisfazer expectativas de seus clientes. Isso mostra que sem o espírito empreendedor dentro de uma empresa não há possibilidade de inovação.

CHIAVENATO DIGITAL

Acesse um Minicaso sobre **A Tupy** na seção *Minicaso* EMP 12.1

12.1 DIFÍCIL, MAS NÃO IMPOSSÍVEL

O empreendedorismo não trata apenas de novos empreendimentos e pequenas empresas nem aborda apenas a criação de novos produtos ou serviços. O empreendedorismo trata de inovações em todos os âmbitos do negócio – produtos, processos, modelos de negócios, serviços, ideias, interações – enfim, uma ampla variedade de aplicações inovadoras que ainda estão longe de serem esgotadas. Isso requer algo mais do que apenas visão operacional ou visão tática: exige que o empreendedor tenha uma visão estratégica do negócio. E o que significa visão estratégica?

Quadro 12.1 Em qual posição você quer se posicionar como empreendedor?[4]

Amplitude da visão	Amplitude do tempo	Característica principal	Ênfase	Foco	Posição
Estratégica	Longo prazo	Mira além do futuro	Global	Empresa como um todo	No topo
Tática	Médio prazo	Mira o ali na frente	Interna	Cada unidade ou departamento	No meio do campo
Operacional	Curto prazo	Mira o aqui e agora	Local e tópica	Tarefas ou atividades	Na base da hierarquia

Enquanto a visão operacional está centrada na execução das tarefas do cotidiano e na realidade do dia a dia do negócio, a visão tática está concentrada em uma das unidades básicas da empresa – como a área financeira, a de marketing, a da produção – e na realidade do exercício anual. A visão estratégica, entretanto, vai mais longe e mais além: ela está centrada na empresa como uma totalidade e em um horizonte de longo prazo.

A visão operacional retrata o especialista que está preocupado com suas tarefas cotidianas, enquanto a visão tática retrata o executivo que está preocupado com sua unidade ou departamento. A visão estratégica retrata o estrategista que está preocupado com o negócio em sua integridade e na sua sustentabilidade no futuro.

O empreendedor precisa ampliar sua visão operacional ou tática para uma visão estratégica a fim de ter sempre em mente o negócio frente ao mercado e ao futuro. Além disso, precisa pensar, imaginar, criar, inovar para oferecer novos e diferentes meios para oferecer produtos e serviços diferenciados, de melhor qualidade e uso, mais baratos e mais adequados às necessidades, aspirações e desejos dos clientes.

12.1.1 Visão estratégica

Para que isso possa acontecer em toda a sua plenitude, o negócio precisa ser gerido por um estrategista que possa conduzi-lo para onde ele realmente precisa chegar. A diferença é que o especialista se dedica particularmente a um campo definido e delimitado de ação em um belo trabalho, se concentra profundamente nele, mas quase sempre perde de vista o que ocorre fora e além da sua especialidade. Assim, um negócio dotado apenas de especialistas tende a se tornar um conjunto de silos separados e de atividades especializadas que ocorrem paralela e separadamente, dependendo de uma forte integração na ponta superior da hierarquia para que haja a harmonia e o alinhamento necessários, mas nem sempre isso acontece. Essa fragmentação de atividades decorrente da especialização. Quando muito, ela permite que haja apenas adição de esforços esparsos. Adicionar é necessário, mas não é mais suficiente nos dias de hoje. É preciso muito mais do que isso. É preciso alcançar sinergia e buscar a multiplicação de esforços por meio da conectibilidade e das interações recíprocas que ampliam e expandam os resultados oferecidos. Ao contrário do especialista, o estrategista aborda o todo e busca alinhar e conectar todas as suas partes de modo integrado e sistêmico para alcançar resultados amplos, sinérgicos e surpreendentes. Em outras palavras, isso significa oferecer resultados muito acima da mera soma de esforços esparsos. Aí, sim, o negócio vai garantir a sua presença na oferta de resultados ampliados. Tecnologia ajuda muito, mas a pessoa é imprescindível no alcance desses resultados. Todo negócio requer uma forte orientação estratégica.

Enquanto o especialista se concentra especificamente em uma das partes específicas do sistema, o estrategista busca uma visão estratégica e ampla que envolve cinco focos simultâneos e integrados (Figura 12.1), a saber:[5]

1. **Visão sistêmica:** em primeiro lugar, o estrategista consegue ver o negócio como um todo integrado: envolvendo a criação de uma equipe coesa e integrada de colaboradores desde a integração, o treinamento, a liderança e recompensas pelo bom trabalho, facilidade em gerir o processo produtivo, indo desde os insumos que recebe dos fornecedores até a

saída do produto ou serviço em direção aos atacadistas ou varejistas, facilidade em gerir o marketing desde a análise do mercado, foco no consumidor, promoção e propaganda, definição do preço, vendas, assistência técnica, facilidade em gerir as finanças desde o financiamento, investimentos, faturamento, tesouraria, fluxo adequado de caixa e retorno do investimento. Tudo isso, no seu conjunto, recebe o nome de *visão sistêmica do estrategista*. Conectividade interna é essencial para todo e qualquer negócio.

2. **Visão periférica:** em segundo lugar, o estrategista consegue mirar para fora da caixa. Em outras palavras, além de ter uma ideia sistêmica do seu negócio, ele percebe perfeitamente o meio ambiente em que seu negócio funciona. Ele consegue focalizar toda a clientela, os concorrentes, os fornecedores de um lado e os atacadistas e varejistas do outro lado, as condições econômicas, políticas, sociais, culturais, demográficas e ecológicas, bem como os avanços da tecnologia e novas oportunidades ou ameaças pela frente. Tudo isso recebe o nome de *visão periférica do estrategista*.
3. **Visão proativa ou antecipatória:** em terceiro lugar, o estrategista consegue imaginar o que vem pela frente e como as tendências futuras irão desaguar mais adiante e se prepara para isso. Ele percebe que suas decisões atuais trarão certas consequências positivas ou negativas em médio ou longo prazo. E respeita aquele adágio popular que diz: tudo o que você faz agora um dia volta para você. Tudo isso recebe o nome de *visão proativa ou antecipatória do estrategista*, que permite a ele trabalhar com o futuro do seu negócio.
4. **Visão prospectiva do negócio:** em quarto lugar, o estrategista tem sempre um sonho em sua mente. O estrategista em geral é um visionário, um sonhador por um futuro melhor, mesmo que não consiga realizá-lo. É uma visão íntima que o estrategista cria, nutre e embala a respeito de seu empreendimento no futuro. Uma visão ideal e utópica do que deveria ser o seu negócio no futuro. Um projeto mental com objetivos previamente definidos para pavimentar o caminho e os indicadores e métricas necessários para garantir alcançá-lo adequadamente. É o estado ideal que o estrategista empreendedor pretende transformar em realidade em um futuro próximo ou remoto.
5. ***Insight* e intuição:** todas essas quatro visões em conjunto permitem chegar ao aspecto mais importante, secreto e íntimo da mente do estrategista. Provavelmente, o mais elaborado, criativo e inteligente. Trata-se de um quinto foco de imersão intelectual, em que o estrategista consegue juntar sua visão sistêmica, periférica, proativa e antecipatória e sua visão prospectiva, que permite alcançar a intuição de uma visão mais ampla e envolvente que cria soluções integradas e realmente eficazes e inovadoras. Como dizia Albert Einstein: "a solução de um problema não pode ser alcançada no mesmo nível em que ele foi criado". É preciso pairar acima desse nível para poder resolvê-lo adequadamente. O *insight* – ao proporcionar uma compreensão superior da situação – favorece a intuição pessoal na busca de uma solução criativa e inovadora. Ela é o *eureka* do estrategista, um sexto sentido que aponta novos e diferentes rumos e caminhos. A mola propulsora de toda descoberta ou invenção. E ela está dentro de nós. É preciso buscá-la e descobri-la na profundidade de nossas mentes. Quando a descobrimos, um mundo novo se abre à nossa frente. Para tanto, precisamos de imaginação e inventividade.

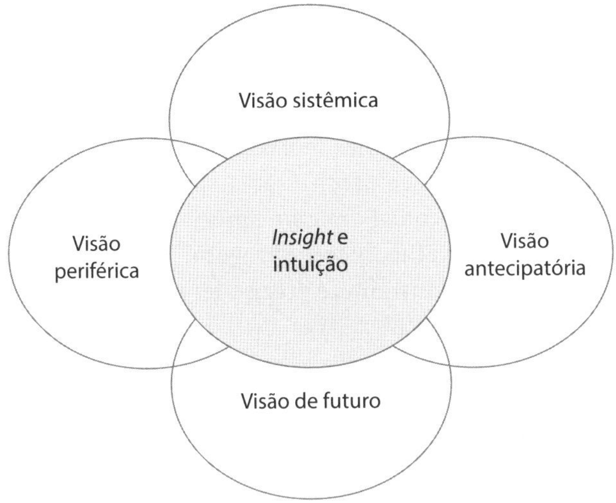

Figura 12.1 Cinco focos da visão estratégica do empreendedor.[6]

EXERCÍCIO

Mire todo o conjunto para compreendê-lo em sua integridade e traçar soluções em um nível mais elevado e amplo. Procure desenvolver um *insight* a respeito de todo esse conjunto que vimos e a sua intuição a respeito. Focalize a sua organização e procure vislumbrar alguma ideia inovadora que você pudesse oferecer a ela. Faça como o empreendedor, que vê oportunidades onde ninguém as visualiza. Se não conseguir, não desanime. A solução poderá vir a qualquer momento. Principalmente, quando você não se preocupa com isso.

Esse é o resumo da visão estratégica. E é isso tudo que está na mente do estrategista quando ele se põe a buscar soluções amplas e inovadoras para o seu negócio. O modelo mental do estrategista é amplo e envolve e integra simultaneamente o sistema como um todo, o contexto ambiental que o cerca e com quem interage, o futuro em termos de consequências e decorrências de suas decisões e ações atuais, a visão de futuro que ele pretende chegar a alcançar e o *insight* e intuição que lhe permitem uma visão que o especialista não consegue nem pode alcançar. Uma incrível e fina sintonia entre o que temos no empreendimento, no seu entorno ambiental, na dinâmica de seus múltiplos desdobramentos, na visão que busca sempre um futuro melhor e na confluência de tudo isso por meio de uma *gestalt* que conduz a um patamar panorâmico e repleto de caminhos e soluções. Tudo isso pode ajudá-lo a atuar como um verdadeiro estrategista. No entanto, lembre-se: a visão estratégica requer que todas essas cinco dimensões estejam sempre presentes em todas as suas decisões e ações. Todas elas! Muito sucesso pela frente!

CHIAVENATO DIGITAL

Aumente seus conhecimentos sobre **Visão estratégica = visão abrangente e integrada** na seção *Saiba mais* EMP 12.1

12.1.2 E não se esqueça da inovação

Além da visão estratégica, o que vai na cabeça do verdadeiro empreendedor é a forte tendência para a inovação. Ao buscar oportunidades para iniciar um novo negócio, o empreendedor procura pensar diferentemente dos simples mortais para aproveitá-las de maneira rentável e criativa. Não basta entrar na onda; é preciso saber surfá-la e aproveitá-la integralmente durante todo o seu ciclo de movimento. Para isso, é preciso saber quando e como entrar nela e pensar antecipadamente no que vai acontecer e preparar-se para os próximos movimentos. Como tudo é rápido e muda a cada instante, é preciso ter reações rápidas e precisas para não levar um tombo na primeira tentativa.

SAIBA MAIS

Inovar é:

- Criar algo inteiramente novo e diferente.
- Fazer algo que nunca foi feito antes.
- Quebrar as regras tradicionais do jogo.
- Contestar o *status quo*.
- Antecipar tendências.
- Reinventar o mundo.
- Virar as coisas pelo avesso.
- Inverter os paradigmas vigentes.
- Alavancar as mudanças e transformações.
- Abreviar a chegada do futuro.
- Juntar coisas disparatadas para obter *insights* significativos.
- Considerar obstáculos e dificuldades como oportunidades de inovação.

Assim, não basta ser apenas estrategista, é preciso também oferecer algo novo ao mercado, uma nova ideia, um sonho diferente, um projeto inovador e que tenha forte receptividade no mercado. Oferecer algo que já existe e que já está plenamente explorado pelos concorrentes é tentar ficar apenas na rabeira dos que já estão instalados no mercado e gozando de vantagens já conquistadas e deixando um oceano vermelho por trás de seus sucessos. Isso significa se colocar na última posição da corrida e em completa desvantagem com os outros corredores que já estão disparados na frente.

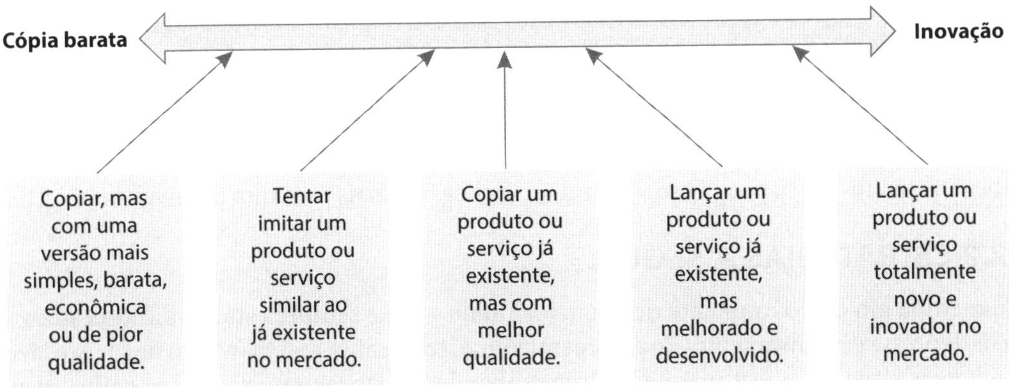

Figura 12.2 Qual é a tônica do seu negócio?

Visão estratégica e pensamento inovador são os dois requisitos básicos para que o empreendedor faça acontecer e tenha sucesso em seu empreendimento. Contudo, como tudo o que existe no mundo varia conforme a pessoa ou a situação, tanto a visão estratégica como o espírito empreendedor constituem variáveis que podem ser medidas ou estimadas. A Figura 12.3 dá uma ideia dessa enorme variabilidade, pois existem empreendedores com elevada ou baixa visão estratégica ou com elevado ou baixo espírito empreendedor. Isso permite uma variedade de perfis do empreendedor.

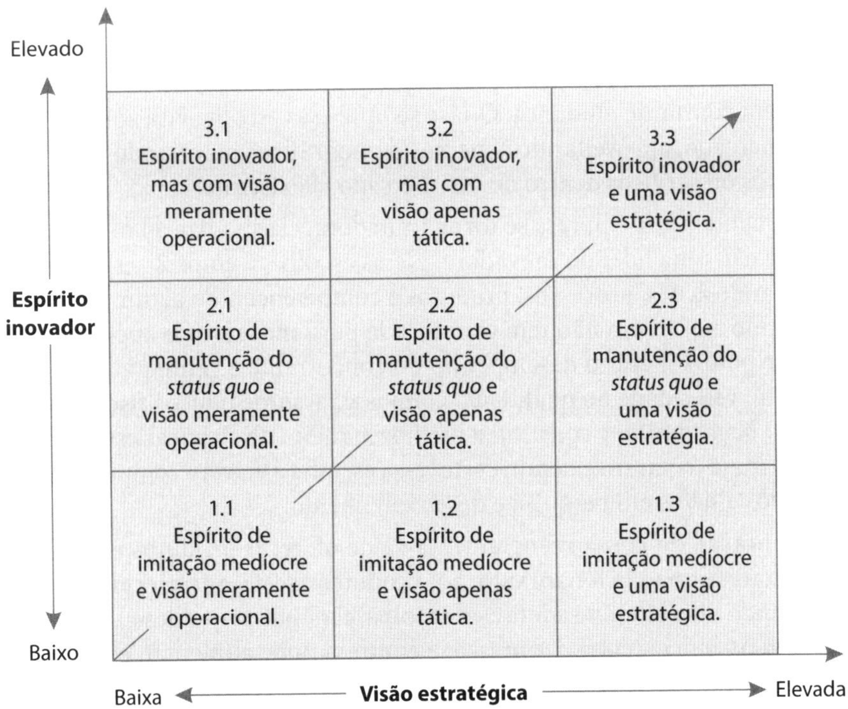

Figura 12.3 Os vários perfis do empreendedor.

Saber desenvolver o espírito inovador e a visão estratégica é indispensável ao empreendedor. Afinal, em que quadrante você está agora e aonde você pretende chegar? Faça uma anotação onde você se encontra na Figura 12.3 e aonde você gostaria de chegar. Faça um programa de desenvolvimento pessoal para chegar lá apontando todas as providências necessárias para isso. A seguir, monte um cronograma de ações e faça revisões periódicas para saber a respeito do seu progresso. O ideal seria chegar o mais próximo possível do nível 3.3.

12.2 ESTRATÉGIAS A SEGUIR

Na medida em que o ambiente de negócios muda – e ele sempre está mudando cada vez mais depressa e intensamente –, o empreendedor precisa saber manejar o seu negócio e fazer mudanças rápidas e oportunas para acompanhar as mudanças e manter a sua competitividade e sustentabilidade.

O empreendimento do empreendedor pode flutuar entre seis possíveis escolhas pela frente:[7]

1. **Inovação:** enquanto muitas empresas estão preocupadas em racionalizar sua cadeia de suprimentos e expandir suas linhas de produtos por meio de desenvolvimentos e aperfeiçoamentos, as empresas de vanguarda focalizam a criação de categorias inteiramente novas de produtos e conceitos. As empresas bem-sucedidas ultrapassam o desempenho de suas rivais e criam novas regras de competição concentrando recursos e energias na inovação. A inovação constitui a mais excitante e exigente escolha estratégica. Ela é arriscada e requer uma forte cultura de aprendizagem e de empreendedorismo.
2. **Substituição:** trata-se de oferecer produtos ou serviços diferentes e alternativos ao mercado utilizando fatores como preço, qualidade, serviço, distribuição, processo e habilidade em constante mudança. Quase sempre essa escolha visa concorrer em outros nichos de mercado, aproveitando aspectos demográficos ou criando novos segmentos para produtos ou serviços dentro de um mercado já existente.
3. **Imitação:** quando uma empresa se torna imitadora, ela sinaliza ao mercado que é uma seguidora, e não uma líder ou inovadora. Nessa escolha, a empresa está sempre copiando ou emulando ações, processos, produtos e competências de algum concorrente. Isso ocorre quando a empresa não tem capacidade para inovar, mas apenas para copiar, e acredita que pode superar o desempenho do concorrente e ganhar vantagem competitiva em custo, velocidade ou qualidade. Com isso, assume poucos riscos e vai à sombra de outros. O *benchmarking* constitui a melhor maneira de alcançar essa imitação. Além disso, se outros já tentaram e deram certo, essa escolha é viável e comprovada e aproveita investimentos alheios em pesquisa e desenvolvimento.
4. **Complementação da concorrência:** trata-se de oferecer produtos e serviços que são complementares e que adicionam valor aos produtos e serviços oferecidos pelas empresas líderes. Quando uma empresa adota essa escolha, ela sinaliza que deseja uma coexistência pacífica com os concorrentes. Com isso, a empresa pode aumentar, estender e complementar as competências essenciais, os processos, mercados e produtos das líderes do mercado. Ela oferece a retaguarda para as necessidades dos clientes não atendidas pelas empresas líderes e trabalha na frente ou atrás delas.

5. **Colaboração:** ocorre quando duas ou mais empresas trabalham juntas para um propósito ou projeto específico. A empresa se apresenta como parceira ou membro da equipe por um período específico de tempo para determinado projeto e também com responsabilidades específicas. A empresa assume coparticipação e corresponsabilidade pelo sucesso ou falha no negócio e proporciona um valor agregado assumindo parte dos riscos do negócio. Pode também incluir o *outsourcing* (ou terceirização).
6. **Desistência:** devido a alguma dificuldade em alcançar os objetivos propostos, a empresa pode desistir do negócio e sair do páreo de maneira definitiva ou provisória até que as condições de mercado apresentem melhoras, preservando o direito de competir no futuro.

Mais agressiva ↑

Inovar	Criar produtos ou serviços inteiramente novos. Mudar as regras do jogo. Criar a primeira vantagem.
Substituir	Oferecer produtos ou serviços diferentes e alternativos ao mercado para alavancar canais existentes e forçar os concorrentes a fazer mudanças.
Imitar	Copiar produtos ou serviços já existentes, com baixo risco, contentando-se em ser um seguidor, desempenhando mais do que liderando.
Complementar	Complementa e oferece retaguarda aos produtos e serviços das empresas líderes em coexistência pacífica e sem a ameaça das líderes.
Colaborar	Criar parcerias e alianças para oferecer conteúdo e valor adicional aos produtos e serviços de outras empresas e compartilhando seus riscos.
Desistir	Sair do páreo definitiva ou provisoriamente e esperar por algum sinal mais claro do mercado e preservando o direito de competir futuramente.

↓ Mais passiva

Figura 12.4 Principais escolhas estratégicas.[8]

Essas seis alternativas podem ajudar o empreendedor a encontrar o melhor caminho futuro para o seu negócio. Seja no curto, no médio ou no longo prazo.

E então, o que você vai fazer? As escolhas estratégicas mencionadas não são discretas. Elas são contínuas e entre cada uma delas existem vários pontos intermediários. Na verdade, a Figura 12.4 serve apenas como um referencial conceitual e deve ser analisada apenas em termos relativos como uma apresentação meramente pedagógica. A escolha da alternativa estratégica para um negócio depende de um enorme conjunto de fatores que devem ser considerados, como: mudanças na tecnologia, mudanças nos produtos e serviços, mudanças nos hábitos dos consumidores, oportunidades de mercado, nichos de mercado com preferências específicas, preços praticados, mudanças demográficas etc. Todos esses fatores precisam ser analisados em seu conjunto para fundamentar sua decisão.

Além do mais, cada empreendedor tem as suas características e particularidades próprias. E isso molda a sua maneira pessoal e própria de empreender. Onde você poderia localizar o seu projeto de empreendimento na Figura 12.5?

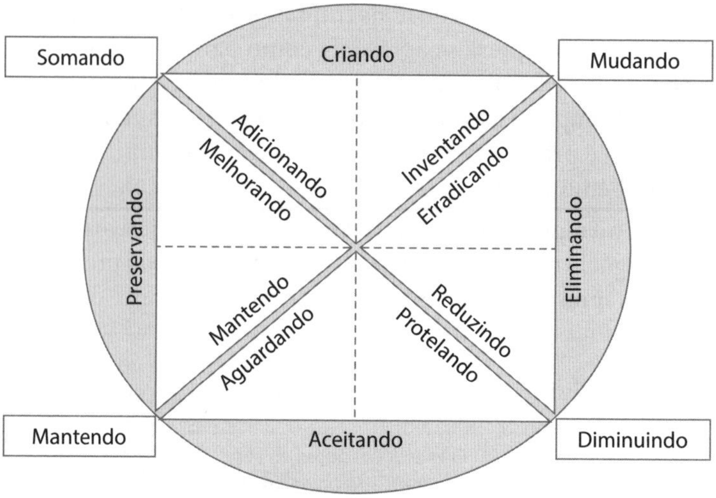

Figura 12.5 A roda do espírito empreendedor.[9]

12.3 O QUE AS *STARTUPS* PODEM NOS ENSINAR

Para Ries,[10] a *startup* é uma verdadeira catalisadora, capaz de transformar ideias em produtos com uma velocidade incrível. Os produtos ainda em teste são imediatamente lançados sem grandes preocupações com qualidade ou acabamento e, à medida que os clientes interagem com os produtos, geram *feedback* – tanto qualitativo (como se gostam ou não), quanto quantitativo (como quantas pessoas utilizam o produto e consideram se ele tem valor) e dados a respeito da sua experiência com o produto. Esse precioso *feedback* dos clientes é sumamente importante e muito rapidamente transformado em ações de melhoria, até se transformar logo em um produto altamente competitivo no mercado. Essa intensa interação com o cliente funciona como um experimento e uma aprendizagem para a construção de um empreendimento sustentável, pois pode influenciar e reformular o próximo conjunto de ideias. E ponha agilidade nisso.

> CHIAVENATO DIGITAL — Aumente seus conhecimentos sobre **Velocidade e decisão** na seção *Saiba mais* EMP 12.2

Assim, para Ries, as *startups* utilizam um ciclo rápido e intenso de *feedback* de três etapas: construir-medir-aprender:[11]

1. **Construir:** as *startups* existem não apenas para fabricar coisas, ganhar dinheiro ou mesmo atender a clientes. Elas existem para aprender a desenvolver um negócio sustentável. Essa aprendizagem pode ser validada cientificamente por meio de experimentos frequentes que permitem ao empreendedor testar cada elemento de sua visão. Assim, elas partem de um produto mínimo viável – a versão inicial do produto que permite uma volta completa do ciclo de *feedback*, com o mínimo esforço e o menor tempo de desenvolvimento. Nesse caso, cada experimento é um produto. E o produto não precisa ser perfeito de antemão. A produção é *just-in-time*, enxuta (*lean*), e os lotes de produção são pequenos e de acordo com as vendas para não gerar estoques. O processo é mais de puxar (*pull*) do que empurrar (*push*). Nessa etapa, as questões mais importantes são:[12]

- Os consumidores reconhecem que têm problemas que estamos tentando solucionar?
- Se houvesse uma solução, eles comprariam?
- Comprariam de nós?
- Conseguimos desenvolver uma solução para esse problema?

2. **Medir:** se o produto mínimo viável tem alguma aceitação inicial pelos consumidores. É preciso avaliar o progresso dessa aceitação de maneira precisa e objetiva com a adoção de uma contabilidade para inovação, que permite observar se os esforços de ajuste contínuo estão dando resultados. É preciso medir esse progresso, definir marcos e priorizar o trabalho.
3. **Aprender:** com a clientela por meio de marcos de aprendizagem, adoção de métricas acionáveis de utilidade prática e evitar métricas de vaidade que mascaram os resultados. Aqui surge a questão:
   - **Perseverar:** na estratégia adotada, caso se obtenha aprendizagem validada que permite melhorar e ajustar continuamente o produto às especificações ditadas pela clientela. Até chegar ao encaixe produto/mercado, o momento em que a *startup* encontra um conjunto amplo de clientes em potencial que querem um produto como o seu. Essa implantação contínua pode redundar em novos produtos derivados.
   - **Pivotar:** é uma correção de curso projetada para testar uma nova e diferente hipótese acerca da estratégia ou do produto, quando esse não alcança uma aceitação pelos consumidores.

Quanto mais rápido o ciclo de *feedback* (Figura 12.6), tanto melhor para minimizar o tempo total da criação de um novo produto. A *startup* enxuta só pode funcionar em uma organização tão adaptável e ágil quanto os desafios enfrentados por ela. Ela é um nova maneira de trabalhar.

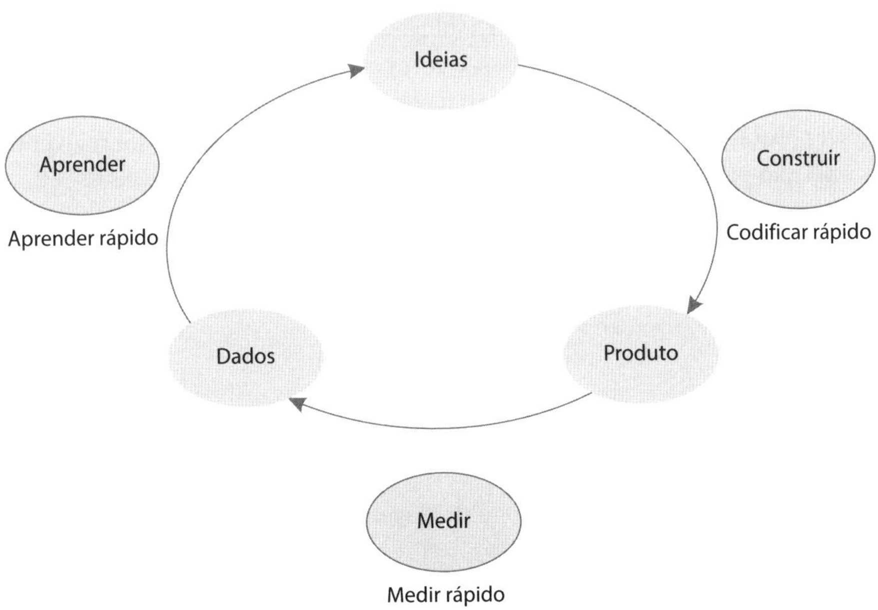

Figura 12.6 Ciclo de *feedback* da *startup* enxuta: construir-medir-aprender.[13]

O ciclo de *feedback* construir-avaliar-aprender está no centro do modelo da *startup* enxuta. O importante é minimizar o tempo total desse ciclo, tornando-o o mais rápido possível. Essa é a razão do seu rápido crescimento exponencial.

12.4 POR QUE AS *STARTUPS* FALHAM

É interessante notar como as *startups* estão invadindo o mercado com inovações baseadas no mundo digital e criando transformações e disrupturas na maneira de criar e inovar celeremente.

O meio digital oferece infinitas oportunidades, e cada vez mais as pessoas tentam empreender com o auxílio de ferramentas oferecidas pelas modernas tecnologias. Contudo, a enorme variedade de novos empreendimentos criados por meio de *startups* costuma tropeçar, e boa parte delas fracassa. Segundo o IBPT, Instituto Brasileiro de Planejamento e Tributação, cerca de 15,4% das novas *startups* fecham no decorrer do primeiro ano de vida, e entre o primeiro e o quinto ano, esse número sobe para 41,9%. Embora assustador, o índice brasileiro é melhor do que o de países como Canadá, Áustria, Itália e Portugal.

A razão é que todo novo produto digital deve formar uma identidade integrada, não apenas visualmente, mas também em todas as suas etapas, seja de construção interna, seja de uso pelo consumidor. Isso significa que os produtos digitais – mais do que qualquer outro – devem proporcionar uma experiência incrível, agradável e sumamente útil para o usuário. Senão, estarão fadados ao fracasso, como qualquer outro.

A CBInsights, líder global em dados sobre *startups*, tecnologia e *venture capital*, pesquisou a razão do fracasso de 100 *startups* e elencou cerca de 20 motivos principais que as levaram a fechar as portas (Figura 12.7). A conclusão fundamental é que as habilidades fundamentais para a sobrevivência na economia digital residem em estudar e entender profundamente o usuário, desenhar sua jornada, prototipar a solução e estar em constante interação e evolução de maneira enxuta e adequando recursos e competências na medida em que se faz novas descobertas.[14] Isso leva à proximidade com o conceito de UX Design: as empresas existem para resolver problemas reais de pessoas, e nenhum produto consegue sobreviver tentando resolver um "não problema".

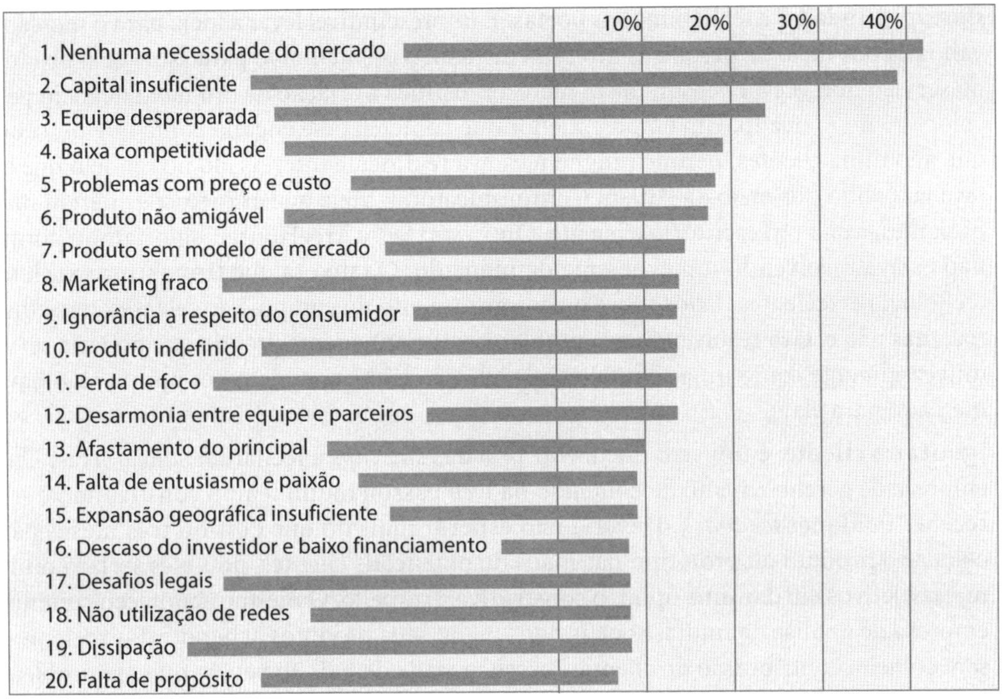

Figura 12.7 Mapa dos desafios às *startups*.[15]

A Tera, em artigo publicado no *site* Medium,[16] detalha na pesquisa os principais motivos de fracasso das *startups*:

- **Produto não amigável para o usuário:** quando uma empresa ignora a opinião de um usuário, finge que ele não existe ou não se importa com o que ele deseja ou precisa, conscientemente ou não, ela está automaticamente decretando o seu fracasso. Isso fez com que 17% das *startups* pesquisadas fechassem suas portas. Uma das *startups* fracassadas, a GameLayer, ao olhar para trás, constatou que devia engolir o seu orgulho e produzir um jogo em que fosse mais fácil se divertir, principalmente nos primeiros momentos de interação com o usuário. Não o fez e simplesmente cerrou as portas.
- **Produto lançado sem um plano de negócios:** o plano de negócios tem a função de mapear todo o negócio da empresa e seus arredores para tirá-la do mundo das ideias e colocá-la no plano físico. A falta desse modelo impede a localização de formas integradas de ganhar dinheiro em escala. E isso resulta em empreendedores incapazes de capitalizar qualquer tração adquirida. Na pesquisa, 17% das *startups* fracassam por esse descuido. Foi o que aconteceu com a Tutorspree, um *e-commerce* de tutores dos mais diversos assuntos. Após seu desaparecimento, o empreendedor percebeu que não conseguiu criar um negócio escalável porque era dependente de um único canal de aquisição, e o fato de se concentrar só nesse canal afunilou e derrubou o empreendimento. Faltou uma rota de saída para esse gargalo.
- **Nenhuma necessidade do mercado a ser atendida:** empreendedores de primeira viagem podem cometer o erro de acreditar demais no próprio produto e imaginá-lo invencível. É que o otimismo faz parte integrante do DNA do empreendedor. E isso levou 42% das

startups estudadas a fecharem suas portas. É imprescindível levar a ideia para o mercado, validá-la por meio de pesquisas diretamente com o público-alvo para saber se o produto ou serviço que se está pensando em oferecer justifica a criação de um novo negócio para colocá-lo no mercado. Um empreendedor que cometeu esse engano conta que percebeu que não tinha clientes, porque ninguém estava realmente interessado no modelo que estava lançando por meio da Patient Communicator. E dizia que os médicos querem mais pacientes, e não um escritório eficiente. Outra *startup*, a TreeHouse Logic, falhou porque não estava resolvendo um problema de mercado. O fato era que tinha uma excelente tecnologia, excelentes dados sobre o comportamento de compras, excelentes conselheiros, mas não estava resolvendo um problema suficientemente grande que poderia servir universalmente como uma solução escalável. Não tinha como crescer porque não havia mercado para ela.

- **Ignorar o cliente:** é um erro que levou 14% das *startups* a fecharem suas portas. Uma empresa de gerenciamento de conteúdo na *web* passou muito tempo construindo e sem receber qualquer *feedback*. Deveria não esperar mais do que dois ou três meses para colocar o produto ou protótipo nas mãos de potenciais clientes, pois eles seriam muito mais objetivos em dar uma opinião construtiva a respeito. O mesmo aconteceu com uma empresa de análise de mídias sociais que lançou seus produtos achando-os excelentes e sem colher a contribuição do cliente. Percebeu tarde demais ao pensar que seu problema era apenas legal. O empreendedor queixou-se de não prestar atenção aos seus clientes ou adaptar seu negócio às necessidades deles.
- ***Timing* do mercado:** lançar o produto cedo demais ou tarde demais pode afetar a negativamente a compreensão do usuário. Entender perfeitamente o *timing* do mercado é indispensável para o sucesso de um produto digital. Assim, liberar um produto imaturo no mercado pode provocar impressões equivocadas, e o trabalho para corrigi-las pode ser enorme e mal sucedido. Por outro lado, lançar um produto tarde demais pode invalidar uma oportunidade passageira de mercado. A Calxeda, *startup* de tecnologia *mobile* de *data centers*, moveu-se mais rapidamente do que seus clientes puderam acompanhar. E ofereceu um produto antes que a clientela tenha se preparado para ele.
- **Escolha errada da praça:** é preciso saber o lugar certo e quando estar nele com o seu negócio. Não levar isso em conta resultou no encerramento de 9% das *startups* pesquisadas. Deve haver compatibilidade e coerência do seu negócio com o local correto para o lançamento. E a expansão geográfica só tem sentido quando essa regra for atendida e quando ela for devidamente planejada. Uma plataforma de conversas foi lançada, envolvendo os maiores jornais da região que fizeram bons comentários e *reviews*, mas o *software* e o conceito simplesmente não se estenderam além das fronteiras físicas.
- **Precificação:** todo cliente decide comprar um produto desde que o seu preço valha a pena para ele. Saber precificar é algo complicado, como já vimos anteriormente. O sucesso de uma empresa depende de criar um produto caro o suficiente para cobrir os custos necessários e barato o suficiente para conquistar e cativar a clientela. Esse dilema é resolvido quando se pesquisa a clientela para entender o quanto o cliente está disposto a gastar pelo seu produto. A *startup* Delight IO não entendeu porque os seus clientes abandonavam o produto, porque simplesmente não atendia às suas expectativas. E o negócio despencou.

- **Perder o foco:** a saúde de um negócio depende de saber o que é importante e o que não é. Há uma grande distância entre o que é essencial e o que é apenas acessório. O fato é que o empreendedor pode perder tempo e atenção demais para pequenos problemas além do necessário. E deixar o mais importante para depois. Cerca de 13% das *startups* fecharam as portas por esse motivo. Não apostar nas prioridades afasta a atenção para assuntos pequenos, de mera distração ou questões pessoais. As pessoas ficam profundamente ocupadas, as coisas ficam paralisadas e o negócio não prospera porque as prioridades ficam esquecidas. Isso cansa e o negócio não evolui. Em primeiro lugar, o mais importante.

Apesar de todos esses motivos de fracasso, as grandes empresas sabem que a inovação disruptiva virá fatalmente das *startups*. Por isso, elas querem ajudar as *startups* estreantes a crescer e estar perto para se beneficiar das tecnologias do futuro.[17]

E convém acrescentar os desafios que o avanço das novas tecnologias está trazendo. Prepare-se para um mundo novo, com automação, robotização, aprendizagem de máquina, grandes volumes de dados, analítica preditiva, algoritmos, inteligência artificial, aprendizagem de máquina, sensores, impressão em 3D, nanotecnologia e um universo de inovações pela frente. São desafios, sem dúvida, mas certamente trarão infinitas oportunidades que poderão ser aproveitadas.

CHIAVENATO DIGITAL

Acesse um Minicaso sobre **O impacto da Netflix** na seção *Minicaso* EMP 12.2

12.5 O QUE ESTÁ VINDO POR AÍ

O futuro está se aproximando cada vez mais depressa. E impetuosamente. Contudo, ele não chega por si só. Ele é construído por nós. E é preciso interpretar e entender quais os sinais que ele nos oferece de maneira instável, imprecisa, ambígua, mutável e dinâmica. Cohen mostra algumas formas de produção e de trabalho que estão aparecendo no mundo atual e já moldando em diferentes estágios os caminhos que encontraremos pela frente:[18]

- **Impressão em três dimensões:** manufatura aditiva mediante a sobreposição de fatias ou camadas de material, tal como um exame de ressonância magnética em medicina. Essa impressão prescinde de moldes, que são essenciais em produtos complexos e uma das partes mais caras do processo produtivo, o que obriga projetos com elevada escala para compensar o custo de produção. A ideia da impressão tridimensional surgiu há 30 anos devido à limitação do processo em apenas duas dimensões. Ela imprime camada por camada do projeto, o que permite produzir uma única peça complexa tão barato quanto uma peça simples e ainda produzir a distância ou acelerar enormemente a produção de protótipos. Trata-se de uma disrupção no processo produtivo.
- **Singularidade:** qualidade de ser único, incomum ou peculiar. Ela explica o temor de que as máquinas mudem a lógica dos negócios e tomem o lugar dos humanos no mercado de trabalho. Com a inteligência artificial, estão surgindo robôs autônomos e aprendizes, carros autônomos e conectados com outros, aparelhos que se comunicam uns com os outros, programas que adivinham as necessidades das pessoas com base em seu comportamento anterior, robôs enfermeiros, implantes biológicos, ou seja, até agora as máquinas

inteligentes ainda estão acopladas ao ser humano. E amanhã? Os computadores vão dominar a humanidade?

- **Domínio do mercado:** toda empresa nova quer criar um monopólio ao inventar algo inteiramente novo onde ainda não há concorrentes, e essa é a melhor maneira de capturar todo o valor da sua invenção. Tanto que a lógica predominante no mercado é a de que conquistar o mercado é tão ou mais importante do que definir uma margem de lucro interessante. Um dos exemplos disso é a Amazon, mais interessada em se expandir do que em oferecer lucro.
- **Plataformas:** no passado, o segredo dos grandes monopólios era dominar os meios de produção, agora as grandes empresas de tecnologia buscam conexões por meio de plataformas. No passado, as plataformas eram um modelo marginal, onde uma revista produz conteúdo para um público leitor e conecta anunciantes a leitores, ou um *shopping center* conecta lojistas e consumidores no mesmo espaço. Hoje, as plataformas são a base da nova economia, onde a Airbnb une locadores e locatários, a Uber une motoristas e passageiros, a Amazon une compradores e vendedores e o Facebook une usuários e anunciantes com enormes vantagens, como uma estrutura relativamente simples, agilidade e sem requerer estoques. E todas elas têm olhos que veem tudo e conhecem melhor as pessoas do que elas mesmas. O modelo de negócios do Facebook consiste em atrair o maior número possível de usuários, obter deles uma vasta gama de dados pessoais, criar um sistema capaz de explorar os interesses dessa massa de usuários – e então vender o conjunto para uso das empresas e anunciantes. Com isso, uma empresa compradora desse material fornecido pela plataforma consegue dirigir sua propaganda a potenciais clientes, com uma precisão e um apelo inexistentes antes do surgimento das redes sociais. É assim que a plataforma ganha.[19] Além disso, as plataformas são muito mais poderosas do que as empresas tradicionais, como nos casos da finlandesa Nokia e da canadense RIM, que dominavam o mercado de telefonia celular e foram dizimadas pelos sistemas operacionais iOS da Apple e Androide do Google, plataformas que unem fabricantes de *hardware* e programadores de aplicativos aos usuários. Os ecossistemas venceram a briga com os aparelhos celulares.
- ***Acqui-hire*:** empresas grandes comprando as pequenas que poderiam ameaçá-las. Primeiro, como uma das formas de se precaver contra pequenos concorrentes com tecnologias que podem revolucionar o mercado comprando-as antes que se tornem uma forte ameaça. Quando identificam uma inovação que lhes interessa, compram a empresa, como fez o Google com o Android. Segundo, porque, em um mundo dinâmico e incerto, as maiores não conseguem dar conta de todas as possibilidades de progresso e então fazem parcerias. A experiência empreendedora está passando a valer mais que o diploma.
- **Tecnologias disruptivas:** de um lado, elas são altamente positivas, pois abalam os mercados e dão oportunidade a novos empreendedores e investidores e, de outro, representam a contínua oferta de produtos diferenciados ou apenas mais baratos. Muitas tecnologias estão apenas começando, como robótica, energia solar, bioengenharia, nanotecnologia e muitas outras.
- **Redes:** o efeito de rede é um fenômeno pelo qual o aumento do número de usuários eleva o valor do negócio, porque eles interagem entre si. É isso que explica o sucesso do modelo de plataformas. Esse modelo surgiu com o telefone: se você tiver só um aparelho, não vai

falar com ninguém. A lógica é que um tipo de público ajuda a atrair outro e criar massa crítica, como no caso dos cartões de crédito: o consumidor não paga anuidade e recebe pontos nos programas de premiação porque ele é a isca par atrair outro público, os lojistas.

- **Aprendizado contínuo:** em um mundo em constante mudança, há um aspecto individual: o conhecimento fica obsoleto mais rapidamente. Ele avança e se transforma, e a sua vida útil fica cada vez mais curta. Ele é uma selva em que cada teoria mata a teoria anterior ou a engloba. Há um trânsito entre áreas de conhecimento distintas e criação de pontes entre elas. E as máquinas estão avançando a ponto de tornar a humanidade obsoleta e o aprendizado contínuo será uma espécie de corrida na esteira em que você sua e não sai do lugar.
- **Criptomoedas e *smart contracts*:** a moeda digital *bitcoin* pode ser uma bolha, mas nada impede que investidores aproveitem esse mercado enquanto ele não estoura. Trata-se de uma moeda virtual global baseada na confiança entre as pessoas em uma teia de computadores que registra e armazena as transações sem qualquer garantia formal. Mas ela traz o conceito de *blockchain*, uma nova forma de fazer contabilidade cuja essência é um mecanismo que permite averiguação de transações sem necessidade de uma autoridade central. Duas partes fazem um acordo e o submetem a uma rede de computadores, o acordo é criptografado de modo que ninguém pode alterá-lo e, quando um novo negócio é feito a partir dele, outro bloco de informações é criado, ele se liga ao bloco anterior pela mesma chave criptografada. Trata-se de um avanço sobre o centenário livro-razão e se torna um livro-razão aberto que todos podem consultar. Como todo o processo é computadorizado, podem ser feitos os contratos inteligentes dentro do *blockchain*, porque não há necessidade de invocar uma autoridade para implementá-los. Isso poderia abalar os cartórios, registros médicos etc. Há vários obstáculos pela frente, mas parece que veio para ficar.
- **O teste A/B:** para saber o efeito de alguma mudança em seu programa, o Google passou a fazer testes A com um público e testes B com outro público e depois comparar os resultados. A prática rapidamente foi adotada por Amazon, Facebook, Microsoft, Apple e toda empresa que tem interface digital de relacionamento com os clientes. Não se trata apenas de um mecanismo de aferição de hipóteses, mas uma nova era em que o experimentalismo vai além da ideia de aperfeiçoamento. Ambos os processos não são excludentes, mas acontece que a experimentação está tomando conta dos negócios. E principalmente dos empreendedores.

Todos esses aspectos estão mostrando novas formas de produção e de trabalho que não podem passar desapercebidas pelo empreendedor. Esse é o mundo do futuro.[20]

12.6 CONSELHOS FINAIS

As ideias básicas apresentadas neste livro somente têm efeito quando impulsionadas pelo espírito empreendedor e desbravador de quem idealiza e pretende ocupar novos espaços e horizontes. Isso quer dizer que você não pode ficar parado. O dinamismo, a visão estratégica e a inovação constituem as chaves do sucesso no mundo de hoje. Para tanto, lembre-se dos seguintes aspectos do negócio:

- **Defina exatamente qual é o seu negócio:** sua missão, seus valores, seus objetivos e as estratégias para alcançá-los adequadamente.
- **Descubra as necessidades e carências do cliente:** ele será o seu principal beneficiário. É para ele que você trabalha e oferece benefícios para dele obter retornos.
- **Trate o cliente como um rei ou como você gostaria de ser tratado:** ele é quem decide o sucesso do seu negócio. Você põe as cartas na mesa, mas quem as compra é o cliente. Conquistar novos clientes representa de três a quatro vezes o custo de reter os clientes atuais. Fidelizar o cliente é fundamental, por isso seja esperto.
- **Ouça o cliente:** aprenda a trabalhar com ele. É ele quem julga e avalia o que o seu empreendimento está fazendo ou o que o seu produto/serviço vale. Ajuste sua sintonia com as expectativas do cliente e entregue a ele o que está prometendo. Concentre-se no foco do cliente e pense como se você fosse o cliente do seu negócio.
- **Evite ou previna problemas:** elimine rapidamente as suas causas e não apenas os seus efeitos. Os efeitos servem como diagnóstico, mas a solução está na remoção das causas. Tenha agilidade nisso.
- **Oriente a sua equipe de trabalho:** para a rápida solução de problemas e para a inovação nessas soluções.
- **Fortaleça sua equipe e incremente o *empowerment*:** crie um excelente local de trabalho, melhore a qualidade de vida dos seus funcionários, reconheça o bom trabalho e recompense e festeje o alcance de metas e objetivos.
- **Treine e eduque continuamente o seu pessoal:** faça investimentos em conhecimento, habilidades e competências. Aumente seu capital intelectual, mas não perca esse investimento para os concorrentes. Saiba reter seus talentos.
- **Aprenda continuamente com a experiência:** utilize sistematicamente o ciclo planejar, fazer, verificar, agir. É simples, mas eficaz. Faça de seu negócio um empreendimento dinâmico e notável, que muda com base nas melhorias que você provoca e introduz. Seu papel deve ser o de maximizar continuamente o valor do seu negócio pela introdução de mudanças e inovações contínuas.
- **Pense em processos e não em funções:** compreenda que cada trabalho faz parte de um processo que tem várias etapas no seu fluxo. Cada membro da equipe deve saber como o seu trabalho pessoal ou grupal contribui para o processo e para o resultado final do negócio. Cada pessoa é um cliente interno e um fornecedor interno em uma cadeia de valor que vai desde o fornecedor externo até o cliente externo. Pense nisso: se cada pessoa quer satisfazer seu cliente interno nessa cadeia de valor, você poderá obter uma melhoria substancial nos processos e eliminar falhas ou problemas, reduzir custos e melhorar a produtividade. Além disso, o processo deve ser ressaltado. Faça com que seus funcionários sejam líderes de processos dentro do seu empreendimento. Eles precisam ser os donos de seus processos. Somente assim, você saberá quem é quem em sua empresa.
- **Comprometa-se com a incessante melhoria contínua do seu negócio.**
- **Busque *benchmarks* para alcançar a excelência**: observe as empresas que você admira e que gostaria de imitar e ultrapassar. Veja e analise cuidadosamente o que elas estão

fazendo e por quais razões. Aprenda com elas e se possível dispare na frente, fazendo com que elas comam poeira.

Finalmente, fazemos votos para que você tenha muito sucesso e um lucro generoso que corresponda plenamente ao esforço e ao sacrifício empregados, servindo de forte incentivo para que você continue a trabalhar e obter resultados positivos.

CHIAVENATO DIGITAL — Reflita sobre **Você é realmente o dono do empreendimento?** na seção *Para reflexão* EMP 12.1

Assim, pensamento positivo conduz a uma expectativa maior. Não se trata apenas de tentar. É preciso entregar-se totalmente, mesmo quando as coisas ficarem difíceis. Acreditar sempre que você pode realizar e vai realizar. Lembre-se da frase atribuída a Mark Twain: "não sabendo que era impossível, ele foi lá e fez". Acreditar firmemente no sucesso é o primeiro passo para ser bem-sucedido. Porque se você não construir o seu sonho, certamente fará parte da construção do sonho de alguém.

Enfim, para terminar, vão aqui os nossos sinceros votos de que você possa reunir espírito inovador e visão estratégica em um foco promissor e bem-sucedido. Boa sorte no seu empreendimento!

Empreendedorismo

Não somente empreendimentos, mas inovações em produtos, serviços, processos, ideias, modelos de negócios, aplicações.

Escolhas estratégicas

Inovação
Substituição
Imitação
Complementação
Colaboração
Desistência

Inovar é

Criar algo inteiramente novo e diferente
Fazer algo que nunca foi feito antes
Quebrar as regras tradicionais do jogo
Contestar o *status quo*
Antecipar tendências
Reinventar o mundo
Virar as coisas pelo avesso.
Inverter os paradigmas vigentes
Alavancar as mudanças e transformações
Abreviar a chegada do futuro
Juntar coisas disparatadas para obter *insights*
Considerar dificuldades como oportunidades

Por que as *startups* falham

Produto não amigável
Falta de plano de negócio
Nenhuma necessidade de mercado
Ignora o cliente
Timing do mercado
Escolha errada da praça
Precificação
Perda de foco

Startups

Ciclo de *feedback:*
Construir
Medir
Aprender
Perverar x pivotar

(continua)

(continuação)

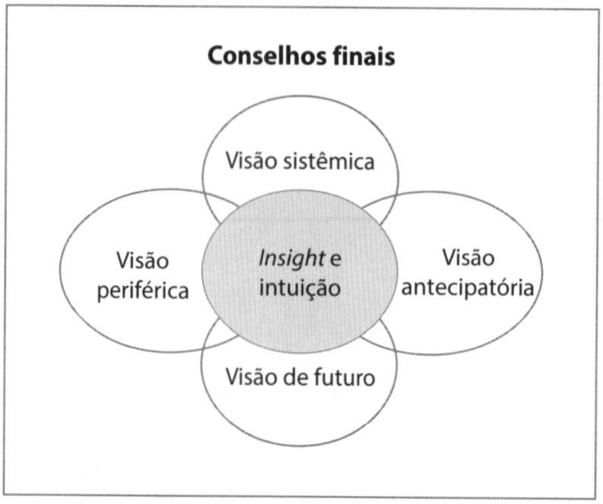

Conselhos finais

Defina exatamente qual é o seu negócio.
Descubra as necessidades do cliente.
Trate o cliente como um rei.
Ouça o cliente.
Evite ou previna problemas.
Oriente a sua equipe de trabalho.
Empodere a sua equipe.
Treine continuamente sua equipe.
Aprenda com a experiência.
Pense em processos e não em funções.
Faça melhoria contínua do seu negócio.
Busque *benchmarks* para ser excelente.

Figura 12.8 Mapa mental do Capítulo 12 – Novas abordagens ao empreendedorismo.

REFERÊNCIAS

1. DRUCKER, Peter F. *Uma era de descontinuidade*. Rio de Janeiro: Zahar, 1978.
2. LINDSTROM, Martin. *Small data*: como poucas pistas indicam grandes tendências. Rio de Janeiro: Harper Collins, 2016.
3. HITT, Michael A.; IRELAND, R. Duane; HOSKISSON, Robert. E. *Strategic management*: competitiveness and globalization. Florence, KY: South-Western College, 2001.
4. Adaptado de: CHIAVENATO, Idalberto. *Introdução à Teoria Geral da Administração.* 10. ed.São Paulo: Atlas, 2020. p. 141 e 312-313.
5. CHIAVENATO, Idalberto. *A mente do estrategista*. Coleção de Artigos de Chiavenato. São Paulo: Instituto Chiavenato de Educação, 2018.
6. CHIAVENATO, Idalberto. *A mente do estrategista, op. cit.*
7. CHIAVENATO, Idalberto; SAPIRO, Arão. *Planejamento estratégico*: da intenção aos resultados. 4. ed. São Paulo: Atlas, 2020. p. 202.
8. CHIAVENATO, Idalberto; SAPIRO, Arão. *Planejamento estratégico, op. cit.*, p. 203.
9. Extraído de Training Industry. *Vide*: https://trainingindustry.com/.
10. RIES, Eric. *A startup enxuta*: como os empreendedores atuais utilizam a inovação contínua para criar empresas extremamente bem-sucedidas. São Paulo: Leya, 2011. p. 69. *Vide*: theleanstartup.com/principles. Acesso em: 5 dez. 2020.
11. RIES, Eric. *A startup enxuta, op. cit.*
12. RIES, Eric. *A startup enxuta, op. cit.*, p. 59.
13. RIES, Eric. *A startup enxuta, op. cit.*, p. 69. *Vide*: theleanstartup.com/principles. Acesso em: 5 dez. 2020.
14. CBInsights. *Vide*: https://www.cbinsights.com/research/startup-failure-reasons-top/. Acesso em: 5 dez. 2020.
15. *Vide*: https://medium.com/somos-tera/8-motivos-porque-as-startups-fracassam-8c7df4ab9e4e. Acesso em: 5 dez. 2020.
16. Baseado em: https://medium.com/somos-tera/8-motivos-porque-as-startups-fracassam-8c7df4ab9e4e. Acesso em: 5 dez. 2020.

17. STEFANO, Fabiane. As gigantes e as startups. *Exame*, edição de aniversário. São Paulo: Abril, ed. 1151, n. 23, p. 66-74, 6 dez. 2017.
18. COHEN, David. Dez conceitos para entender o futuro dos negócios. *Exame*, Edição de Aniversário sobre 50 anos: a revolução nos negócios. São Paulo: Abril, ed. 1151, ano 51, n. 23, p. 96-107, 6 dez. 2017.
19. O ESCÂNDALO NATURAL. *Veja*, São Paulo: Abril, p. 12, 28 mar. 2018.
20. MOAZED, Alex; JOHNSON, Nicholas. *What it takes to dominate the 21st century economy*, 2016.

ÍNDICE ALFABÉTICO

D

P

Q

R

S

T

U

V

1 2 3 4 5 6 7 8 9 10
2021